高等院校艺术设计精品系列教材

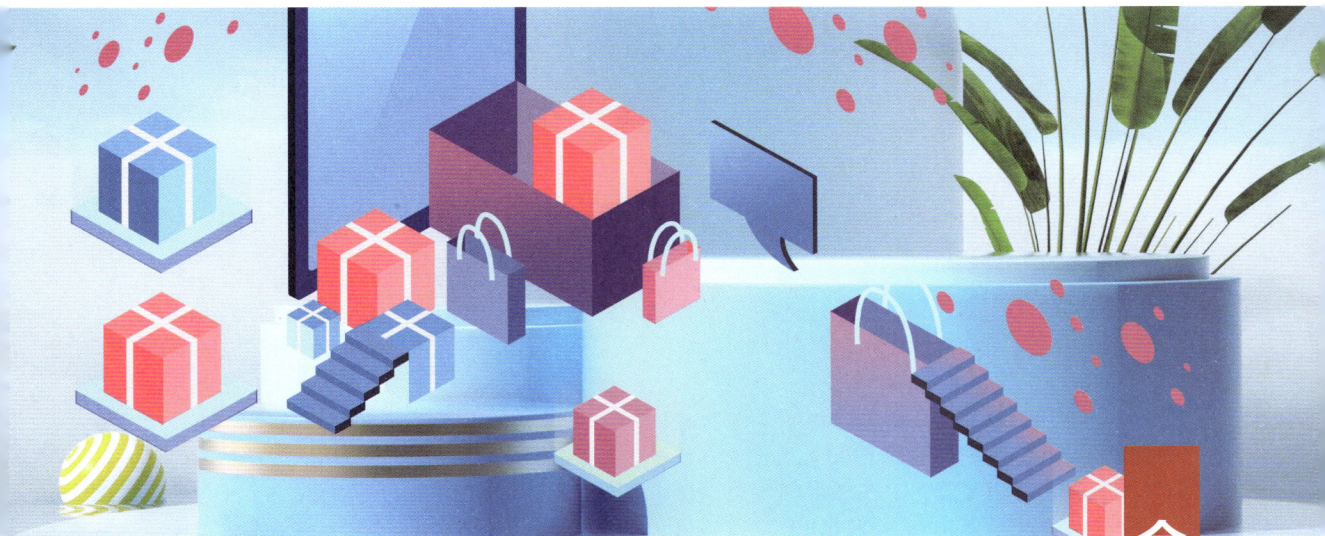

电商设计 第2版

全彩慕课版

沙新美 主编 ／ 孙长清 朱圳 副主编

人民邮电出版社

北 京

图书在版编目（CIP）数据

电商设计：全彩慕课版 / 沙新美主编. -- 2版. --
北京：人民邮电出版社，2023.12
高等院校艺术设计精品系列教材
ISBN 978-7-115-63083-4

Ⅰ. ①电… Ⅱ. ①沙… Ⅲ. ①电子商务—网页制作工
具—高等学校—教材 Ⅳ. ①F713.361.2

中国国家版本馆CIP数据核字(2023)第209019号

内 容 提 要

本书全面、系统地介绍电商设计的相关知识点和基本设计技巧，包括初识电商设计、商品精修与视觉合成、营销推广图设计、PC端海报设计、移动端海报设计、商品详情页设计、PC端店铺首页设计、移动端店铺首页设计、PC端活动专题页设计和移动端活动专题页设计等内容。

本书第2章至第10章的内容介绍均以知识点讲解加课堂案例为主线。知识点讲解部分可以使学生系统地了解电商设计的各类规范，课堂案例部分可以使学生快速掌握电商设计流程并能完成案例制作。第2章至第10章的最后还安排了课堂练习和课后习题，可以培养学生对电商设计的实际应用能力。

本书既可作为高等院校数字媒体艺术类专业课程的教材，也可供电商设计初学者自学参考。

- ◆ 主　　编　沙新美
　　副 主 编　孙长清　朱　圳
　　责任编辑　马　媛
　　责任印制　王　郁
- ◆ 人民邮电出版社出版发行　　北京市丰台区成寿寺路 11 号
　　邮编　100164　电子邮件　315@ptpress.com.cn
　　网址　https://www.ptpress.com.cn
　　北京九天鸿程印刷有限责任公司印刷
- ◆ 开本：787×1092　1/16
　　印张：14　　　　　　　　　　2023 年 12 月第 2 版
　　字数：409 千字　　　　　　　2025 年 6 月北京第 4 次印刷

定价：79.80 元

读者服务热线：(010)81055256　印装质量热线：(010)81055316
反盗版热线：(010)81055315

本书全面贯彻党的二十大精神，以社会主义核心价值观为引领，坚定文化自信，使内容更好地体现时代性，把握规律性，富于创造性。

电商设计简介

电商设计是在结合网页设计和平面设计的基础上加入用户体验和人机交互，通过互联网传播进行商品销售的设计。电商设计内容丰富，前景广阔，深受专业设计师以及设计爱好者的喜爱，已经成为当下设计领域内关注度非常高的方向。

如何使用本书

步骤1 通过精选基础知识，快速了解电商设计

1.1 电商设计概述

想要进入电商设计领域，首先要了解电商设计的基础知识。下面分别从电商设计的基本概念和主流平台两个方面进行基本讲解，帮助读者为后续的设计工作奠定良好的基础。

基础概述

1.1.1 电商设计的基本概念

电商是电子商务的简称，电商设计是一门涉及销售、运营、用户体验和交互设计等多方面知识的专业，其本质是通过设计，借助互联网传播，进行商品的销售，相关示例如图1-1所示。

图1-1

项目流程

 （a）需求分析

（b）素材收集

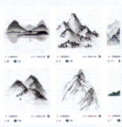 （c）视觉设计

 （d）审核修改

 （e）完稿切图

 （f）上传装修

图1-13

PREFACE —— 前言

步骤2　通过知识点讲解+课堂案例，熟悉设计思路，掌握制作方法

深入学习设计基础知识和设计规范

3.2.2　直通车图的设计尺寸

直通车图和主图一样有两种。一种是常规直通车图，尺寸为800像素×800像素，如图3-75所示；另一种是方便在移动端观看的竖图，尺寸为750像素×1000像素，如图3-76所示。

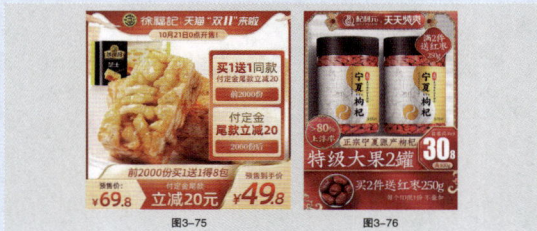

图3-75

图3-76

完成知识点学习后进行案例制作

3.2.4　课堂案例——洗衣机直通车图设计

了解案例学习目标和案例知识要点等

【案例设计要求】

1. 运用 Photoshop 制作洗衣机直通车图。
2. 视觉表现应体现出洗衣机相应的设计风格，契合洗衣机相应的设计主题。
3. 制作的设计文件应符合电商设计的制作规范与制作标准。

【案例设计理念】在设计过程中，围绕洗衣机这一商品发挥创意。背景为室内场景图，以凸显商品主题。色彩主要选取蓝色，给人专业权威的感觉。字体选用黑体，起到呼应主题的作用。最终效果查看"云盘/Ch03/3.2.4 课堂案例——洗衣机直通车图设计/工程文件.psd"，如图 3-81 所示。

【案例学习目标】学习使用绘图工具、文字工具制作洗衣机直通车图。

【案例知识要点】使用"置入嵌入对象"命令置入图片，使用"横排文字"工具添加文字，使用"添加图层样式"命令为图像添加效果，使用"圆角矩形"工具、"矩形"工具、"多边形"工具绘制基本形状。

扫码观看案例详细步骤

扫码观看本案例视频1　扫码观看本案例视频2

精选典型商业案例

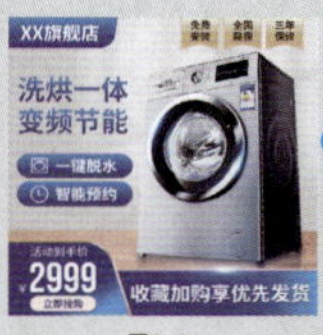

图3-81

步骤详解

（1）按Ctrl+N组合键，弹出"新建文档"对话框，设置"宽度"为800像素，"高度"为800像素，"分辨率"为72像素/英寸，"背景内容"为白色，如图3-82所示，单击"创建"按钮，新建一个文档。

（2）选择"文件>置入嵌入对象"命令，弹出"置入嵌入的对象"对话框，分别选择云盘中的

步骤3　通过课堂练习+课后习题，培养应用能力

3.4　课堂练习——健康钙片直通车图设计

【案例设计要求】

1. 运用 Photoshop 制作健康钙片直通车图。
2. 视觉表现应体现出健康钙片的设计风格，契合健康钙片的设计主题。
3. 制作的设计文件应符合电商设计的制作规范与制作标准。

【案例学习目标】学习使用绘图工具、文字工具制作健康钙片直通车图，最终效果如图 3-213 所示。

更多商业案例

扫码观看本案例视频1　扫码观看本案例步骤2

图3-213

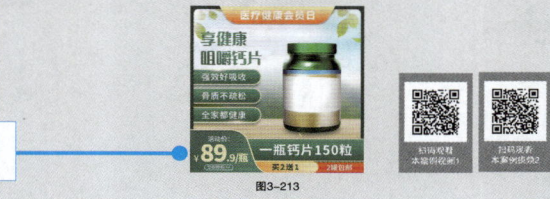

3.5 课后习题——生鲜食品钻展图设计

【案例设计要求】
1. 运用 Photoshop 制作生鲜食品钻展图。
2. 视觉表现应体现出生鲜食品的设计风格，契合生鲜食品的设计主题。
3. 制作的设计文件应符合电商设计的制作规范与制作标准。

【案例学习目标】学习使用绘图工具、文字工具制作生鲜食品钻展图，最终效果如图 3-214 所示。

图3-214

运用本章所学知识

扫码观看
操作视频

步骤4 循序渐进，演示真实商业项目制作过程

活动专题页设计

店铺首页设计

海报设计

营销推广
图设计

配套资源及获取方式

全书配套资源如下。

PREFACE ———————————————— 前 言

- 所有案例的素材及最终效果文件。
- 案例操作视频（扫描书中的二维码观看）。
- 全书10章PPT课件。
- 教学大纲。
- 教学教案。

全书配套资源：读者登录人邮教育社区（www.ryjiaoyu.com），在本书对应页面中即可免费下载使用。

全书慕课视频：读者登录人邮学院网站（www.rymooc.com）或扫描封底的二维码，使用手机号完成注册，在首页右上角单击"学习卡"选项，输入封底刮刮卡中的激活码，即可在线观看视频；扫描书中的二维码也可以使用手机观看视频。

教学指导

本书的参考学时为64学时，其中实训环节为32学时，各章的参考学时参见下面的学时分配表。

章	课程内容	学时分配	
		讲授	实训
第1章	初识电商设计	2	—
第2章	商品精修与视觉合成	2	2
第3章	营销推广图设计	2	2
第4章	PC端海报设计	2	4
第5章	移动端海报设计	4	4
第6章	商品详情页设计	4	4
第7章	PC端店铺首页设计	4	4
第8章	移动端店铺首页设计	4	4
第9章	PC端活动专题页设计	4	4
第10章	移动端活动专题页设计	4	4
	学时总计	32	32

本书约定

本书案例素材所在位置：云盘/章号/案例名/素材，如云盘/Ch03/3.1.4课堂案例——嘉兴肉粽主图设计/素材。

本书案例效果文件所在位置：云盘/章号/案例名/工程文件.psd，如云盘/Ch03/3.1.4课堂案例——嘉兴肉粽主图设计/工程文件.psd。

书中关于颜色设置的表述，如深灰色（53、51、57），括号中的数字分别为其R、G、B的值。

由于编者水平有限，书中难免存在不妥之处，敬请广大读者批评指正。

编者
2023年10月

CONTENTS ————————— 目 录

—01—

第1章　初识电商设计

—02—

第2章　商品精修与视觉合成

CONTENTS 目 录

─03─

第3章 营销推广图设计

─04─

第4章 PC 端海报设计

─05─

第5章 移动端海报设计

CONTENTS ——————————————— 目 录

CONTENTS ———————— 目 录

CONTENTS 目录

扩展知识扫码阅读

设计基础

 ✔认识形体

 ✔透视原理

 ✔认识设计

 ✔认识构成

 ✔形式美法则

 ✔点线面

 ✔基本型与骨骼

 ✔认识色彩

 ✔认识图案

 ✔图形创意

 ✔版式设计

 ✔字体设计

设计应用

 ✔创意绘画

 ✔图标设计

 ✔装饰设计

 ✔VI设计

 ✔UI设计

 ✔UI动效设计

 ✔标志设计

 ✔包装设计

 ✔广告设计

 ✔文创设计

 ✔网页设计

 ✔H5页面设计

 ✔电商设计

 ✔MG动画设计

 ✔网店美工设计

 ✔新媒体美工设计

01

第1章

初识电商设计

▶ **本章介绍**

　　随着移动互联网的发展以及消费结构的升级，电子商务行业亦趋向成熟，同时电子商务行业对于电商设计从业人员的要求也产生了变化。因此，想要从事电商设计的人员需要系统地学习，更新自己的知识。本章包含电商设计概述、电商设计师概述，以及电商设计的发展趋势、项目流程、规范规则、设计基础等内容。通过对本章的学习，读者可以对电商设计有一个系统的认识，以高效便利地进行后续的电商设计工作。

知识目标

1. 熟悉电商设计
2. 熟悉电商设计师的基本知识
3. 明确电商设计的发展趋势

慕课视频

初识电商
设计

能力目标

1. 掌握电商设计的项目流程
2. 掌握电商设计的规范规则
3. 掌握电商设计的设计基础

素养目标

1. 培养在电商学习中不断加强兴趣的能力
2. 培养获取电商设计新知识、新技能、新方法的基本能力
3. 培养树立文化自信、职业自信的能力

1.1 电商设计概述

想要进入电商设计领域，首先要了解电商设计的基础知识。下面分别从电商设计的基本概念和主流平台两个方面进行基本讲解，帮助读者为后续的设计工作奠定良好的基础。

1.1.1 电商设计的基本概念

电商是电子商务的简称，电商设计是一门涉及销售、运营、用户体验和交互设计等多方面知识的专业，其本质是通过设计，借助互联网传播，进行商品的销售，相关示例如图1-1所示。

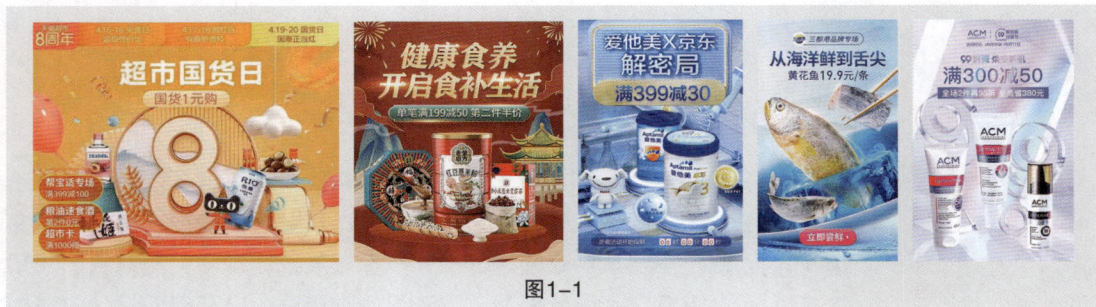

图1-1

1.1.2 电商设计的主流平台

电商设计经过多年的发展，无论是视觉呈现还是购买流程都产生了翻天覆地的变化。这期间还成立了多个定位不同、规模宏大、商品丰富，各方面都比较成熟的电商平台，消费者可以尽情进行网上购物。其中主流的电商平台有天猫、淘宝、京东、网易严选、小米有品等，如图1-2所示。

图1-2

1.2 电商设计师概述

想要成为一名专业的电商设计师，需要了解电商设计师的基础知识。下面分别从电商设计师的类型划分、工作内容、专业技能和常用软件4个方面进行讲解，帮助读者为后续的设计工作奠定良好的基础。

1.2.1 电商设计师的类型划分

根据服务对象，电商设计师可以分为平台类电商设计师和店铺类电商设计师，相应的设计示例如图1-3所示。平台类电商设计师专门针对京东、淘宝和网易严选等出售各类商品的平台进行设计，通常面对大量的类目、品牌和商品。店铺类电商设计师专门针对电商平台中的某一个店铺进行设计，通常面对的类目和品牌都是单一的，面对的商品也是单一品牌之下的少量商品。

（a）平台类电商设计　　　　　　　　　　　　　（b）店铺类电商设计

图1-3

1.2.2　电商设计师的工作内容

电商设计师的工作非常具有针对性，主要围绕自身服务的网店展开。与传统平面美工相比，电商设计师的工作要求普遍较高。下面对电商设计师的工作内容进行详细介绍。

1. 拍摄、美化商品

商品拍摄是网店开设的重要环节，商品拍摄通常需要专业的摄影师。但随着摄影器材的普及化、大众化，很多时候电商设计师会直接进行商品的拍摄工作。最初拍摄出的商品图片通常无法直接使用，电商设计师需要对商品图片进行设计和美化，以保证商品图片可以呈现出比较理想的视觉效果，进而打动消费者。商品图片美化前后的对比效果如图1-4所示。

2. 设计促销活动页面

电商平台会不定期举行各种促销活动，这就需要电商设计师根据活动主题，完成促销期间店铺首页或平台活动页的设计。电商设计师通过设计各个页面，令消费者充分了解活动内容和促销力度，从而促使消费者积极地参与活动，提高商品销量。促销活动页面设计示例如图1-5所示。

3. 设计商品详情页

电商设计师除了需要进行商品图片的处理，还应该能够设计商品详情页。在设计商品详情页时，电商设计师需要根据消费者的需求，突出商品的卖点和优势，以达到促成交易的效果。商品详情页设计示例如图1-6所示。

4. 营销推广商品

商家只有进行积极有效的推广，才能够令自己的网店在众多网店中脱颖而出，而电商设计师在商品的营销推广中发挥着重要的作用。电商设计师需要站在消费者的角度，深入挖掘消费者的浏览习惯和点击需求，根据商品的上架情况和促销信息设计主图、直通车图、海报等。营销推广图示例如图1-7所示。

（a）美化前　（b）美化后

图1-4　　　　　　　　　图1-5　　　　　　　　图1-6　　　　　　　　图1-7

1.2.3　电商设计师的专业技能

一名优秀的电商设计师需要具备多个方面的能力，包括摄影摄像能力、排版设计能力、创意合成能力、插画绘制能力、三维设计能力、动态设计能力等。这些能力在电商设计中的运用示例如图1-8所示。

（a）摄影摄像能力　　　　（b）排版设计能力　　　　　　（c）创意合成能力

（d）插画绘制能力　　　　（e）三维设计能力　　　　　（f）动态设计能力

扫码观看动效

图1-8

1.2.4　电商设计师的常用软件

电商设计师的常用软件分为视觉设计、视频剪辑和代码制作这3类。建议电商设计师先掌握Photoshop（PS）和Dreamweaver（DW），有条件时还要掌握Cinema 4D（C4D）。各类软件示例如图1-9所示。

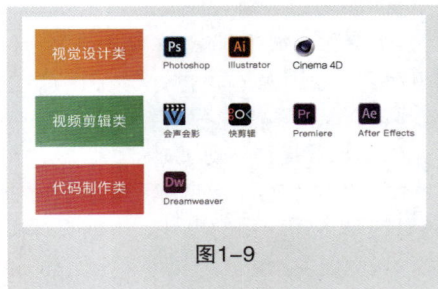

图1-9

1.3　电商设计的发展趋势

电商设计主要趋向于扁平化、立体化和插画风这3种风格，这3种风格在视觉表达上都各有优势。

1. 扁平化

以扁平化为主的电商设计页面通过字体、图形和色彩等不同元素的运用，打造出清晰的视觉层次，使得页面具有较强的可读性，如图1-10所示。

2. 立体化

以立体化为主的电商设计页面通过运用Cinema 4D与Octane Render进行建模渲染，进而呈现出别具一格的画面效果，使得页面立体生动，如图1-11所示。

慕课视频

电商设计的发展趋势

3. 插画风

以插画风为主的电商设计页面通过运用手绘笔触绘制出各种富有个性化的形象，使页面丰富有趣，如图1-12所示。

图1-10　　　　　　　　　　图1-11　　　　　　　　　　图1-12

1.4　电商设计的项目流程

电商设计的项目流程可以细分为6个步骤，如图1-13所示。

（a）需求分析 　　　　（b）素材收集 　　　　（c）视觉设计

（d）审核修改 　　　　（e）完稿切图 　　　　（f）上传装修

图1-13

1. 需求分析

针对项目首先要进行相关的需求分析，电商设计师通常会根据文案与相关主题先明确此次项目的卖点及目标用户，初步确定页面的风格。

2. 素材收集

根据初步确定的页面风格进行相关的素材收集以及整理，为接下来的视觉设计做准备。

3. 视觉设计

使用Photoshop、Illustrator、Cinema 4D等软件，按照之前的分析构思进行视觉方面的整体设计。

4. 审核修改

针对电商设计项目，电商设计师通常会用到修图、调色及合成等方式对画面进行处理，并需要反复调整，以达到合适的画面效果。

5. 完稿切图

在设计稿完成后，电商设计师需要使用Photoshop等软件对页面进行切图，并将切图整理好，以便后续在网店中上传。

6. 上传装修

将完稿后的切图上传到电商平台后台的素材中心，然后电商设计师要进行网店装修。装修完成后网店便可以进行商品售卖。

慕课视频

电商设计的项目流程

1.5　电商设计的规范规则

学习电商设计的基本规范是从事电商设计工作的重要基础，遵循电商设计的规范规则可以保证电商设计的可行性与可用性。下面分别从单位、页面结构、栅格系统和文字规则这4个方面进行讲解，帮助读者为后续的设计工作奠定良好的基础。

慕课视频

电商设计的规范规则

1.5.1　单位

1. 英寸

英寸（inch，in）是英制的长度单位，1英寸≈2.54厘米，用于表示显示设备的尺寸。不同尺寸的显示设备示例如图1-14所示。

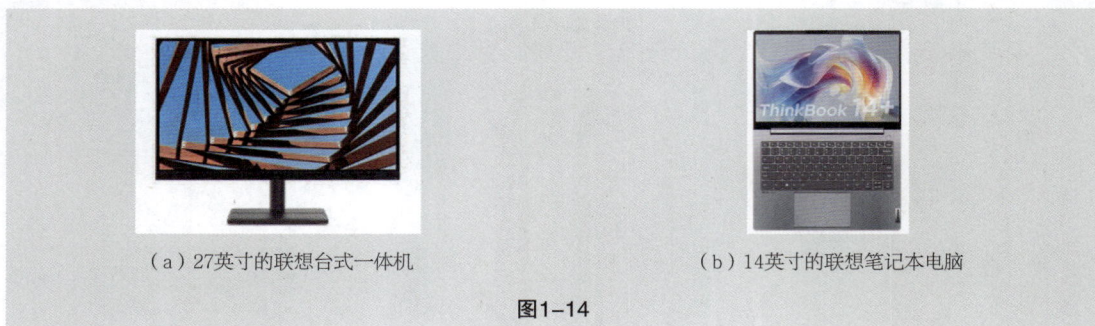

（a）27英寸的联想台式一体机　　　　　　（b）14英寸的联想笔记本电脑

图1-14

2. 像素

像素（pixel，px）是组成屏幕画面最小的点。在电商设计中，像素用于表示页面的尺寸。页面尺寸设置如图1-15所示。

3. 分辨率

分辨率（resolution）即屏幕中像素的数量，分辨率=画面水平方向上的像素数量×画面垂直方向上的像素数量。在屏幕尺寸一样的情况下，分辨率越高，画面的显示效果就越精细和细腻，如图1-16所示。

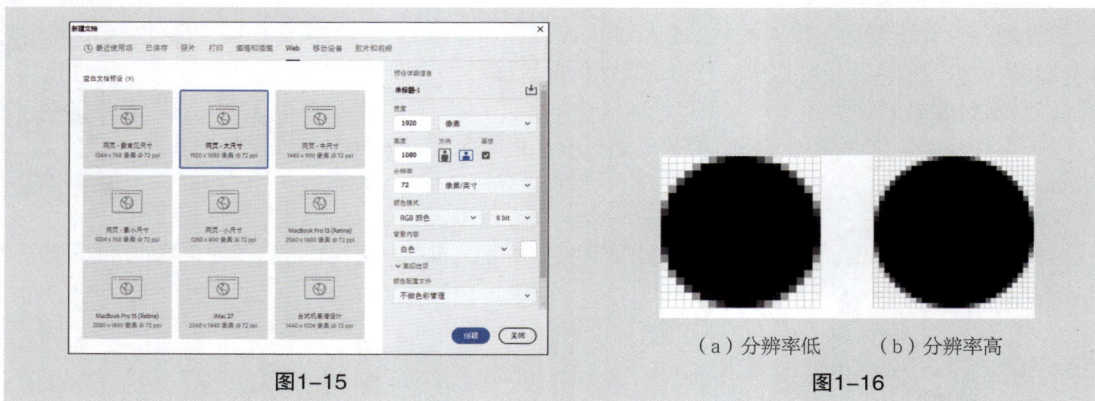

图1-15

（a）分辨率低　　（b）分辨率高

图1-16

1.5.2　页面结构

1. 店铺首页的页面构成

在PC端，店铺首页通常由店招导航、轮播海报、优惠券、分类导航、商品展示和底部信息等组成。PC端店铺首页示例如图1-17所示。在移动端，店铺首页除了尺寸有变化，页面构成与PC端几乎相同。商家可根据需求自行在店铺首页中加入文字标题、店铺热搜、排行榜和逛逛更多等模块。移动端店铺首页示例如图1-18所示。

图1-17

图1-18

2. 商品详情页的页面构成

在PC端，商品详情页通常由主图、左侧区域及详情区域等组成。PC端商品详情页示例如图1-19所示。在移动端中，商品详情页除了尺寸的变化，页面构成与PC端的相比缺少了右侧区域。移动端商品详情页示例如图1-20所示。

图1-19　　　　　　　　　　　图1-20

1.5.3　栅格系统

栅格系统也称为网格系统。在电商设计中，电商设计师可利用一系列垂直和水平的参考线，将页面分割成若干个有规律的列或格子，再以这些列或格子为基准进行页面的布局设计，使布局规范简洁、有秩序，如图1-21所示。

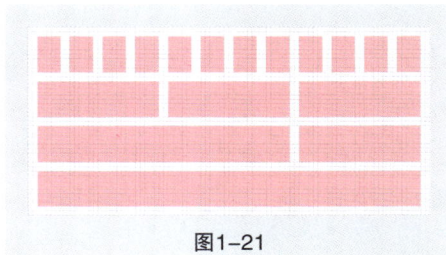

图1-21

1. 栅格系统的组成

（1）单元格

栅格系统由格子组成网，因此其基本单位是单元格。栅格系统需要先定义好栅格的最小单位，然后以最小单位去定义栅格系统。

在PC端，常见的最小单位有4像素、6像素、8像素、10像素、12像素。目前主流计算机设备的屏幕分辨率在竖直与水平方向上基本都可以被8整除，同时以8像素作为最小单位，视觉上也能感受到较为明显的差异，因此推荐使用8像素作为单元格的边长，如图1-22所示。

使用8像素作为单元格的边长建立网格后，便需要使用8的倍数设置元素以及元素之间的间距尺寸。同时注意不要全都套用8的倍数，可以优先用8像素，当跨度太大时也可以使用其他常见的最小单位。

（2）列+水槽+边距

确定好单元格后，电商设计师还需要确定列、水槽和边距这3个元素，如图1-23所示。其中列是内容放置的区域；水槽是列与列之间的距离，即列间距，有助于分离内容；边距是内容与屏幕左右边缘之间的距离。

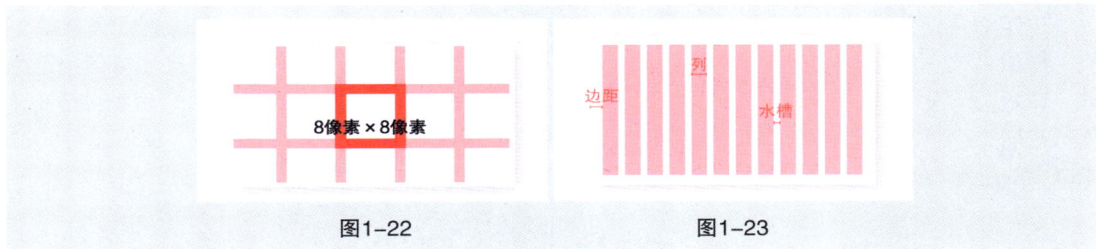
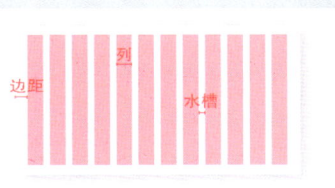

图1-22　　　　　　　　　　图1-23

2. 栅格系统的搭建

（1）确定屏幕宽度

搭建栅格系统的第一步是创建画布，针对不同的电商设计项目，屏幕宽度设置会不同。在PC端电商设计中，屏幕宽度通常设置为1920像素；在移动端电商设计中，电商平台屏幕宽度通常设置为750像素，店铺首页宽度通常设置为1200像素，如图1-24所示。

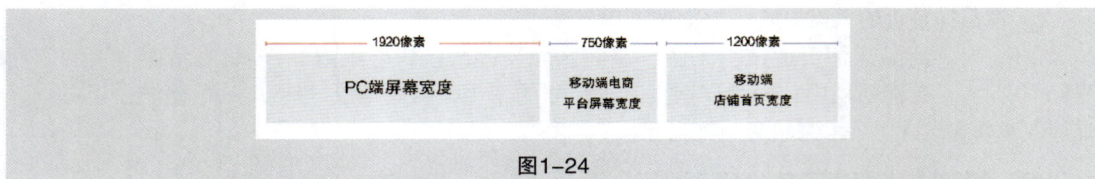

图1-24

（2）确定栅格区域

确定好屏幕宽度后，接下来需要确定栅格区域。栅格区域应根据屏幕尺寸和页面布局来确定。如果是宽度为1920像素、上下布局的页面，栅格区域通常为中间的安全宽度区域，如图1-25所示。根据项目的不同，安全宽度的尺寸也会发生变化。在宽度为1920像素的电商设计中，常用安全宽度如图1-26所示。

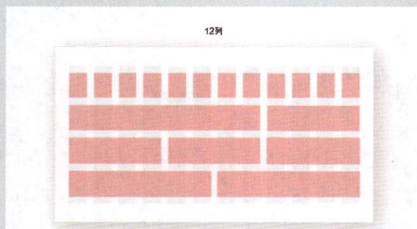

图1-25

常用平台	淘宝	天猫	京东	Bootstrap 3.x	Bootstrap 4.x
安全宽度	950像素	990像素	990像素	1170像素	1200像素

图1-26

（3）确定列、水槽、边距

• 列

PC端电商设计常用的列数为12列，如图1-27所示。移动端电商设计的列数则以6列为主，如图1-28所示。

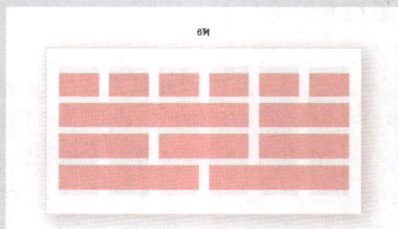

图1-27 图1-28

• 水槽

水槽以及横向间距的宽度可以以单元格的边长（8像素）为增量进行统一设置，如8像素、16像素、24像素、32像素、40像素等。其中24像素最为常用，如图1-29所示。移动端电商设计可根据App设计规范来确定水槽，一般有24像素、30像素、32像素、40像素等，建议采用30像素或32像素。

• 边距

边距通常设置为水槽的0.5倍、1.0倍、1.5倍、2.0倍等。以屏幕宽度为1920像素的设计稿为例，栅格系统一般在1200像素的安全宽度区域内建立，此时内容与屏幕左右边缘已经有了一定距离，边距可以根据画面美观度及呼吸感进行选择，如图1-30所示。移动端电商设计可根据App设计规范来确定边距，一般有20像素、24像素、30像素、32像素、40像素、50像素等，建议设置30像素以上的边距。

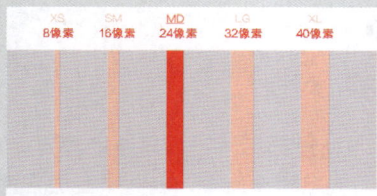

图1-29

图1-30

1.5.4 文字规则

1. 字号

进行PC端电商设计时，电商设计师多以14pt为默认字号，并运用不同的字号和字重体现设计中的视觉信息层次，如图1-31所示。需要注意的是，字号多采用偶数，因为奇数无法对齐像素。进行移动端电商设计时，电商设计师可以参考iOS和安卓提供的字号规范，如图1-32所示，建议采用20pt以上的字号。

图1-31

图1-32

单位说明如下。

px：像素（pixel，px）是物理像素（Physical Pixel）的单位，属于相对单位，会因为屏幕像素密度变化而变化。运用Photoshop软件进行UI设计时使用的单位，运用此单位需要兼容不同分辨率的界面。

pt：点（point，pt）是逻辑像素（Logic Point）的单位，属于绝对单位，不会因为屏幕像素密度变化而变化。iOS开发运用Sketch软件进行UI设计使用的单位。

dp：独立密度像素（density-independent pixel，dp），是安卓设备上的基本单位，用于非文字单位，等同于苹果设备上的pt。

sp：独立缩放像素（scale-independent pixel，sp），是安卓设备上的字体单位。用户可以根据自己需求调整字体尺寸，当文字尺寸是"正常"状态时，1sp=1dp。

2. 间距

· 字间距

标题的字间距通常建议设置为标题文字字号的1/5以内，如标题文字字号是60pt时，字间距通常设置为-50~-20pt；内容文字由于字号较小，字间距需要适当加大，建议设置为内容文字字号的1/5以上，如内容文字字号是25pt时，字间距通常设置为20~50pt，如图1-33所示。

图1-33

· 行间距

行间距让字与字之间有了可呼吸的空间，对文章的易读性有很大影响。行间距需要大于字间距，建议设置为1/3~2/3个字高。当排版标题文字时，行间距建议设置为1/3个字高；当排版内容文字时，行间距建议设置为2/3个字高，如图1-34所示。

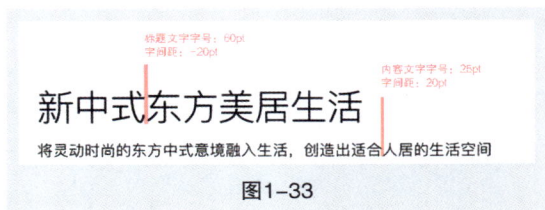

· 段间距

段间距能够让页面保持节奏，它的设置与字号和行间距有着密切联系。段间距建议设置为2～3个字高，如图1-35所示。

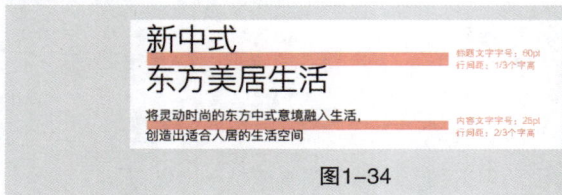
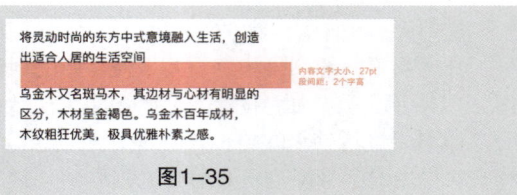

图1-34   图1-35

1.6 电商设计的设计基础

电商设计师在掌握了电商设计的相关基础知识之后，还要掌握电商设计的设计基础，这样才能提升设计效果。下面分别从基础元素、颜色搭配、字体表现和版式设计原则这4个方面进行讲解。

1.6.1 基础元素

点、线、面是设计构成中的三大基础元素，电商设计师在设计时，将三者结合使用，可以营造出丰富的画面效果。下面对基础元素进行详细讲解。

1. 点

点是构成一切形态的基础，是最基本的视觉单位，具有凝聚视线的作用。点的形状多种多样，整体分为圆点、方点、角点等规则点和形态多变的不规则点两类。改变点的大小、形状和位置可以在画面中营造不一样的效果。规则点和不规则点的应用示例如图1-36所示。

（a）规则点的应用   （b）不规则点的应用

图1-36

2. 线

线是点移动的轨迹，是一切面的边缘，具有分割画面和标明界限的作用。线的形状多种多样，总体来说，可以分为直线和曲线。改变线的粗细、形状、长短和角度可以在画面中营造不一样的效果。直线和曲线的应用示例如图1-37所示。

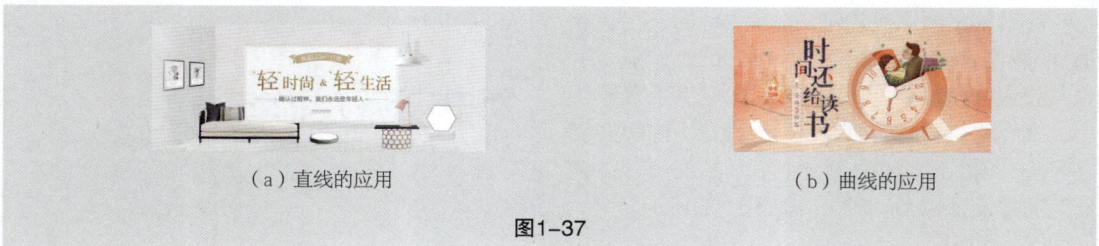

（a）直线的应用   （b）曲线的应用

图1-37

3. 面

面是线移动的轨迹，可分为点型的面和线型的面以及两者结合的面。面的形状多种多样，针对电商设计，常用的形状为方形、三角形、圆形等几何形和墨迹、泥点、撕纸状等偶然形。改变面的形状可以在画面中营造不一样的效果。几何形面和偶然形面的应用示例如图1-38所示。

（a）几何形面的应用　　　　　　　　　（b）偶然形面的应用

图1-38

1.6.2　颜色搭配

颜色可以带给消费者强烈的冲击力，电商设计师在设计时，应围绕主色、辅助色和点缀色，运用科学的搭配方法，打造出颜色协调、舒适的画面。下面对颜色搭配进行详细讲解。

1. 主色

主色是画面中面积最大、最为醒目的颜色，决定了整个画面的颜色调性。电商设计师在选择主色时，应综合考虑商品风格、消费人群等因素。

2. 辅助色

辅助色是用于衬托主色的颜色，其在画面中的面积仅次于主色。合理使用辅助色可以使画面色彩更加丰富美观。

3. 点缀色

点缀色是画面中面积最小但较为醒目的颜色。合理使用点缀色可以起到锦上添花的作用。

在图1-39中，黄色系为主色，红色系为辅助色，绿色系为点缀色。

图1-39

1.6.3　字体表现

文字是电商设计中重要的组成部分，电商设计师在设计时，应选择符合画面风格的字体并设置合适的字号、字间距以及行间距。下面对字体表现进行详细讲解。

1. 宋体

宋体笔画有粗细变化，通常是横细竖粗，末端有装饰部分，点、撇、捺、钩等笔画有尖端，属于衬线字体（serif）。宋体字有着纤细优雅、文艺时尚的特点，常用于珠宝首饰、美妆护肤等以女性消费者为主的电商内容中，如图1-40所示。

图1-40

2. 黑体

黑体又称方体或等线体，笔画横平竖直，粗细一样，没有衬线装饰。黑体字有着方正粗犷、朴素简洁的特点，常用于商品促销、电子数码和家用电器等电商内容中，如图1-41所示。

3. 圆体

圆体是由黑体演变而来的字体,在黑体的字形结构基础上将拐角处和笔画末端变为圆弧状。圆体字有着圆润、柔和的特点,常用于以儿童、少女等消费者为主的电商内容中,如图1-42所示。

图1-41　　　　　　　　　　　　　　图1-42

4. 手写体

(1) 书法体

书法体是指传统书写字体,可分为篆、隶、草、行、楷五大类。书法体字有着自由多变、苍劲有力的特点,常用于茶、酒等需要表达传统古典风格的电商内容中,如图1-43所示。

图1-43

(2) 钢笔体

钢笔体是指使用硬质材料笔尖书写的字体,钢笔体笔画粗细变化较小,注重字形结构和线条走势。钢笔体字有着清新文艺、轻松活泼的特点,常用于清新活泼的电商内容中,如图1-44所示。

5. 美术体

美术体是指非正常的、特殊的印刷用字体,可以起到美化的效果。美术体字有着美观醒目、变化丰富的特点,使用范围非常广泛,既可以表现商品促销内容,又可以营造活泼调皮的氛围,如图1-45所示。

图1-44

图1-45

1.6.4　版式设计原则

合理使用亲密性、对齐、对比、重复四大版式设计原则可以使电商设计版面视觉均衡、条理清晰，便于消费者阅读。下面对四大版式设计原则进行详细讲解。

1. 亲密性

亲密性是指文字间的关联性。文字之间的距离越小，关系越紧密；反之，则关系越疏远。调整字间距可以体现组织性，使文字间层级分明。电商设计师在设计时，可从小到大依次设置字间距、行间距、段间距和模块间距4种间距。当文字较少时，可以去掉段间距，如图1-46所示。

2. 对齐

对齐是指将内容依照合适的对齐规则进行排列，并使它们产生视觉联系，引导视线。在电商设计中，常见的对齐方式有左对齐、居中对齐、右对齐、两端对齐、顶对齐5种，如图1-47所示。

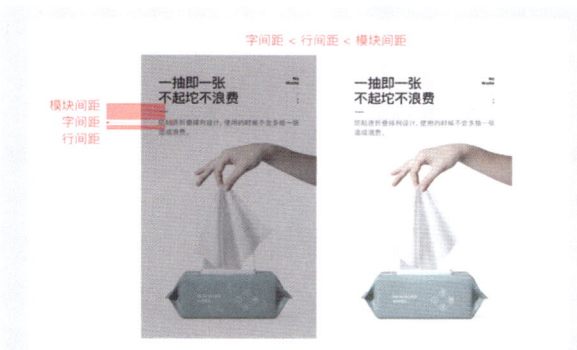

图1-46

（a）左对齐　　（b）居中对齐　　（c）右对齐　　（d）两端对齐　　（e）顶对齐

图1-47

3. 对比

对比是电商设计中提升设计效果最有效的方法之一，可以使不同元素形成一种清晰的层次结构，保证消费者快速识别关键信息。在电商设计中，常见的对比方式有大小对比、粗细对比、字体对比、色彩对比，如图1-48所示。

图1-48

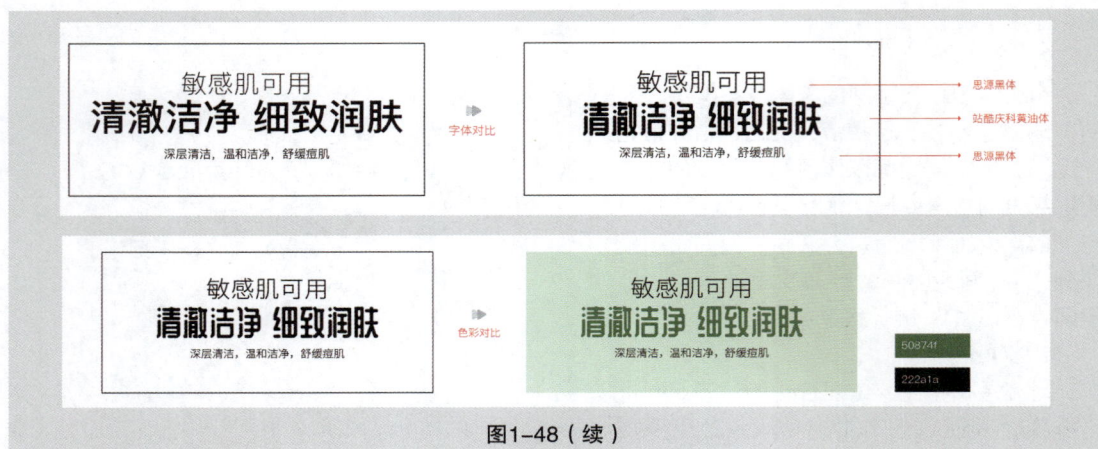

敏感肌可用
清澈洁净 细致润肤
深层清洁，温和洁净，舒缓痘肌

字体对比

敏感肌可用
清澈洁净 细致润肤
深层清洁，温和洁净，舒缓痘肌

思源黑体
站酷庆科黄油体
思源黑体

敏感肌可用
清澈洁净 细致润肤
深层清洁，温和洁净，舒缓痘肌

色彩对比

敏感肌可用
清澈洁净 细致润肤
深层清洁，温和洁净，舒缓痘肌

50874f
222a1a

图1-48（续）

4. 重复

重复是指相同的规则或元素在版面中反复出现，目的是降低消费者的学习成本，并让版面更加统一。在电商设计中，版块与版块之间以及版块内部都要遵循重复原则，如图1-49所示。

图1-49

02

商品精修与视觉合成

▶ 本章介绍

　　商品精修与视觉合成是电商设计中首要的工作任务，精修合成后的商品图片能激发消费者的购买欲望，从而提高商品的销量。本章针对商品精修的核心要素、常用技法、光影与材质，以及视觉合成的基本类型、透视知识、光影表现等知识进行系统讲解，并针对课堂案例进行设计演示。通过对本章的学习，读者可以对商品精修与视觉合成有一个系统的认识，并快速掌握商品精修与视觉合成的方法和技巧，为完成接下来的电商设计任务打好基础。

知识目标

1. 了解商品精修的核心要素
2. 理解光影与材质
3. 了解视觉合成的基本类型
4. 熟悉视觉合成的透视知识
5. 熟悉视觉合成的光影表现

能力目标

1. 明确商品精修思路
2. 掌握商品精修的常用技法
3. 明确视觉合成的创意思路
4. 掌握视觉合成的常用方法

素养目标

1. 培养良好的商品精修与视觉合成习惯
2. 培养对商品精修与视觉合成作品的审美鉴赏能力
3. 培养在商品精修与视觉合成过程中进行创意设计的能力

慕课视频

商品精修与
视觉合成

2.1 商品精修

随着电商市场的竞争日益激烈，商家越发重视商品包装与宣传。商品精修能够提高产品的美观度，极大地激发消费者的购买欲望。下面分别从商品精修的核心要素、常用技法，以及理解光影与材质这3个方面进行讲解，帮助读者掌握商品精修的思路。

2.1.1 商品精修的核心要素

商品精修的核心要素主要有光感、质感、色感、体积感以及结构。

1. 光感

电商设计师经常运用Photoshop中的"亮度/对比度"命令、"色阶"命令，以及"曲线"命令调整画面光感，以增强画面的层次感和通透性，效果如图2-1所示。

图2-1

2. 质感

商品的材质不同，其表现出的质感也会不同。常见的材质有塑料材质、玻璃材质和金属材质等，如图2-2所示。电商设计师经常运用Photoshop中的"渐变叠加"命令、"添加杂色"命令，以及"修补"工具加强商品质感。

　（a）塑料材质　　　　　　　（b）玻璃材质　　　　　　　（c）金属材质

图2-2

3. 色感

电商设计师经常运用Photoshop中的"色相/饱和度"命令以及图层混合模式加强商品的色感。效果如图2-3所示。

4. 体积感

体积感是指商品的立体感，只有给商品赋予强烈的明暗关系才能清晰地表现出其体积感，如图2-4所示。电商设计师经常运用Photoshop中的画笔工具以及图层混合模式加强商品的体积感。

　　图2-3　　　　　　　　　　图2-4

5. 结构

结构是组成商品的基本形状，任何商品都可以拆分成圆形、矩形、三角形等基本形状。电商设计师经常运用Photoshop中的"钢笔"工具、"形状"工具，以及"自由变换"命令进行商品结构的拆分。

2.1.2 商品精修的常用技法

根据商品精修的流程，商品精修的常用技法可以分为修前技法、基础技法、结构技法、修瑕技法、铺光技法、材质技法以及综合技法。

1. 修前技法

修前技法是修图前与拍摄相关的技法，包括拍摄器材的准备、拍摄画面的构图以及图片格式的输出。

2. 基础技法

基础技法是正式精修时的第一套技法，包括商品抠图、矫正塑形以及调色校正等内容，通常会使用到Photoshop中的"魔棒"工具、"橡皮擦"工具、"钢笔"工具、"变形"命令、"色阶"命令、"色相/饱和度"命令、"可选颜色"命令及"曲线"命令。

3. 结构技法

结构技法是指为需要精修的商品进行基本结构分层，如图2-5所示。读者可以结合2.1.1节中的"结构"部分进行深入学习。

4. 修瑕技法

修瑕技法是针对商品拍摄时的瑕疵进行修补的技法，通常使用Photoshop中的"仿制图章"工具、"污点修复画笔"工具、"修复画笔"工具、"修补"工具及"内容感知移动"工具。

5. 铺光技法

铺光技法是调整商品画面感光度的技法，需要注意光源照射下，商品所产生的三面五调以及不同商品材质对于光源的不同反射情况。读者可以结合2.1.3节"理解光影与材质"进行深入学习。

6. 材质技法

材质技法是为商品赋予不同材质的技法，不同的材质在光源的照射下会有不同的视觉效果。读者可以结合2.1.3节"理解光影与材质"进行深入学习。

图2-5

图2-6

7. 综合技法

综合技法是组合已经精修好的商品，并添加场景的技法，如图2-6所示。该技法需要电商设计师具有综合创意能力。读者可以结合2.2节"视觉合成"进行深入学习。

2.1.3 理解光影与材质

1. 光影与材质的关系

为商品添加清晰的光影，能够真实而生动地表现出商品的立体感。在光源照射下，商品会形成明、暗、灰三大面；在三大面中，由于受光强弱不同，会形成高光、中间调、明暗交界线、反光以及投影五个调子，如图2-7所示。

（1）高光

高光是商品最亮的部分，不同材质的商品，其高光强度不一样。在相同光源的照射下，材质越是光滑的商品，高光越强烈，材质越是粗糙的商品，高光越柔和。

（2）中间调

中间调是商品本身的颜色。

图2-7

（3）明暗交界线

明暗交界线是商品颜色最深的部分，它的清晰程度与光线距离、强弱以及商品材质都有关。光线越强烈、距离越近、硬度越高，明暗交界线就越清晰。在相同光源的照射下，光滑金属的明暗交界线更清晰，而棉毛制品的明暗交界线相对模糊。

（4）反光

反光除了与光线距离、强弱以及商品材质有关，还会受到环境色的影响。材质越是光滑的商品受环境色的影响越大。

（5）投影

投影与光线距离、强弱以及商品材质同样有着密切的关系。透明商品的投影相对较弱，通常靠近商品的部分最深，越远离商品投影越浅。

2. 光影与材质的表现

电商设计中，运用Photoshop中的渐变工具将常用的光影效果提前绘制并保存，能提高商品精修效率。其中单边光和对称光通常适用于圆柱体形状的瓶器，可以令商品更加立体；中亮光通常适用于透明材质的瓶器，可以增强商品的通透性，如图2-8所示。

透明材质两侧的明暗对比强烈，特别是边缘处；金属材质整体明暗反差较大，深色到浅色的过渡范围较小；塑料材质整体明暗过渡均匀，高光柔和，如图2-9所示。

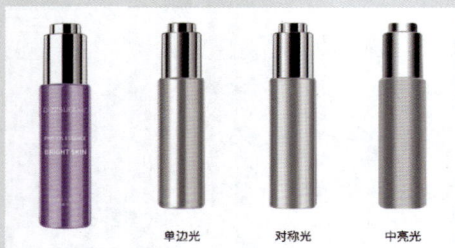

单边光　　　对称光　　　中亮光

图2-8

图2-9

2.1.4 课堂案例——茶叶包装精修

【案例设计要求】
1. 运用 Photoshop 精修茶叶包装。
2. 制作的设计文件应符合主图的显示效果。
【案例设计理念】在设计过程中，围绕茶叶包装发挥创意。最终效果查看"云盘 /Ch02/2.1.4 课堂案例——茶叶包装精修 /工程文件 .psd"，如图 2-10 所示。
【案例学习目标】学习使用"污点修复画笔"工具精修茶叶包装。
【案例知识要点】使用"污点修复画笔"工具修复图像，使用"创建新的填充或调整图层"命令为图像添加光影效果。

扫码观看本案例视频

图2-10

（1）按Ctrl+O组合键，弹出"打开文件"对话框，选择云盘中的"Ch02 > 2.1.4课堂案例——茶叶包装精修 > 素材 > 01.psd"文件，单击"打开"按钮，打开文件，如图2-11所示。

（2）选择"茶叶罐"图层。选择"污点修复画笔"工具，在属性栏中单击"画笔预设"选项右侧的按钮，在弹出的面板中设置相应参数，如图2-12所示，在图像窗口中拖曳鼠标指针，擦除污渍，效果如图2-13所示。

（3）单击"图层"面板下方的"创建新的填充或调整图层"按钮 ◑，在弹出的菜单中选择"亮度/对比度"命令，"图层"面板中会生成"亮度/对比度1"图层，将其命名为"高光"，按Ctrl+Alt+G组合键，为该图层创建剪贴蒙版，并将图层混合模式设为"滤色"，如图2-14所示。

 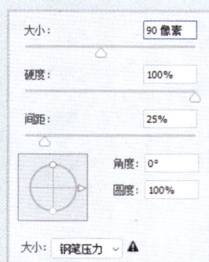  

图2-11　　　　　　　图2-12　　　　　　　图2-13　　　　　　　图2-14

（4）选择"画笔"工具 ✐，在属性栏中单击"画笔预设"选项左侧的按钮，在弹出的面板中进行设置，如图2-15所示。将前景色设为黑色，在图像窗口中拖曳鼠标指针擦除不需要的部分，效果如图2-16所示。

（5）再次单击"图层"面板下方的"创建新的填充或调整图层"按钮 ◑，在弹出的菜单中选择"亮度/对比度"命令，"图层"面板中会生成"亮度/对比度1"图层，将其命名为"反光"。在弹出的"亮度/对比度"面板中进行设置，如图2-17所示，按Enter键确定操作。

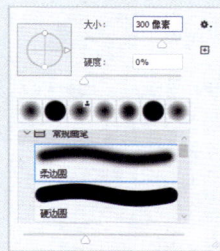 

图2-15　　　　　　　图2-16

（6）选择"画笔"工具 ✐，将前景色设为黑色，在图像窗口中拖曳鼠标指针擦除不需要的部分，效果如图2-18所示。单击"图层"面板下方的"创建新的填充或调整图层"按钮 ◑，在弹出的菜单中选择"曲线"命令，"图层"面板中会生成"曲线1"图层，将其命名为"背光"。

（7）在弹出的"曲线"面板中单击左下角的控制点，将"输入"设为84，"输出"设为0，如图2-19所示，效果如图2-20所示。选择"画笔"工具 ✐，将前景色设为黑色，在图像窗口中拖曳鼠标指针擦除不需要的部分，效果如图2-21所示。

图2-17　　　　　图2-18　　　　　图2-19　　　　　图2-20　　　　　图2-21

（8）使用上述的方法绘制茶杯的光影，此时"图层"面板如图2-22所示，效果如图2-23所示。按住Shift键的同时，单击"茶叶罐"图层，将需要的图层同时选取，按Ctrl+G组合键，群组图层并将其命名为"商品"，如图2-24所示。

（9）选择"文件>导出>存储为Web所用格式（旧版）"命令，在弹出的对话框中进行设置，如图2-25所示，单击"存储"按钮，导出效果图。茶叶包装精修完成。

图2-22　　　　　　　　　　图2-23　　　　　　　　　　图2-24

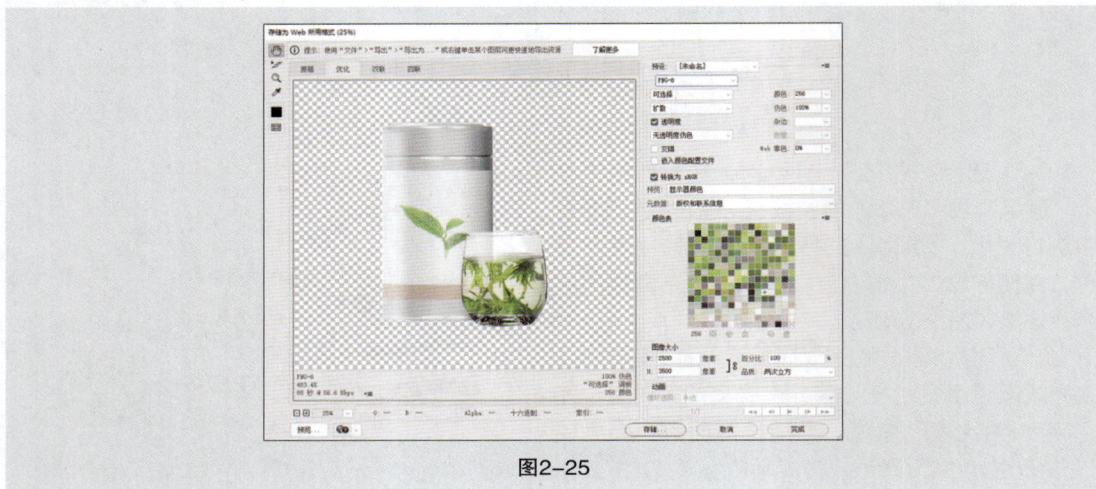

图2-25

2.2　视觉合成

　　视觉合成是指电商设计师将几个分散的部分通过设计拼合，形成构图协调、透视统一、光影真实的完整画面。经过视觉合成的画面有着表达直观、让人身临其境的特点，可以快速吸引消费者。下面分别从视觉合成的基本类型、透视知识及光影表现这3个方面进行讲解，帮助读者掌握视觉合成的思路。

2.2.1　视觉合成的基本类型

　　视觉合成的基本类型分为特效型、写实型以及空间型。特效型是通过对商品本身进行创意合成的一种扁平化合成类型，写实型是通过加入天空、树木、海洋等自然元素的一种室外化合成类型，空间型是通过将商品置入台面或盒内的一种室内化合成类型，如图2-26所示。3种类型的视觉合成都能达到衬托商品、烘托氛围的效果，电商设计师可以根据商品的属性以及呈现角度进行选择。

（a）特效型　　　　　　　　（b）写实型　　　　　　　　（c）空间型

图2-26

2.2.2 视觉合成的透视知识

透视知识可以帮助电商设计师科学地表现空间感和立体感。从形式上，透视可以分为散点透视和焦点透视。散点透视即一个画面中有多个视点，是中国画特有的透视形式，重在写意，适合表现气势宏伟、波澜壮阔的景色，如图2-27所示。焦点透视即一个画面中所有视线都汇聚在一点，是西方绘画通常采用的透视形式，重在写实，有着近大远小、近实远虚的特点，如图2-28所示。

图2-27 　　　　　　　　　　　　　　　　　　图2-28

在电商设计中，电商设计师经常使用焦点透视进行视觉合成。根据灭点的数量，焦点透视可以分为平行透视（一点透视）、成角透视（两点透视）和斜角透视（三点透视），如图2-29所示。

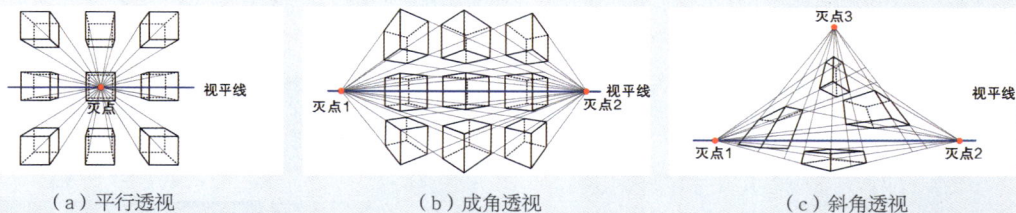

（a）平行透视　　　　　　　　　　（b）成角透视　　　　　　　　　　（c）斜角透视

图2-29

平行透视只有一个灭点，其视觉表现形式较为单一，空间变化也不大，通常都是从正面表现整个场景，因此容易上手，如图2-30所示。采用成角透视时，物体与画面会形成一定夹角，接近人日常的视觉角度，空间变化相对较丰富，画面更有冲击力和张力；采用斜角透视时，画面中的竖线也产生了交集，形成了强烈的汇聚感，整体变形比较夸张，令场景有着强大的冲击力，给人带来更刺激的视觉感受，如图2-31所示。

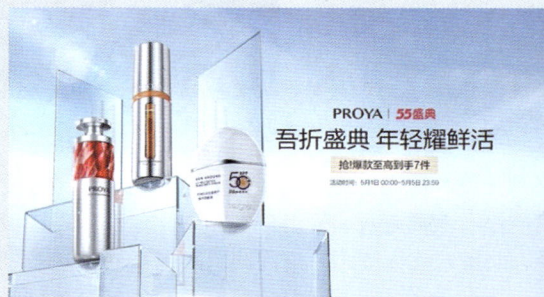

图2-30 　　　　　　　　　　　　　　　　图2-31

视角不同，画面给人带来的视觉感受也不同。视角通常有仰视、平视和俯视这3种，如图2-32所示。采用仰视视角的画面能够彰显商品的气势和高大形象，有助于体现品牌价值。采用平视视角的画面虽然中规中矩，但给人的视觉感受非常舒服自然。俯视视角能够凸显商品的立体感，同时能给人带来亲切真实的感受。

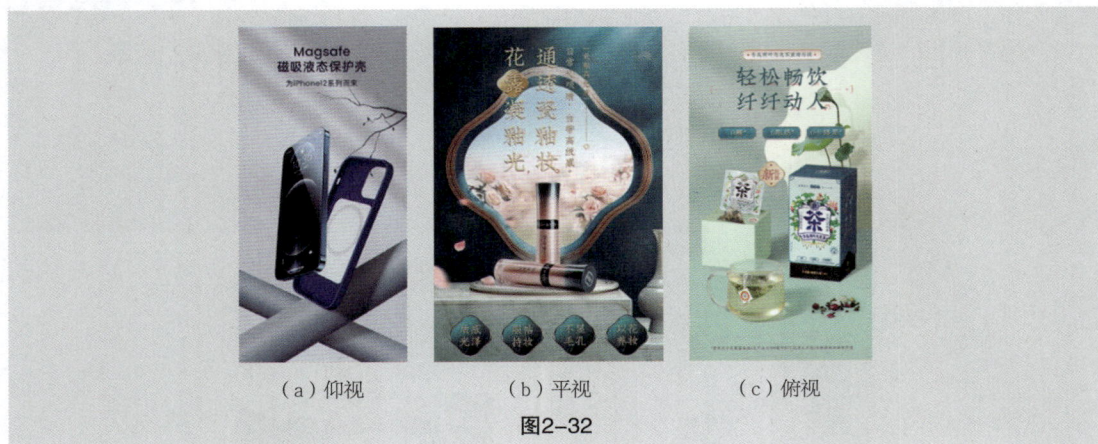

（a）仰视　　　　　　　　（b）平视　　　　　　　　（c）俯视

图2-32

2.2.3　视觉合成的光影表现

1. 光源表现

场景中的光源有照射光和环境光两类，其中照射光是画面的核心光源，环境光可以使画面更加真实。这两类光源在电商设计中基本是同时存在、相互作用的。视觉合成的光影表现通常受照射光、环境光以及商品本身的材质影响。接下来将重点讲解场景中的光源，对于商品的材质，读者可以结合2.1.3节"理解光影与材质"进行深入学习。

（1）照射光

光源照射方向。光源照射方向有7种，如图2-33所示。光源照射方向会直接影响商品的明暗变化与画面的情感表达。电商设计中常用的光源照射方向有前侧光、侧光、侧逆光和逆光这4种。其中前侧光和侧光重在凸显商品的质感，侧逆光和逆光重在营造场景的氛围，如图2-34所示。

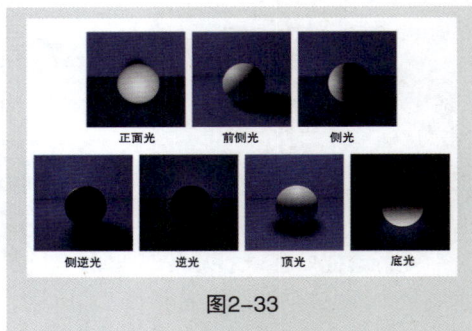

图2-33

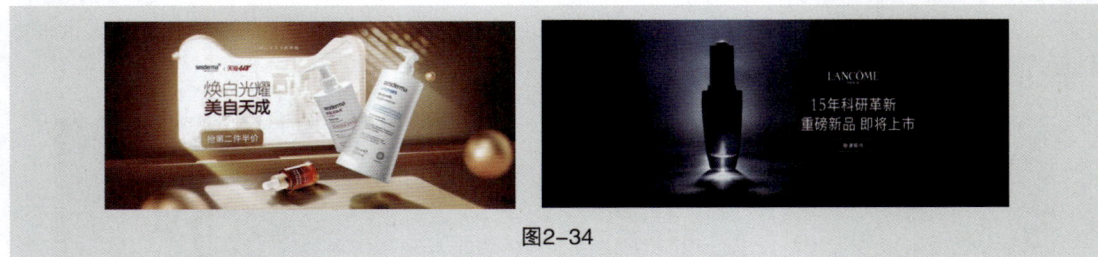

图2-34

光源强度和距离。光源强度和距离会影响商品的明暗对比。光源强度越大、距离越近，商品的明暗对比越大；光源强度越小、距离越远，商品的明暗对比越小。电商设计中，明暗对比小的画面能够给人带来柔和的感受，明暗对比大的画面更强调商品本身的立体感和结构感，如图2-35所示。

光源性质。从性质上，光源分为硬光和软光，光源的软硬会影响商品的明暗过渡，硬光照射下商品的明暗过渡生硬，软光照射下商品的明暗过渡自然。电商设计中，硬光通常用于表现人物或商品的硬朗强劲，适用于男性、运动等类型的电商内容，如图2-36所示；软光通常用于表现人物或商品的柔和娇嫩，适用于少女、母婴等类型的电商内容，如图2-37所示。

光源颜色。光源颜色会影响商品的表面颜色。电商设计中，使用有色光能够使画面富有冲击力和氛围感，令场景带有强烈的情绪，如图2-38所示。

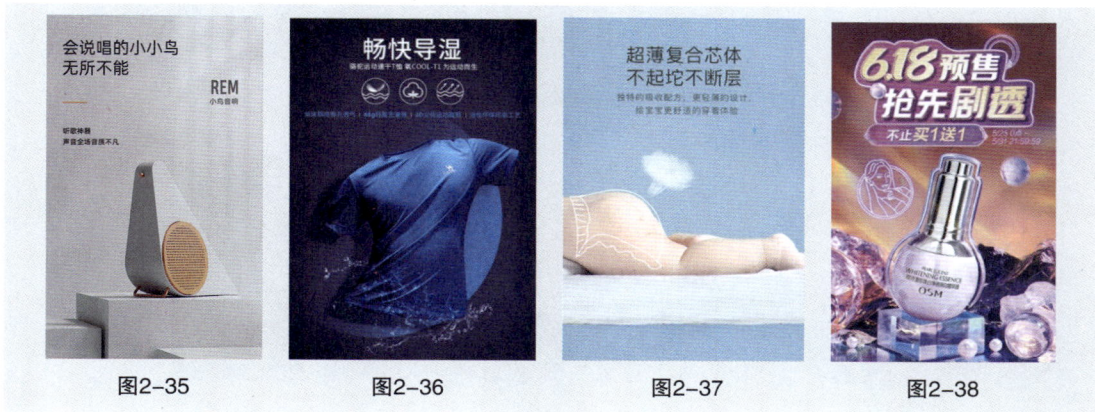

| 图2-35 | 图2-36 | 图2-37 | 图2-38 |

（2）环境光

当商品处在有明确色彩倾向的环境中时，受四周环境光的影响，整个商品都会偏向环境色，如图2-39所示。

2．投影表现

在光源的照射下，商品会产生投影。投影是物体在光源照射下形成的影子，位于光源相对的一面，合理的投影能够令场景更加真实立体。

图2-39

（1）投影形状

投影形状取决于商品本身的形状，如图2-40所示。在单一光源照射下，当有多个商品时，所有商品的投影是"相加"关系，如图2-41所示。在多个光源照射下，单个商品会同时产生多个方向上的投影，投影是"叠加"关系，如图2-42所示。

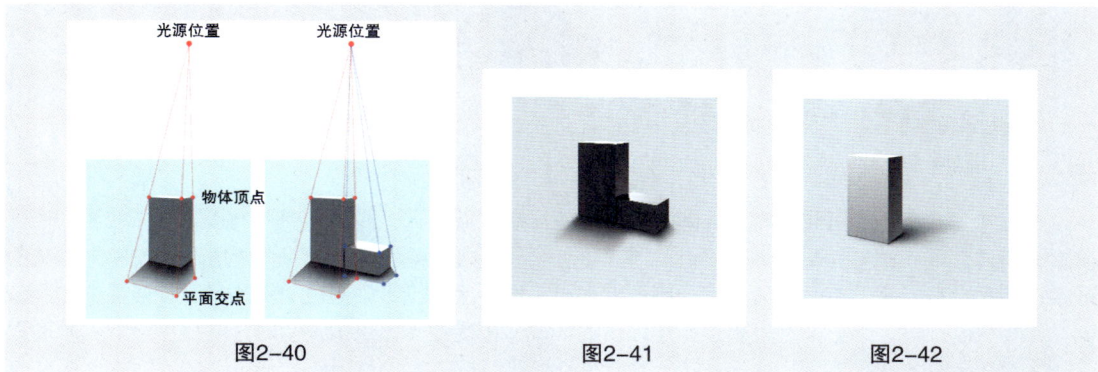

| 图2-40 | 图2-41 | 图2-42 |

商品的投影都有扩散现象，其扩散程度与光源的强度和距离有关。光源强度大、距离远，投影的扩散程度小；光源强度小、距离近，投影的扩散程度大。电商设计中，扩散程度较小的投影会使画面显得真实自然，扩散程度较大的投影会使画面充满张力，如图2-43所示。

电商设计师在绘制投影时还需要考虑投影的起伏，即在二维平面的形状变化基础之上，根据地面凹凸起伏对投影进行纵向调整。需要考虑投影起伏的场景主要有地面凸起的墙面、地面凹陷的阶梯，具备凹凸不平肌理效果的地面，如图2-44所示。

图2-43

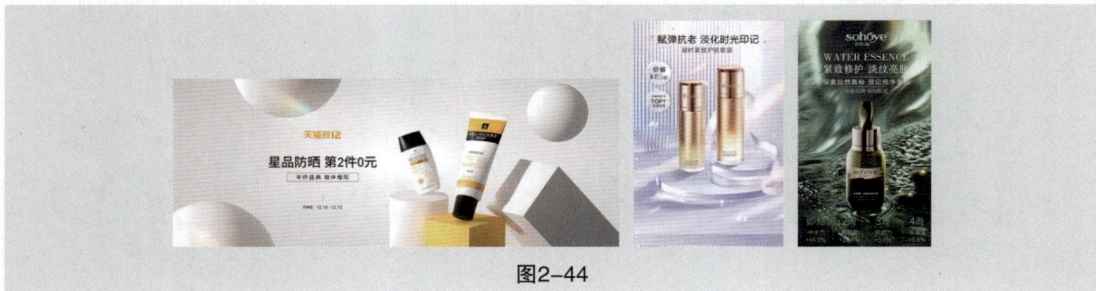

图2-44

（2）投影颜色

投影虽然在三面五调中颜色最深，但并非纯黑色，其颜色会受到地面环境色的影响，如图2-45所示。电商设计师运用Photoshop设置投影颜色时会先给投影填充地面环境色，再将图层混合模式改为"正片叠底"，最后根据画面情况，调整图层的不透明度。

（3）投影深浅

投影深浅会受到光源强度和距离的影响。光源强度越大、距离越近，投影越深；光源强度越小、距离越远，投影越浅，如图2-46所示。

图2-45   图2-46

投影本身有着近深远浅的规律，即靠近商品的投影区域较深，而远离商品的投影区域较浅。根据投影的相对深浅，投影可以分为暗角区、本影区、半影区，如图2-47所示。暗角区是投影中最暗的区域，几乎没有光照，离商品最近，开阔程度最小。本影区是投影中颜色偏深的区域，接受的光照较少，开阔程度一般。半影区是投影中颜色最浅的区域，接受的光照最多，同时开阔程度最大。电商设计师运用Photoshop绘制投影时，通常会建立两个图层，投影的暗角区作为一个图层，而本影区和半影区则合并为另一个由深到浅的渐变图层，如图2-48所示。

图2-47   图2-48

2.2.4　课堂案例——自然植物场景合成

【案例设计要求】

1. 运用 Photoshop 进行自然植物场景合成。
2. 视觉表现应体现出自然植物的设计风格，契合自然植物的设计主题。

【案例设计理念】在设计过程中，围绕自然植物发挥创意。最终效果查看"云盘 /Ch02/2.2.4 课堂案例——自然植物场景合成 / 工程文件 .psd"，如图 2-49 所示。

【案例学习目标】学习使用绘图工具、文字工具进行自然植物场景合成。

【案例知识要点】使用"置入嵌入对象"命令置入图片，使用"横排文字"工具添加文字，使用"圆角矩形"工具绘制基本形状，使用"添加图层蒙版"命令调整图片显示区域。

图2-49

（1）按Ctrl+N组合键，弹出"新建文档"对话框，设置"宽度"为1200像素，"高度"为675像素，"分辨率"为72像素/英寸，"背景内容"为白色，如图2-50所示，单击"创建"按钮，新建一个文档。

（2）选择"文件 > 置入嵌入对象"命令，弹出"置入嵌入的对象"对话框，分别选择云盘中的"Ch02 > 2.2.4课堂案例——自然植物场景合成 > 素材 > 01~02"文件。单击"置入"按钮，将图片分别置入图像窗口中，分别将"01"和"02"图片拖曳到适当的位置。按Enter键确定操作，效果如图2-51所示，在"图层"面板中生成新的图层并分别命名为"天空"和"山"。

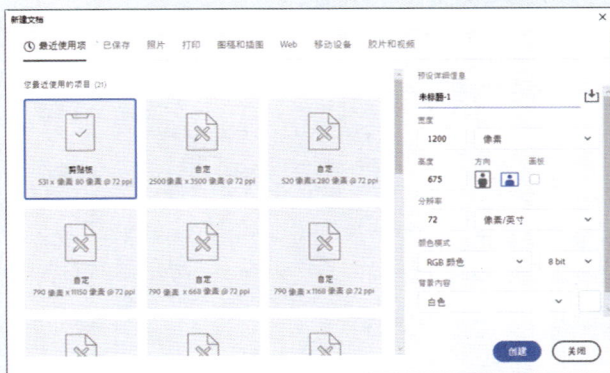

图2-50

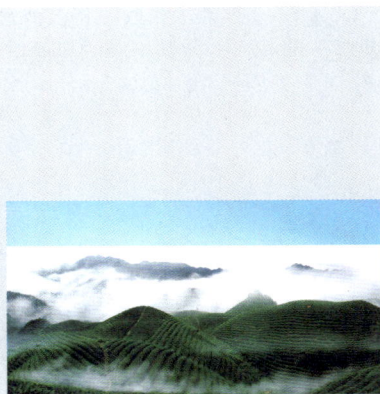

图2-51

（3）选择"山"图层，单击"图层"面板下方的"添加图层蒙版"按钮 ▢ ，为"山"图层添加图层蒙版，如图2-52所示。选择"画笔"工具 ✎，在属性栏中单击"画笔预设"选项左侧的按钮 ，在弹出的面板中进行设置，如图2-53所示。将前景色设为黑色，在图像窗口中拖曳鼠标指针擦除不需要的部分，效果如图2-54所示。

图2-52　　　　　　　　　　图2-53　　　　　　　　　　　　　　图2-54

　　（4）使用上述方法置入图片并添加图层蒙版，效果如图2-55所示。选择"文件>置入嵌入对象"命令，弹出"置入嵌入的对象"对话框，选择云盘中的"Ch02>2.2.4课堂案例——自然植物场景合成>素材>04"文件，单击"置入"按钮，将图片置入图像窗口中，将"04"图片拖曳到适当的位置。按Enter键确定操作，效果如图2-56所示。"图层"面板中会生成新的图层，将其命名为"树叶"。

图2-55　　　　　　　　　　　　　　　　　　图2-56

　　（5）选择"椭圆"工具 ，在属性栏的"选择工具模式"选项中选择"形状"，将"填充"颜色设为白色，"描边"颜色设为无。按住Shift键的同时，在图像窗口中绘制一个圆形，效果如图2-57所示。"图层"面板中会生成新的形状图层"椭圆1"。

　　（6）在"图层"面板中将"不透明度"设为80%，如图2-58所示。在"属性"面板中，单击"蒙版"选项，切换到相应的界面进行设置，如图2-59所示。

图2-57　　　　　　　　　　　图2-58　　　　　　　　　　图2-59

　　（7）使用上述方法置入"05"和"06"图片并调整其大小，"图层"面板中会分别生成新的图层，将其分别命名为"云1"和"云2"，效果如图2-60所示。

　　（8）按住Shift键的同时，单击"天空"图层，将需要的图层同时选取。按Ctrl+G组合键，群组图层并将其命名为"背景"，如图2-61所示。

　　（9）使用上述方法制作"前景"图层组，并根据场景添加商品和文字，效果如图2-62所示。

选择"文件>导出>存储为Web所用格式（旧版）"命令，在弹出的对话框中进行设置，如图2-63所示，单击"存储"按钮，导出效果图，完成自然植物场景的合成。

图2-60

图2-61

图2-62

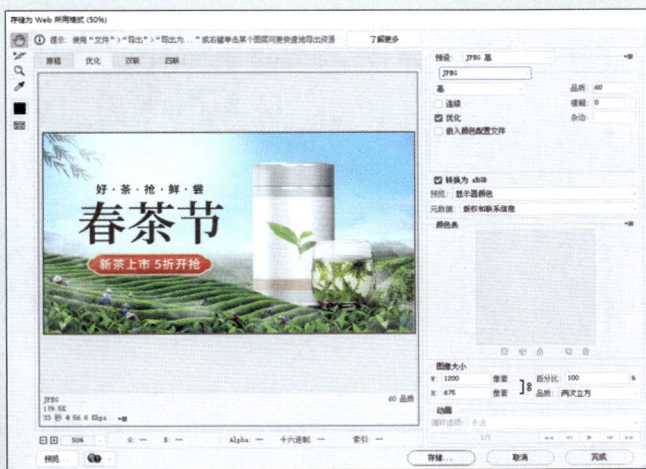
图2-63

2.3　课堂练习——发膜瓶精修图

【案例设计要求】
1. 运用 Photoshop 制作发膜瓶精修图。
2. 制作的设计文件应符合主图的显示效果。

【案例学习目标】学习使用"污点修复画笔"工具精修发膜瓶，最终效果如图 2-64 所示。

图2-64

扫码观看
本案例视频

2.4 课后习题——室内空间场景合成

【案例设计要求】

1. 运用 Photoshop 进行室内空间场景合成。
2. 视觉表现应体现出室内场景的设计风格，契合室内场景的设计主题。

【案例学习目标】学习使用绘图工具、文字工具进行室内空间场景合成，最终效果如图 2-65 所示。

图2-65

第3章

营销推广图设计

▶ **本章介绍**

　　营销推广图设计是电商设计师需要完成的重要工作任务，通常包括主图、直通车图和钻展图的设计。精心设计的营销推广图能够提高商品的点击率和转化率。本章针对主图设计、直通车图设计以及钻展图设计等基础知识进行系统讲解，并针对流行风格与典型行业的营销推广图进行设计演示。通过对本章的学习，读者可以对商品营销推广图的设计有一个系统的认识，并快速掌握营销推广图的设计规范和制作方法，为接下来的PC端海报设计打好基础。

知识目标

1. 了解主图的基本概念
2. 了解直通车图的基本概念
3. 了解钻展图的基本概念

能力目标

1. 明确营销推广图的设计思路
2. 掌握营销推广图的制作方法

素养目标

1. 培养良好的营销推广图设计习惯
2. 培养对营销推广图的审美鉴赏能力
3. 培养对营销推广图的创意设计能力

慕课视频

营销推广图
设计

3.1 主图设计

主图是消费者接触店铺商品的首要信息。作为传递商品信息的核心，主图需要具有较强的吸引力，才能促使消费者点击浏览，因此主图视觉效果在很大程度上影响着点击率。下面分别从主图的基本概念、设计尺寸和设计方法3个方面进行讲解，帮助读者掌握主图的设计方法。

3.1.1 主图的基本概念

主图即商品的展示图，是用于展示商品特色的视觉图。主图最多可以有5张，最少必须有1张。主图通常位于商品详情页，而第一张主图还会出现在搜索页（见图3-1），因此需要电商设计师进行重点设计。

图3-1

3.1.2 主图的设计尺寸

主图有两种，一种是正主图，尺寸为800像素×800像素，另一种是方便在移动端观看的竖图，尺寸为750像素×1000像素，如图3-2所示。此外，主图的大小必须控制在500KB以内。

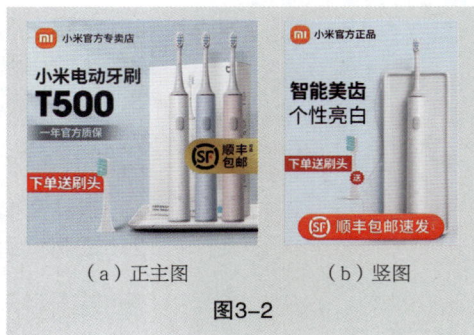

（a）正主图　　（b）竖图

图3-2

3.1.3 主图的设计方法

1．文字层级

电商设计师在进行主图设计时，需要明确文字层级，通常会包括3个层级，如图3-3所示。第一层体现品牌形象。品牌形象通常会以网店Logo的形式出现，既可以加深消费者对品牌的印象，又可以防止别人盗图。第二层提炼商品卖点。商品卖点主要体现商品优势，可以是商品在款式、功能和材质上的优势，也可以是商品在价格上的优势，从而直接打动消费者。第三层展示销售活动。销售活动主要通过"限时抢购"等促销文案给予消费者"不买就错过"的紧迫感，设计时要尽量简短、有力、清晰。

2．背景设计

主图的背景通常以图片场景和纯色背景为主。图片场景大部分使用的是生活类场景，可以令消费者产生代入感，如图3-4所示。纯色背景需要使用干净的颜色，不建议使用大量饱和度高的颜色，这样可以起到烘托商品的作用，如图3-5所示。

图3-3

图3-4

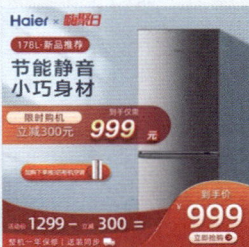

图3-5

3.1.4 课堂案例——嘉兴肉粽主图设计

【案例设计要求】

1. 运用 Photoshop 制作嘉兴肉粽主图。

2. 视觉表现应体现出嘉兴肉粽的设计风格，契合嘉兴肉粽的设计主题。

3. 制作的设计文件应符合电商设计的制作规范与制作标准。

扫码观看
本案例视频

【案例设计理念】在设计过程中，围绕嘉兴肉粽发挥创意。背景为山水画图片，可体现粽子作为传统食品的文化沉淀，且与产品风格和谐统一。色彩主要选取深绿色，烘托端午节气氛。字体选用黑体，符合设计规范。最终效果查看"云盘 /Ch03/3.1.4 课堂案例——嘉兴肉粽主图设计 / 工程文件 .psd"，如图 3-6 所示。

【案例学习目标】学习使用绘图工具、文字工具制作嘉兴肉粽主图。

【案例知识要点】使用"置入嵌入对象"命令置入图片，使用"横排文字"工具添加文字，使用"添加图层样式"命令为图像添加效果，使用"矩形"工具、"圆角矩形"工具绘制基本形状，使用"创建剪贴蒙版"命令调整图片显示区域。

图3-6

（1）按Ctrl+N组合键，弹出"新建文档"对话框，设置"宽度"为800像素，"高度"为800像素，"分辨率"为72像素/英寸，"背景内容"为白色，如图3-7所示，单击"创建"按钮，新建一个文档。

（2）选择"文件 > 置入嵌入对象"命令，弹出"置入嵌入的对象"对话框，选择云盘中的"Ch03 > 3.1.4课堂案例——嘉兴肉粽主图设计 > 素材 > 01"文件。单击"置入"按钮，将图片置入图像窗口中，将图片拖曳到适当的位置。按Enter键确定操作，效果如图3-8所示。"图层"控制面板中会生成新的图层，将其命名为"背景"。

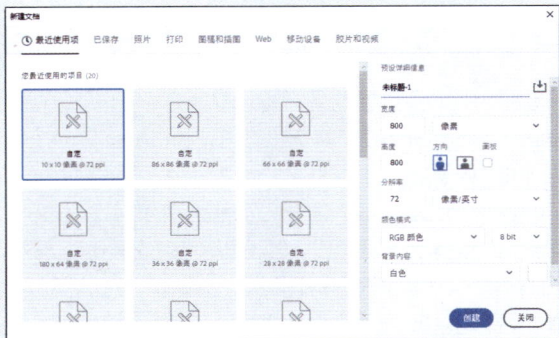

图3-7

图3-8

（3）单击"图层"控制面板下方的"创建新的填充或调整图层"按钮 ，在弹出的菜单中选择"色彩平衡"命令，"图层"控制面板中会生成"色彩平衡1"图层，同时在弹出的面板中进行设置，如图3-9所示。按Enter键确定操作，效果如图3-10所示。

（4）选择"文件>置入嵌入对象"命令，弹出"置入嵌入的对象"对话框，选择云盘中的"Ch03>3.1.4课堂案例——嘉兴肉粽主图设计>素材>02"文件。单击"置入"按钮，将图片置入图像窗口中，将图片拖曳到适当的位置。按Enter键确定操作，效果如图3-11所示。"图层"控制面板中会生成新的图层，将其命名为"粽叶"。

（5）按Ctrl+J组合键，复制图层，"图层"控制面板中会生成"粽叶拷贝"图层。按Ctrl+T组合键，图像周围会出现变换框，在属性栏中将"旋转角度"设为-15°。按Enter键确定操作，效果如图3-12所示。

| 图3-9 | 图3-10 | 图3-11 | 图3-12 |

（6）选择"文件>置入嵌入对象"命令，弹出"置入嵌入的对象"对话框，选择云盘中的"Ch03>3.1.4课堂案例——嘉兴肉粽主图设计>素材>03"文件。单击"置入"按钮，将图片置入图像窗口中，将图片拖曳到适当的位置。按Enter键确定操作，效果如图3-13所示。"图层"控制面板中会生成新的图层，将其命名为"粽子"。

（7）选择"椭圆"工具 ，在属性栏的"选择工具模式"选项中选择"形状"，将"填充"颜色设为深灰色（0、16、14），"描边"颜色设为无。在图像窗口中绘制一个椭圆形，效果如图3-14所示。"图层"控制面板中会生成新的形状图层，将其命名为"投影"。

（8）在"图层"控制面板中将"不透明度"设为80%，如图3-15所示。在"属性"面板中，单击"蒙版"选项，切换到相应的界面进行设置，如图3-16所示。

| 图3-13 | 图3-14 | 图3-15 | 图3-16 |

（9）在"图层"控制面板中将"粽子"图层拖曳到"投影"图层的上方，如图3-17所示，效果如图3-18所示。按住Shift键的同时，单击"背景"图层，将需要的图层同时选取，按Ctrl+G组合键，群组图层并将其命名为"商品"，如图3-19所示。

（10）选择"横排文字"工具 ，在图像窗口中输入需要的文字并选取文字。选择"窗口>字符"命令，打开"字符"面板，在"字符"面板中将"颜色"设为墨绿色（2、64、56），其他选项的设置如图3-20所示。按Enter键确定操作，效果如图3-21所示。"图层"控制面板中会生成新的文字图层。本文中的颜色名称只是大概形容颜色的色系，颜色名称并不单独指定某一个数值，具体以数值为准。

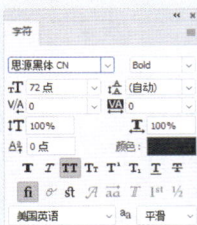

| 图3-17 | 图3-18 | 图3-19 | 图3-20 | 图3-21 |

（11）单击"图层"控制面板下方的"添加图层样式"按钮 *fx*，在弹出的菜单中选择"描边"命令。弹出对话框，将描边颜色设为白色，其他选项的设置如图3-22所示。

（12）选择对话框左侧的"渐变叠加"选项，切换到相应的界面，单击"点按可编辑渐变"按钮 ，弹出"渐变编辑器"对话框，设置两个位置点颜色的RGB值分别为0（2、64、56）、100（34、169、139），如图3-23所示，单击"确定"按钮，返回"图层样式"对话框，其他选项的设置如图3-24所示。单击"确定"按钮，为文字添加渐变效果。

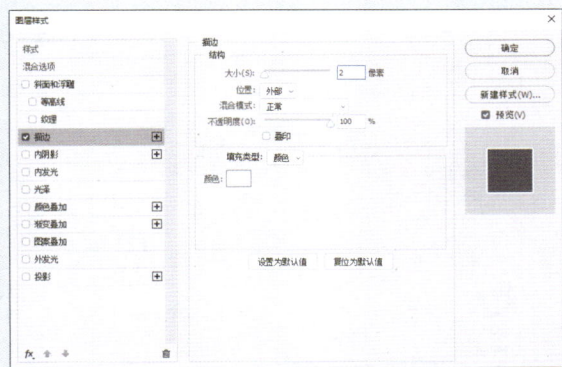

图3-22

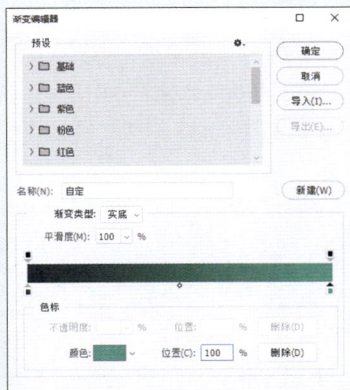

图3-23

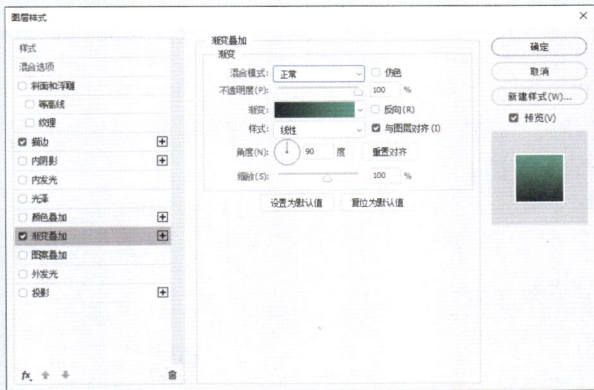

图3-24

（13）选择"圆角矩形"工具 ，在属性栏中将"填充"颜色设为深绿色（19、101、66），"描边"颜色设为无，"半径"设为12像素。在图像窗口中适当的位置绘制一个圆角矩形，效果如图3-25所示。"图层"控制面板中会生成新的形状图层"圆角矩形1"。

（14）按住Shift键的同时，再次在图像窗口中适当的位置绘制一个圆角矩形。在"属性"面板中设置其大小及位置，如图3-26所示。按Enter键确定操作，效果如图3-27所示。

（15）单击"图层"控制面板下方的"添加图层样式"按钮 *fx*，在弹出的菜单中选择"斜面和浮雕"命令。在弹出的对话框中进行设置，如图3-28所示。

（16）选择对话框左侧的"等高线"选项，切换到相应的界面，单击"等高线"选项，弹出"等高线编辑器"对话框，在等高线上添加3个控制点，分别将"输入""输出"设为37%、29%，59%、45%，70%、70%，选中上方的控制点，将"输入""输出"设为75%、100%，如图3-29所示。

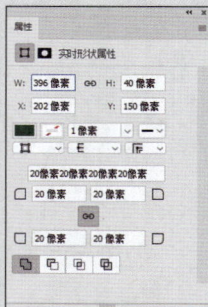

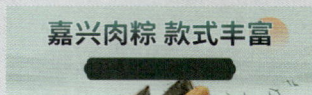

图3-25 图3-26 图3-27

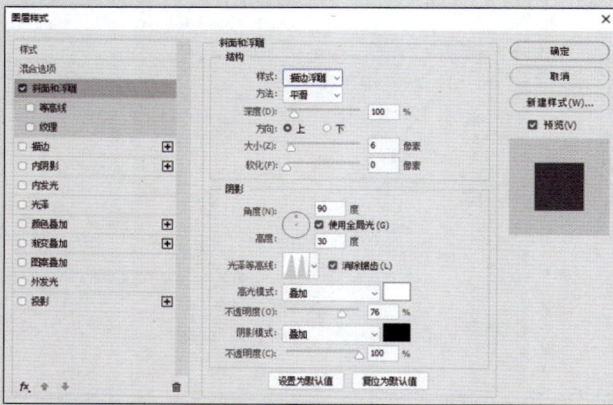

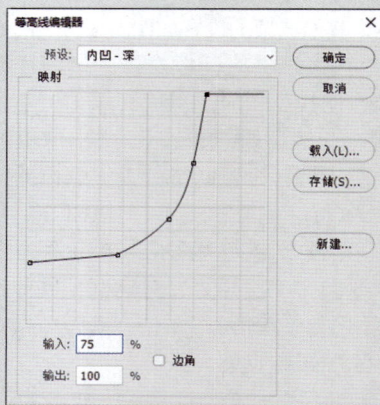

图3-28 图3-29

（17）单击"确定"按钮，返回"图层样式"对话框，其他选项的设置如图3-30所示。选择对话框左侧的"描边"选项，切换到相应的界面，将描边颜色设为中黄色（237、213、182），其他选项的设置如图3-31所示。

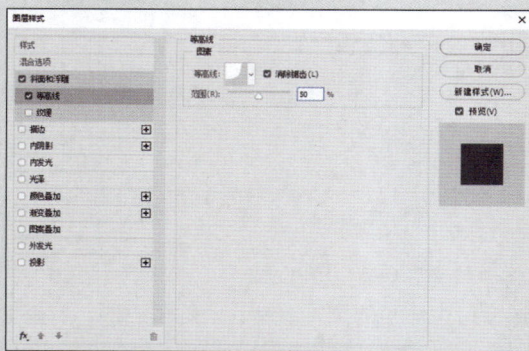

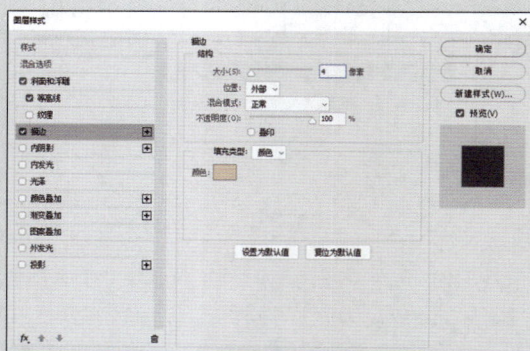

图3-30 图3-31

（18）选择对话框左侧的"内阴影"选项，切换到相应的界面，将内阴影颜色设为黑色，其他选项的设置如图3-32所示。选择对话框左侧的"渐变叠加"选项，切换到相应的界面，单击"点按可编辑渐变"按钮，弹出"渐变编辑器"对话框，设置两个位置点颜色的RGB值分别为0（2、64、56）、100（34、169、139），如图3-33所示。

（19）单击"确定"按钮，返回"图层样式"对话框，其他选项的设置如图3-34所示。单击"确定"按钮，效果如图3-35所示。

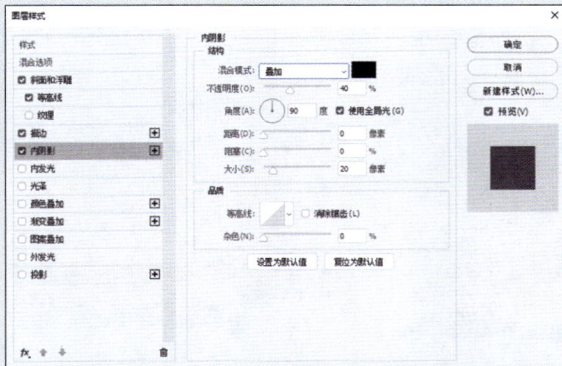

图3-32

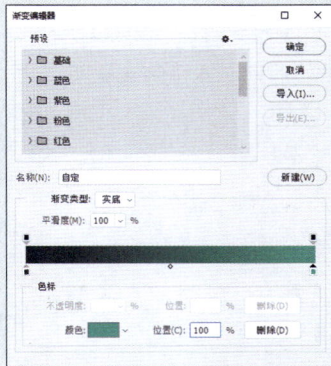

图3-33

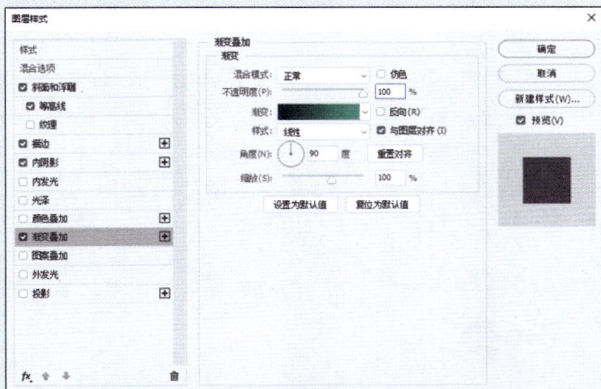

图3-34

图3-35

（20）选择"横排文字"工具 T.，在图像窗口中输入需要的文字并选取文字。在"字符"面板中将"颜色"设为浅橘色（255、232、208），其他选项的设置如图3-36所示。按Enter键确定操作，"图层"控制面板中会生成新的文字图层。

（21）按住Shift键的同时，单击"圆角矩形1"图层，将需要的图层同时选取，选择"移动"工具 ✛.，在属性栏的"对齐方式"中分别单击"水平居中对齐"按钮 ♣ 和"垂直居中对齐"按钮 ₊ᴵₜ，效果如图3-37所示。

（22）按住Shift键的同时，在"图层"控制面板中单击文字图层，将需要的图层同时选取，按Ctrl+G组合键，群组图层并将其命名为"卖点"，如图3-38所示。

图3-36

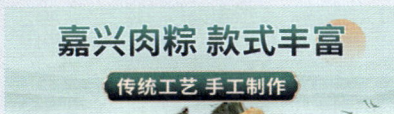

图3-37

图3-38

（23）选择"圆角矩形"工具 ◻.，在图像窗口中适当的位置绘制一个圆角矩形，"图层"控制面板中会生成新的形状图层"圆角矩形2"。在"属性"面板中将"填充"颜色设为淡橘色（255、

247、240），"描边"颜色设为无，其他选项的设置如图3-39所示，效果如图3-40所示。

（24）选择"直接选择"工具 ，在图像窗口中选择刚绘制的圆角矩形右下角的锚点，按住Shift键的同时向右水平拖曳锚点到适当的位置，效果如图3-41所示。

图3-39　　　　　　　　图3-40　　　　　　　　图3-41

（25）单击"图层"控制面板下方的"添加图层样式"按钮 ，在弹出的菜单中选择"斜面和浮雕"命令。在弹出的对话框中进行设置，如图3-42所示。

（26）选择对话框左侧的"等高线"选项，切换到相应的界面，单击"等高线"选项，弹出"等高线编辑器"对话框，在等高线上添加3个控制点，分别将"输入""输出"设为37%、29%、59%、45%，70%、70%，选中上方的控制点，将"输入""输出"分别设为75%、100%，如图3-43所示。

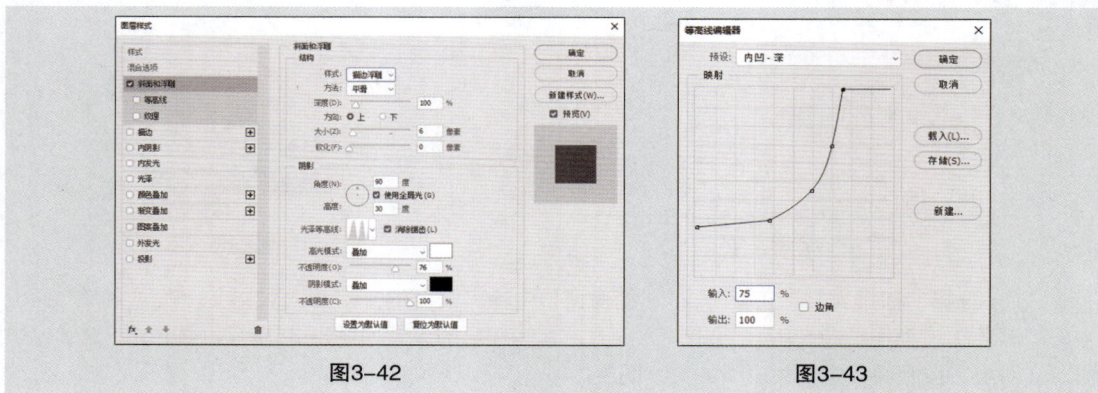

图3-42　　　　　　　　　　　　　　図3-43

（27）单击"确定"按钮，返回"图层样式"对话框，其他选项的设置如图3-44所示。选择对话框左侧的"描边"选项，切换到相应的界面，将描边颜色设为中黄色（237、213、182），其他选项的设置如图3-45所示。

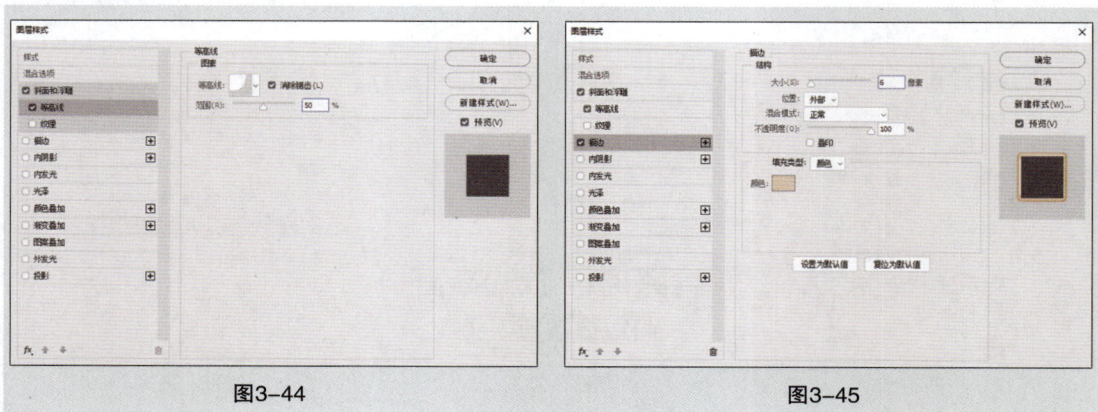

图3-44　　　　　　　　　　　　　　图3-45

（28）选择对话框左侧的"内阴影"选项，切换到相应的界面，将内阴影颜色设为黑色，其他选项的设置如图3-46所示。选择对话框左侧的"渐变叠加"选项,切换到相应的界面,单击"点按可编辑渐变"按钮 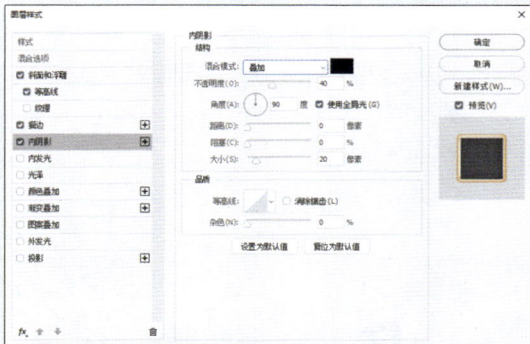 ,弹出"渐变编辑器"对话框,设置两个位置点颜色的RGB值分别为0(255、221、187)、100(255、147、140),如图3-47所示。

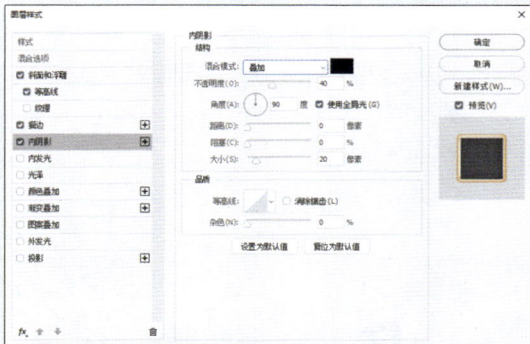
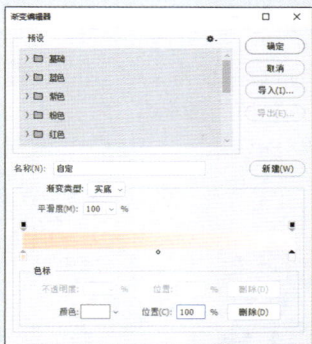

| 图3-46 | 图3-47 |

(29)单击"确定"按钮,返回"图层样式"对话框,其他选项的设置如图3-48所示。单击"确定"按钮,效果如图3-49所示。

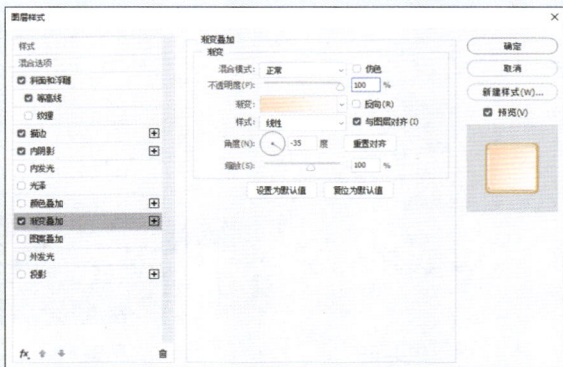

| 图3-48 | 图3-49 |

(30)选择"横排文字"工具 T.,在图像窗口中输入需要的文字并选取文字。在"字符"面板中将"颜色"设为深绿色(5、94、77),其他选项的设置如图3-50所示。按Enter键确定操作,效果如图3-51所示。"图层"控制面板中会生成新的文字图层。

(31)再次在图像窗口中输入需要的文字并选取文字。在"字符"面板中将"颜色"设为深绿色(5、94、77),其他选项的设置如图3-52所示。按Enter键确定操作,效果如图3-53所示。"图层"控制面板中会生成新的文字图层。

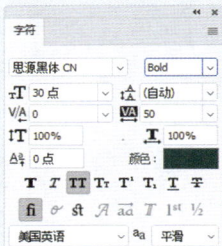

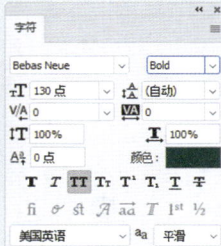

| 图3-50 | 图3-51 | 图3-52 | 图3-53 |

(32)选择"文件 > 置入嵌入对象"命令,弹出"置入嵌入的对象"对话框,选择云盘中的

"Ch03 > 3.1.4课堂案例——嘉兴肉粽主图设计 > 素材 > 04"文件。单击"置入"按钮，将图片置入图像窗口中，将图片拖曳到适当的位置。按Enter键确定操作，效果如图3-54所示。"图层"控制面板中会生成新的图层，将其命名为"丝绸"。

（33）按Ctrl+Alt+G组合键，为图层创建剪贴蒙版。在"图层"控制面板中，将图层混合模式设为"柔光"，如图3-55所示，效果如图3-56所示。

（34）选择"横排文字"工具 T.，在图像窗口中输入需要的文字并选取文字。在"字符"面板中将"颜色"设为深绿色（5、94、77），其他选项的设置如图3-57所示。按Enter键确定操作，效果如图3-58所示。"图层"控制面板中会生成新的文字图层。

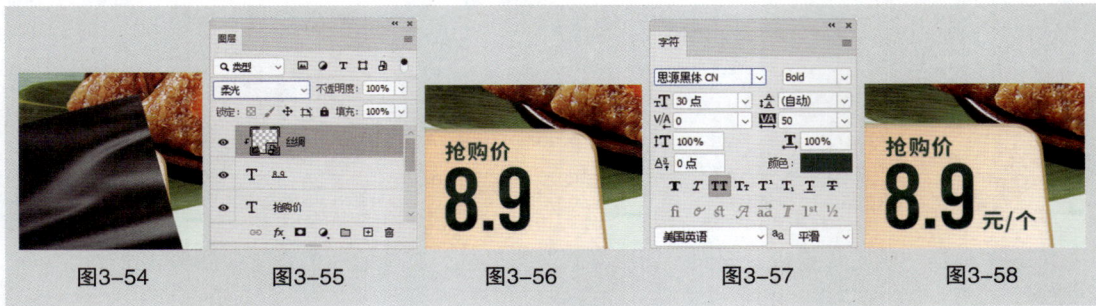

图3-54   图3-55   图3-56   图3-57   图3-58

（35）选择"卖点"图层组，如图3-59所示。选择"矩形"工具 □.，在属性栏中将"填充"颜色设为墨绿色（2、64、56），"描边"颜色设为无。在图像窗口中绘制一个矩形，效果如图3-60所示。"图层"控制面板中会生成新的形状图层"矩形1"。

（36）单击"图层"控制面板下方的"添加图层样式"按钮 fx.，在弹出的菜单中选择"斜面和浮雕"命令。在弹出的对话框中进行设置，如图3-61所示。

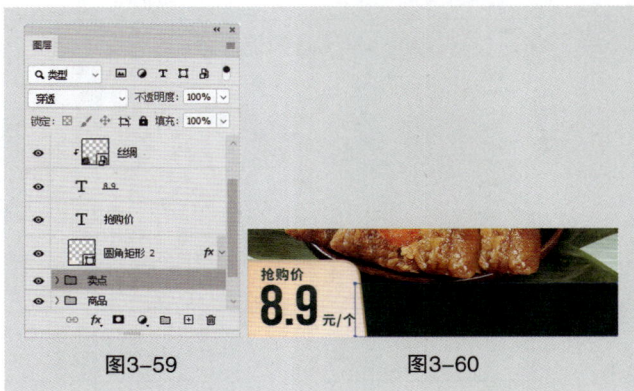

图3-59   图3-60

（37）选择对话框左侧的"等高线"选项，切换到相应的界面，单击"等高线"选项，弹出"等高线编辑器"对话框，在等高线上添加3个控制点，分别将"输入""输出"设为37%、29%，59%、45%，70%、70%，选中上方的控制点，将"输入""输出"设为75%、100%，如图3-62所示。

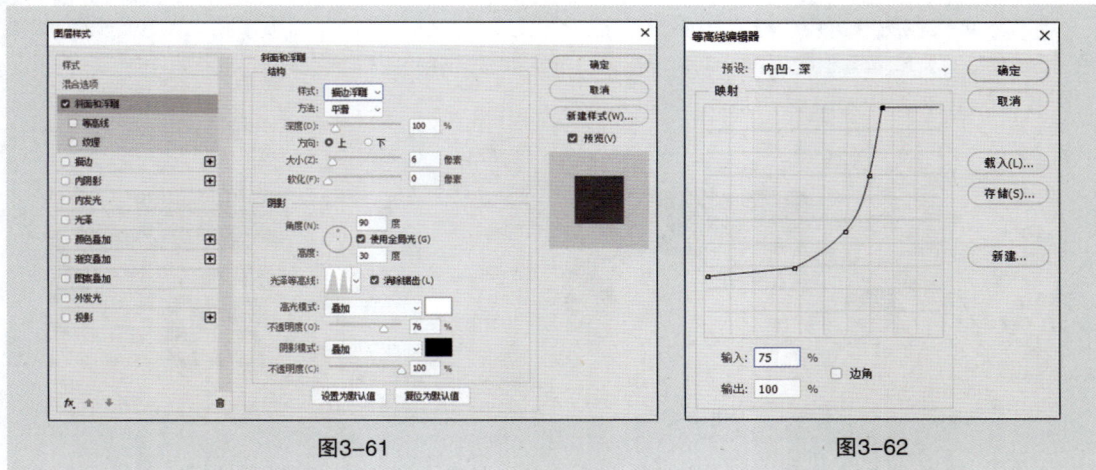

图3-61   图3-62

（38）单击"确定"按钮，返回"图层样式"对话框，其他选项的设置如图3-63所示。选择对话框左侧的"描边"选项，切换到相应的界面，将描边颜色设为中黄色（237、213、182），其他选项的设置如图3-64所示。

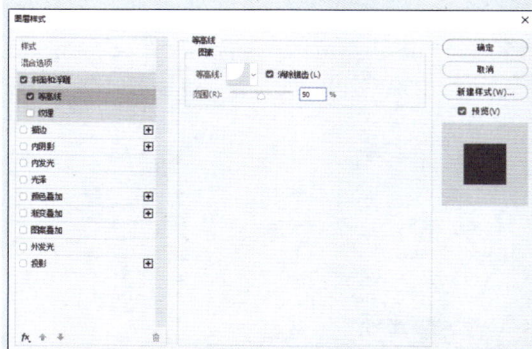

图3-63

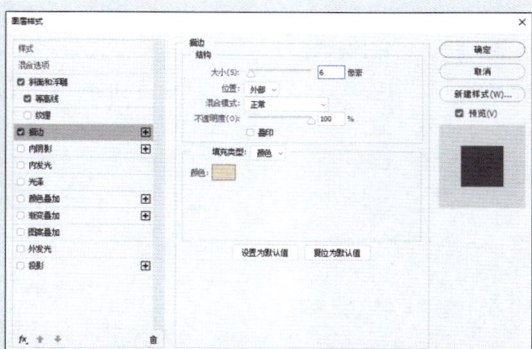

图3-64

（39）选择对话框左侧的"内阴影"选项，切换到相应的界面，将内阴影颜色设为黑色，其他选项的设置如图3-65所示。选择对话框左侧的"渐变叠加"选项，切换到相应的界面，单击"点按可编辑渐变"按钮▉▉▉▉▉，弹出"渐变编辑器"对话框，设置两个位置点颜色的RGB值分别为0（2、64、56）、100（34、169、139），如图3-66所示。

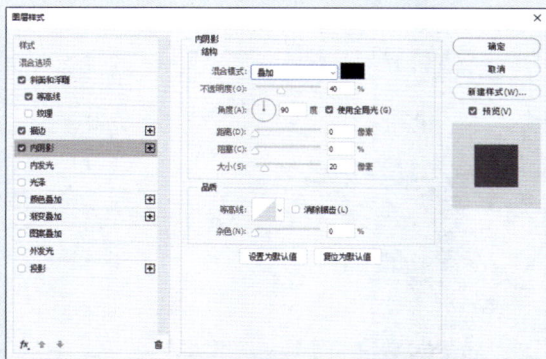

图3-65

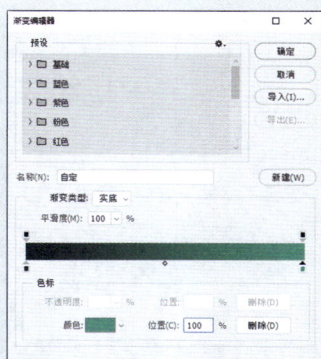

图3-66

（40）单击"确定"按钮，返回"图层样式"对话框，其他选项的设置如图3-67所示。单击"确定"按钮，效果如图3-68所示。

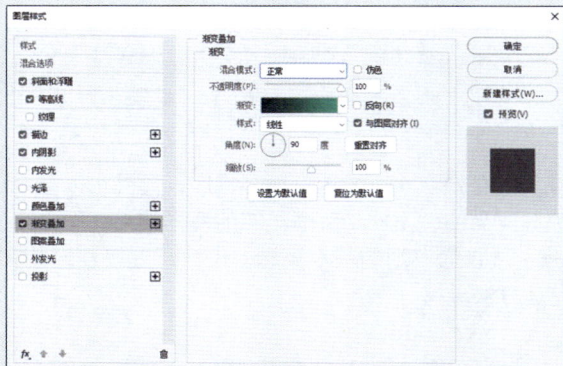

图3-67

图3-68

（41）选择"横排文字"工具 **T.**，在图像窗口中输入需要的文字并选取文字。在"字符"面板中将"颜色"设为浅橘色（255、232、208），其他选项的设置如图3-69所示。按Enter键确定操作，效果如图3-70所示。"图层"控制面板中会生成新的文字图层。

（42）选择"元/个"文字图层，按住Shift键的同时，单击"矩形 1"图层，将需要的图层同时选取，按Ctrl+G组合键，群组图层并将其命名为"价格"，如图3-71所示。选择"文件 > 导出 >存储为Web所用格式（旧版）"命令，在弹出的对话框中进行设置，如图3-72所示，单击"存储"按钮，导出效果图。嘉兴肉粽主图制作完成。

图3-69

图3-70

图3-71

图3-72

3.2　直通车图设计

直通车推广是帮助商家实现商品精准推广的有效方式。通过直通车推广，商品可以被推送给潜在消费者，从而提高商品的点击率，进而提高商品的转换率。直通车图的视觉效果在很大程度上影响着店铺的关注度和商品的点击率。下面分别从直通车图的基本概念、设计尺寸以及设计方法3个方面进行讲解，帮助读者掌握直通车图的设计方法。

3.2.1　直通车图的基本概念

直通车是淘宝的一种付费推广工具，与主图不同的是，直通车图需要商家付费购买图片展示位置，以实现商品的推广。直通车展位通常是指搜索页和消费者必经的关注度高、流量大的位置。

（1）搜索页直通车展位

这类展位包括提示有"掌柜热卖"的1～3个展位、右侧的16个竖向展位和底部的5个横向展位，如图3-73所示。

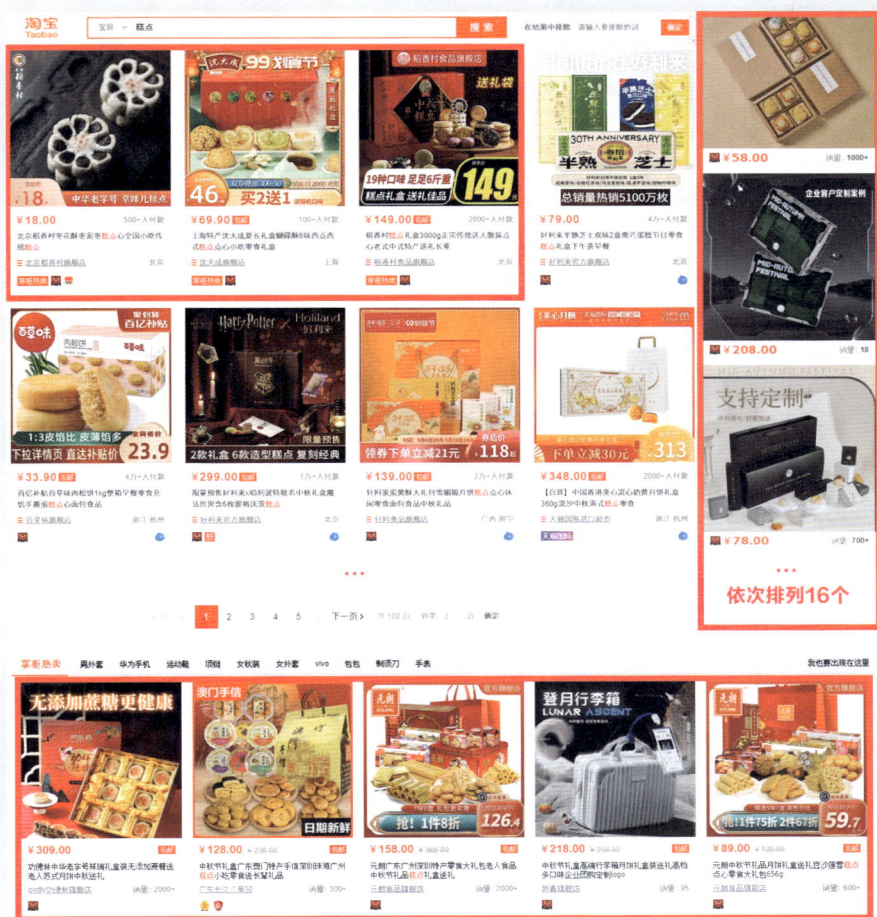

图3-73

（2）消费者必经的关注度高、流量大的直通车展位

这类展位包括位于首页下方的"猜我喜欢"展位、"我的淘宝"页面中购物车下方的展位、"我的淘宝"里"已买到的宝贝"页面中下方的"热卖单品"展位、收藏夹页面底部的展位和阿里旺旺PC端的"每日掌柜热卖"展位，其中"热卖单品"展位如图3-74所示。

图3-74

3.2.2　直通车图的设计尺寸

直通车图和主图一样有两种。一种是常规直通车图，尺寸为800像素×800像素，如图3-75所示；另一种是方便在移动端观看的竖图，尺寸为750像素×1000像素，如图3-76所示。

图3-75　　　　　　　　　　　　　　图3-76

3.2.3　直通车图的设计方法

1．文字内容

电商设计师在进行直通车图设计时，为了提高商品点击率，需要对文字内容进行提炼设计。例如，对于低价商品，电商设计师需要强调商品的价格和活动，如图3-77所示；对于中高端商品，电商设计师需要强调商品的品质、销量以及效果，如图3-78所示；对于大牌商品，电商设计师则需要强调商品的品牌形象，如图3-79所示。

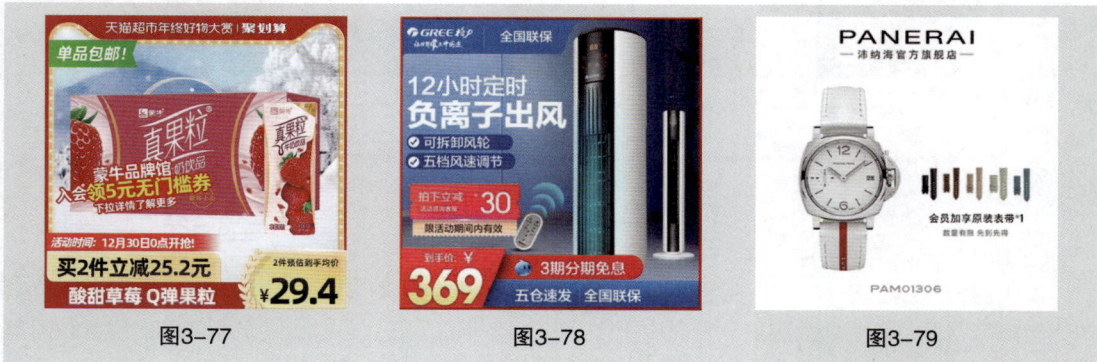

图3-77　　　　　　　　　图3-78　　　　　　　　　图3-79

2．特殊手法

直通车图虽然可以放在商家付费的展位上，但商品之间依然存在着激烈的竞争。因此电商设计师可以通过一些特殊手法使其设计的直通车图在众多图片中脱颖而出。例如，运用独特的商品拍摄方法、直接夸张的文案和精美的商品搭配等设计的直通车图往往可以快速吸引消费者。需要注意的是，若商品本身具有的吸引力足够强，则只需要搭配少量的文字和干净的背景，以凸显商品的品质，如图3-80所示。

图3-80

3.2.4　课堂案例——洗衣机直通车图设计

【案例设计要求】

1. 运用 Photoshop 制作洗衣机直通车图。

2. 视觉表现应体现出洗衣机相应的设计风格，契合洗衣机相应的设计主题。

3. 制作的设计文件应符合电商设计的制作规范与制作标准。

【案例设计理念】在设计过程中，围绕洗衣机这一商品发挥创意。背景为室内场景图，以凸显商品主题。色彩主要选取蓝色，给人高效权威的感觉。字体选用黑体，起到呼应主题的作用。最终效果查看"云盘 /Ch03/3.2.4 课堂案例——洗衣机直通车图设计 / 工程文件 .psd"，如图 3-81 所示。

【案例学习目标】学习使用绘图工具、文字工具制作洗衣机直通车图。

【案例知识要点】使用"置入嵌入对象"命令置入图片，使用"横排文字"工具添加文字，使用"添加图层样式"命令为图像添加效果，使用"圆角矩形"工具、"矩形"工具、"多边形"工具绘制基本形状。

图3-81

（1）按Ctrl+N组合键，弹出"新建文档"对话框，设置"宽度"为800像素，"高度"为800像素，"分辨率"为72像素/英寸，"背景内容"为白色，如图3-82所示，单击"创建"按钮，新建一个文档。

（2）选择"文件>置入嵌入对象"命令，弹出"置入嵌入的对象"对话框，分别选择云盘中的"Ch03 > 3.2.4课堂案例——洗衣机直通车图设计>素材>01～02"文件。单击"置入"按钮，将图片分别置入图像窗口中，分别将"01"和"02"图片拖曳到适当的位置。按Enter键确定操作，效果如图3-83所示。"图层"控制面板中会生成新的图层，将其分别命名为"背景"和"洗衣机"。

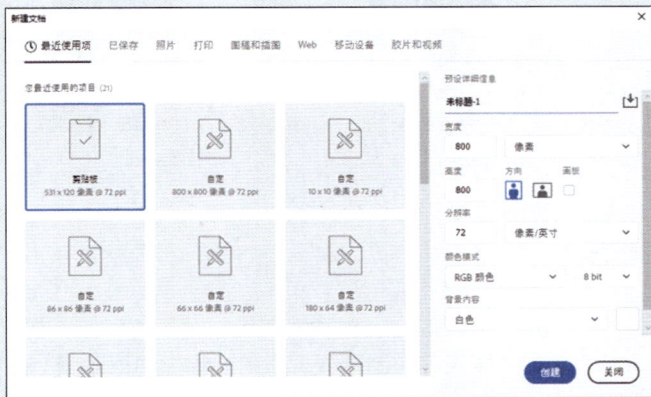

图3-82

图3-83

（3）选中"洗衣机"图层，按Ctrl+J组合键，复制图层，"图层"控制面板中会生成新的图层，将其命名为"倒影1"，如图3-84所示。按Ctrl+T组合键，图像周围会出现变换框，单击鼠标右键，在弹出的菜单中选择"垂直翻转"命令，垂直翻转图像。将其拖曳到适当的位置，效果如图3-85所示。

（4）在"图层"控制面板中将"倒影1"图层拖曳到"洗衣机"图层的下方，将"不透明度"设置为30%。单击"图层"控制面板下方的"添加图层蒙版"按钮 ▫ ，为"倒影1"图层添加图层蒙版，如图3-86所示。按住Ctrl键的同时，单击"倒影1"图层前的缩览图，载入选区，效果如图3-87所示。

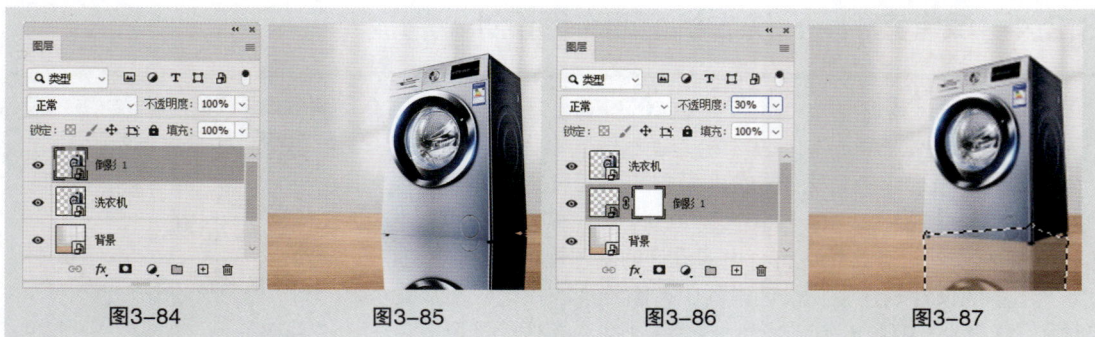

图3-84　　　　　　　图3-85　　　　　　　图3-86　　　　　　　图3-87

（5）选择"画笔"工具 ✐ ，在属性栏中单击"画笔预设"选项右侧的按钮 ⌄ ，在弹出的面板中进行设置，如图3-88所示。将前景色设为黑色，在图像窗口中拖曳鼠标指针擦除不需要的部分。按Ctrl+D组合键，取消选区，效果如图3-89所示。

（6）使用相同的方法制作其他倒影效果，如图3-90所示，效果如图3-91所示。选择"洗衣机"图层，按Ctrl+J组合键，复制图层，"图层"控制面中会生成新的图层，将其命名为"投影3"。

图3-88　　　　　　　图3-89

（7）按Ctrl+T组合键，图像周围会出现变换框，单击鼠标右键，在弹出的菜单中选择"垂直翻转"命令，垂直翻转图像。将其拖曳到适当的位置，效果如图3-92所示。

图3-90　　　　　　　图3-91　　　　　　　图3-92

（8）单击"图层"控制面板下方的"添加图层样式"按钮 fx ，在弹出的菜单中选择"颜色叠加"命令，弹出对话框，将叠加颜色设为深灰色（31、27、24），如图3-93所示。单击"确定"按钮，效果如图3-94所示。

（9）在"图层"控制面板中，将"倒影3"图层拖曳到"洗衣机"图层的下方，将"不透明度"设置为30%，效果如图3-95所示。单击"图层"控制面板下方的"添加图层蒙版"按钮 ▢ ，为"倒影3"图层添加图层蒙版，如图3-96所示。

（10）选择"渐变"工具 ▦ ，单击属性栏中的"点按可编辑渐变"按钮 ▭ ，弹出"渐变编辑器"对话框，将渐变色设为从黑色到白色，单击"确定"按钮。在图像窗口中由右下至左上拖曳，效果如图3-97所示。

（11）选择"洗衣机"图层，按Ctrl+J组合键，复制图层，"图层"控制面板中会生成"洗衣机 拷贝"图层。按Ctrl+T组合键，图像周围会出现变换框，将其拖曳到适当的位置，效果如图3-98所示。

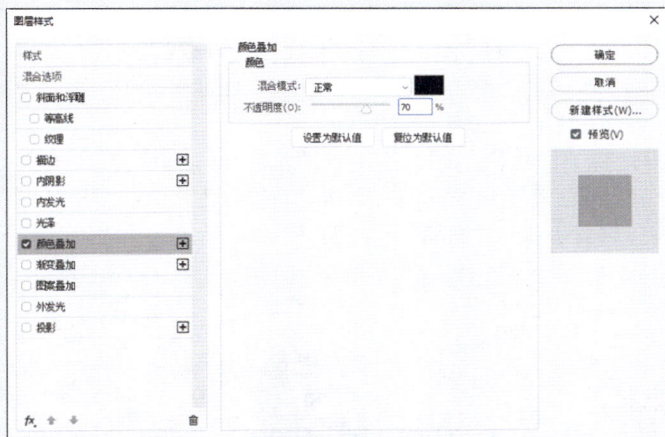

图3-93

图3-94

图3-95

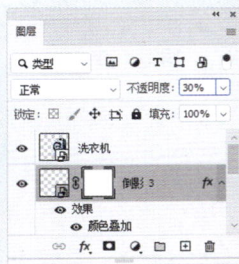

图3-96

图3-97

图3-98

（12）选择"滤镜 > 模糊 > 高斯模糊"命令，在弹出的对话框中进行设置，如图3-99所示。单击"确定"按钮，效果如图3-100所示。

（13）单击"图层"控制面板下方的"添加图层样式"按钮 *fx*，在弹出的菜单中选择"颜色叠加"命令，弹出对话框，将叠加颜色设为深灰色（31、27、24），如图3-101所示。单击"确定"按钮，效果如图3-102所示。

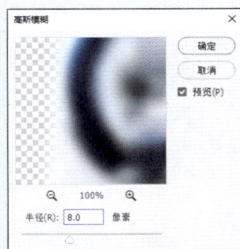

图3-99

图3-100

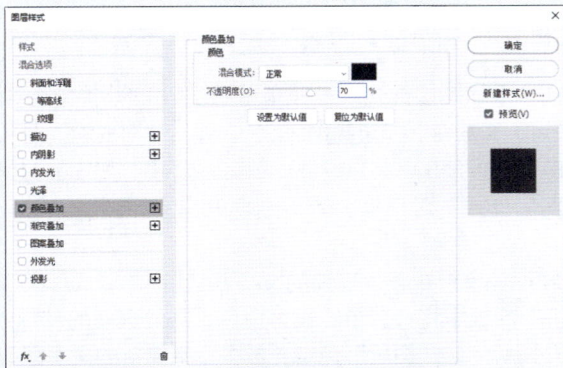

图3-101

图3-102

（14）单击"图层"控制面板下方的"添加图层蒙版"按钮 ，为"洗衣机 拷贝"图层添加图层蒙版。选择"渐变"工具 ，单击属性栏中的"点按可编辑渐变"按钮 ，弹出"渐变编辑器"对话框，将渐变色设为从黑色到白色，单击"确定"按钮。在图像窗口中由上至下拖曳，效果如图3-103所示。

（15）在"图层"控制面板中，将"洗衣机"图层拖曳到"洗衣机 拷贝"图层的上方，如图3-104所示，效果如图3-105所示。按住Shift键的同时，单击"背景"图层，将需要的图层同时选取，按Ctrl+G组合键，群组图层并将其命名为"商品"，如图3-106所示。

| 图3-103 | 图3-104 | 图3-105 | 图3-106 |

（16）选择"圆角矩形"工具 ，在属性栏的"选择工具模式"选项中选择"形状"，将"填充"颜色设为白色，"描边"颜色设为无，"半径"设为40像素。在图像窗口中适当的位置绘制一个圆角矩形，"图层"控制面板中会生成新的形状图层"圆角矩形1"。在"属性"面板中会进行设置，如图3-107所示，效果如图3-108所示。

（17）选择"直接选择"工具 ，在图像窗口中选择圆角矩形右上角的锚点，按住Shift键的同时向右水平拖曳锚点到适当的位置，效果如图3-109所示。

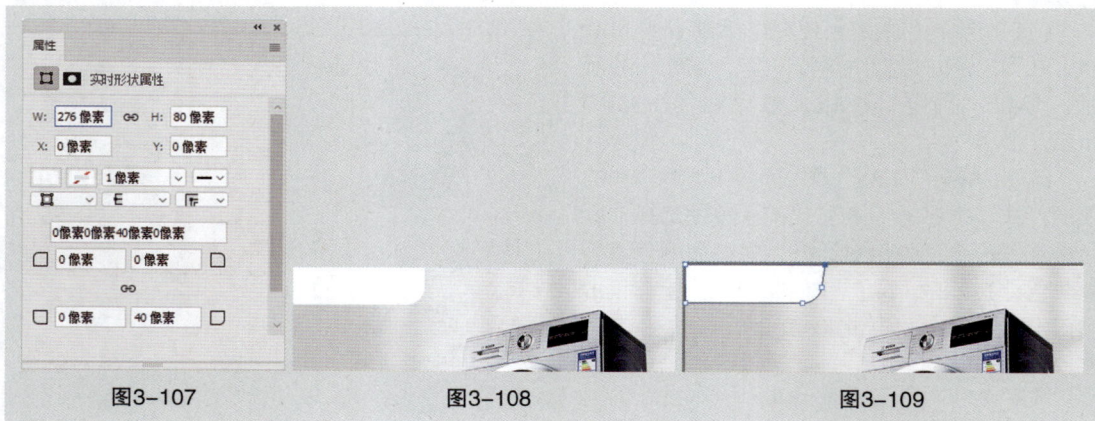

| 图3-107 | 图3-108 | 图3-109 |

（18）单击"图层"控制面板下方的"添加图层样式"按钮 ，在弹出的菜单中选择"渐变叠加"命令。在弹出的对话框中单击"点按可编辑渐变"按钮 ，弹出"渐变编辑器"对话框，设置两个位置点颜色的RGB值分别为0（84、60、255）、100（29、157、255），如图3-110所示。

（19）单击"确定"按钮，返回"图层样式"对话框，其他选项的设置如图3-111所示。单击"确定"按钮，为形状添加渐变效果。

（20）选择"横排文字"工具 ，在图像窗口中输入需要的文字并选取文字。选择"窗口 > 字符"命令，打开"字符"面板，在"字符"面板中将"颜色"设为白色，其他选项的设置如图3-112所示。按Enter键确定操作，效果如图3-113所示。"图层"控制面板中会生成新的文字图层。

（21）选择"矩形"工具 ，在属性栏中将"填充"颜色设为白色，"描边"颜色设为无。在图像窗口中绘制一个矩形，效果如图3-114所示。"图层"控制面板中会生成新的形状图层"矩形1"。

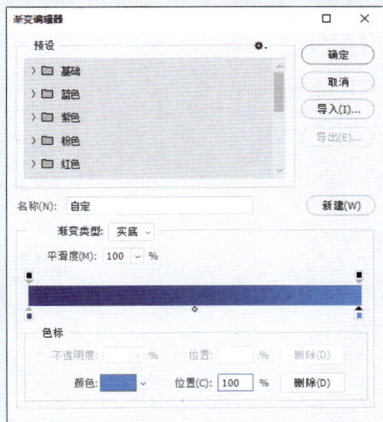

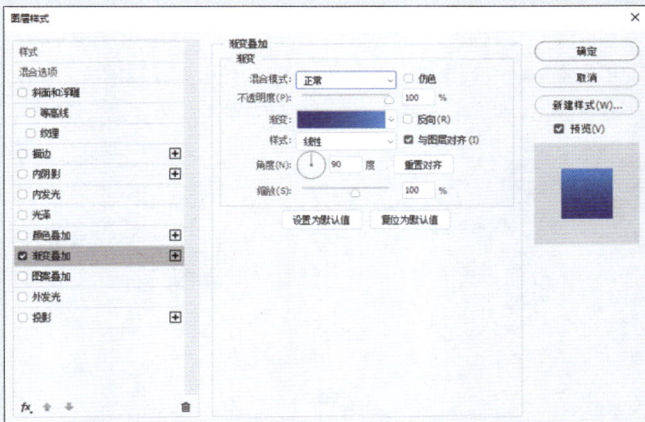

图3-110　　　　　　　　　　　　　　　　　　　　　　图3-111

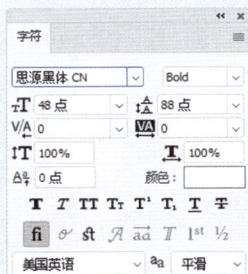

图3-112　　　　　　　　　图3-113　　　　　　　　　　图3-114

（22）选择"多边形"工具 ◯.，在属性栏中将"边数"设为3，按住Shift键的同时，在图像窗口中适当的位置绘制一个三角形，效果如图3-115所示。"图层"控制面板中会生成新的形状图层"多边形 1"。

（23）按住Shift键的同时，在"图层"控制面板中，单击"矩形 1"图层，将需要的图层同时选取，按Ctrl+E组合键，合并形状。选择"删除锚点"工具 ⌀.，删除不需要的锚点，如图3-116所示。

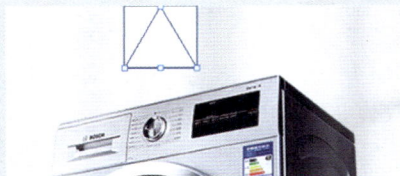

图3-115　　　　　　　　　　　　　　　　　　　　　　图3-116

（24）选择"直接选择"工具 ▷.，在图像窗口中选择三角形顶部的锚点，按住Shift键的同时向下垂直拖曳锚点到适当的位置，效果如图3-117所示。在属性栏中选择"路径操作"选项，在弹出的菜单中选择"排除重叠形状"按钮 ◱，效果如图3-118所示。

图3-117　　　　　　　　　　　　　　　　　　　　　　图3-118

（25）单击"图层"控制面板下方的"添加图层样式"按钮 fx，在弹出的菜单中选择"斜面和浮雕"命令。在弹出的对话框中进行设置，如图3-119所示。选择对话框左侧的"描边"选项，切换到相应的界面，将描边颜色设为中黄色（237、213、182），其他选项的设置如图3-120所示。

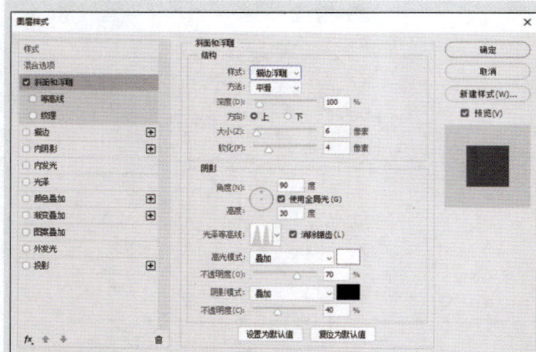

图3-119

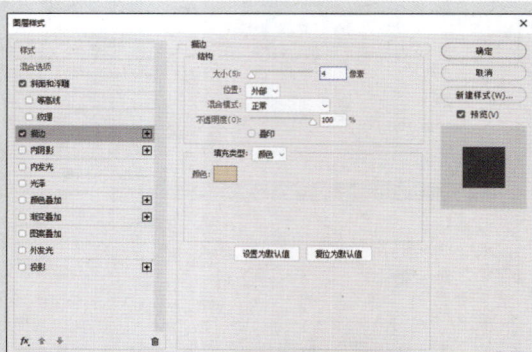

图3-120

（26）选择对话框左侧的"内阴影"选项，切换到相应的界面，将内阴影颜色设为黑色，其他选项的设置如图3-121所示。选择对话框左侧的"渐变叠加"选项，切换到相应的界面，单击"点按可编辑渐变"按钮，弹出"渐变编辑器"对话框，设置3个位置点颜色的RGB值分别为0（233、209、166）、40（224、196、144）、100（252、253、236），如图3-122所示。

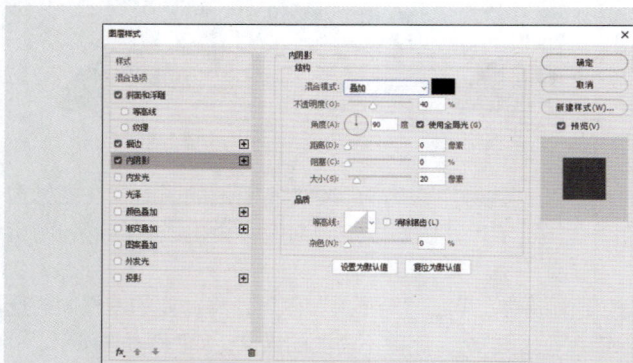

图3-121

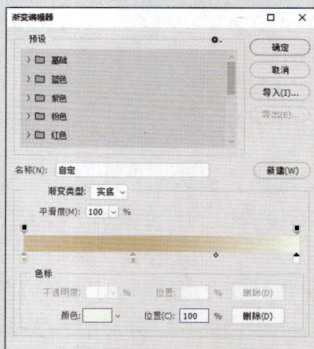

图3-122

（27）单击"确定"按钮，返回"图层样式"对话框，其他选项的设置如图3-123所示。单击"确定"按钮，效果如图3-124所示。

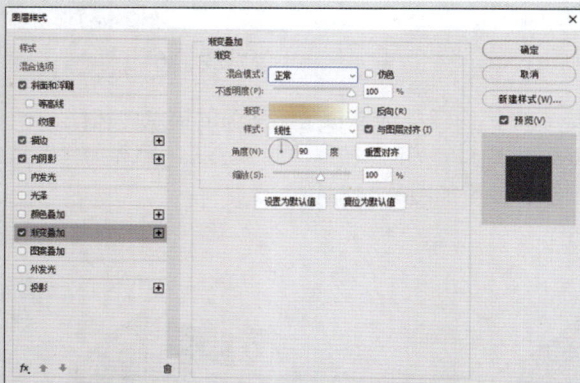

图3-123

图3-124

（28）选择"横排文字"工具 **T.**，在图像窗口中输入需要的文字并选取文字。在"字符"面板中将"颜色"设为深棕色（71、47、0），其他选项的设置如图3-125所示。按Enter键确定操作，效果如图3-126所示。"图层"控制面板中会生成新的文字图层。

（29）按住Shift键的同时，在"图层"控制面板中单击"多边形 1"图层，将需要的图层同时选取。按Ctrl+J组合键，复制图层，"图层"控制面板中会分别生成新的图层。

（30）按住Shift键的同时，在图像窗口中将新的图层向右水平移动到适当的位置。选择"横排文字"工具 **T.**，在图像窗口中选取并修改文字，效果如图3-127所示。

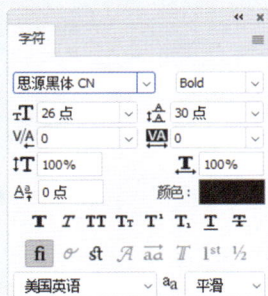
图3-125

图3-126　　　　　　　　　　　　　　　　图3-127

（31）使用相同的方法复制并修改文字，效果如图3-128所示，"图层"控制面板中会分别生成新的图层。按住Shift键的同时，单击"圆角矩形 1"图层，将需要的图层同时选取，按Ctrl+G组合键，群组图层并将其命名为"保障"，如图3-129所示。

图3-128

图3-129

（32）选择"横排文字"工具 **T.**，在图像窗口中输入需要的文字并选取文字。在"字符"面板中将"颜色"设为白色，其他选项的设置如图3-130所示。按Enter键确定操作，效果如图3-131所示。"图层"控制面板中会生成新的文字图层。

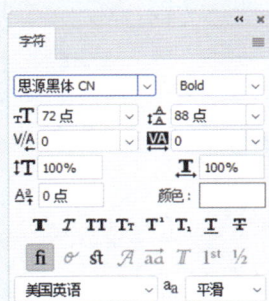
图3-130

图3-131

（33）单击"图层"控制面板下方的"添加图层样式"按钮 **fx.**，在弹出的菜单中选择"渐变叠加"命令。在弹出的对话框中单击"点按可编辑渐变"按钮 ，弹出"渐变编辑器"对话框，设置两个位置点颜色的RGB值分别为0（84、60、255）、100（29、157、255），如图3-132所示。

（34）单击"确定"按钮，返回"图层样式"对话框，其他选项的设置如图3-133所示。单击"确定"按钮，为文字添加效果。

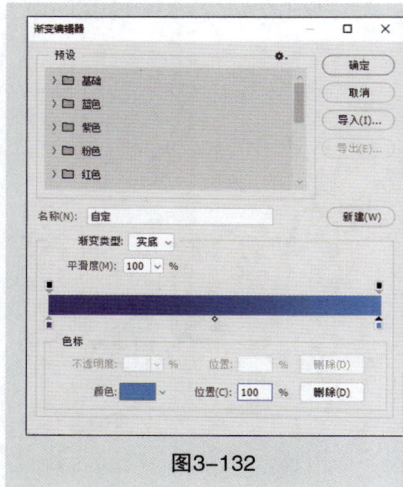
图3-132

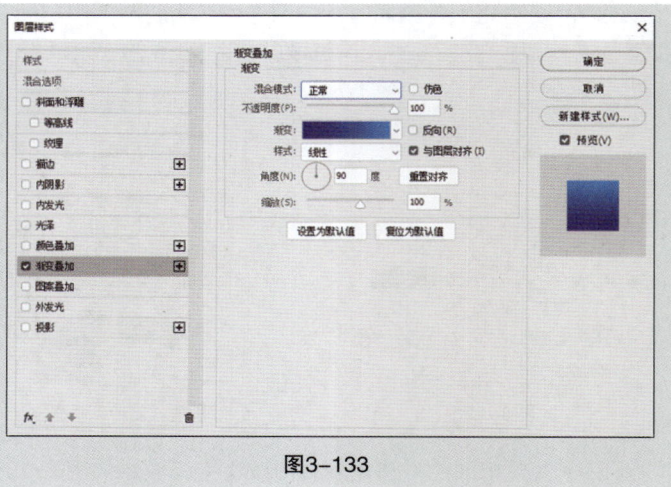
图3-133

（35）使用相同的方法输入其他文字并为文字添加效果，效果如图3-134所示。选择"圆角矩形"工具 ，在属性栏中将"填充"颜色设为白色，"描边"颜色设为无，"半径"设为34像素。在图像窗口中适当的位置绘制一个圆角矩形，"图层"控制面板中会生成新的形状图层"圆角矩形2"，效果如图3-135所示。

（36）单击"图层"控制面板下方的"添加图层样式"按钮 ，在弹出的菜单中选择"渐变叠加"命令。在弹出的对话框中单击"点按可编辑渐变"按钮 ，弹出

图3-134

"渐变编辑器"对话框，设置两个位置点颜色的RGB值分别为0（84、60、255）、100（29、157、255），如图3-136所示。

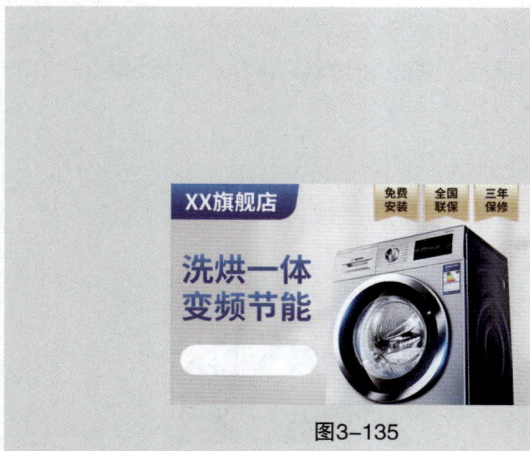
图3-135

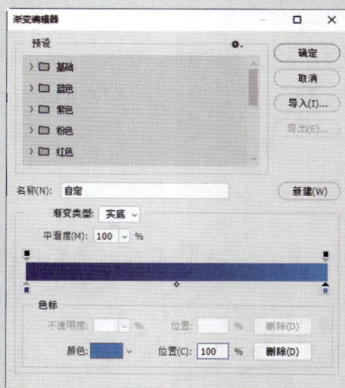
图3-136

（37）单击"确定"按钮，返回"图层样式"对话框，其他选项的设置如图3-137所示。单击"确定"按钮，效果如图3-138所示。

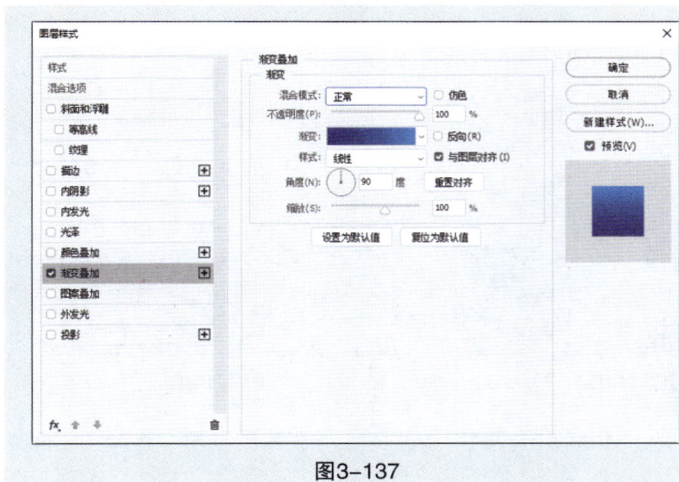

图3-137

图3-138

（38）选择"文件>置入嵌入对象"命令，弹出"置入嵌入的对象"对话框，选择云盘中的"Ch03>3.2.4课堂案例——洗衣机直通车图设计>素材>03"文件。单击"置入"按钮，将图片置入图像窗口中，拖曳图片到适当的位置。按Enter键确定操作，效果如图3-139所示。"图层"控制面板中会生成新的图层，将其命名为"脱水"。

（39）选择"横排文字"工具 T.，在图像窗口中输入需要的文字并选取文字。在"字符"面板中将"颜色"设为白色，其他选项的设置如图3-140所示。按Enter键确定操作，效果如图3-141所示。"图层"控制面板中会生成新的文字图层。

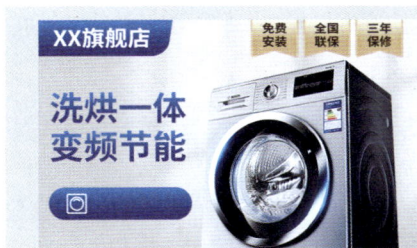

图3-139

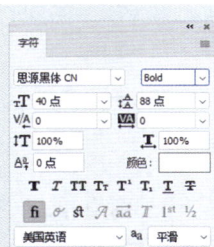

图3-140

图3-141

（40）使用上述的方法，绘制圆角矩形、置入图片并输入文字，效果如图3-142所示。按住Shift键的同时，单击"洗烘一体"文字图层，将需要的图层同时选取，按Ctrl+G组合键，群组图层并将其命名为"卖点"，如图3-143所示。

图3-142

图3-143

（41）选择"圆角矩形"工具 □.，在属性栏中将"填充"颜色设为白色，"描边"颜色设为无，"半径"设为75像素。在图像窗口中适当的位置绘制一个圆角矩形，"图层"控制面板中会生成新的形状图层"圆角矩形3"，在"属性"面板中进行设置，如图3-144所示，效果如图3-145所示。

（42）选择"直接选择"工具 ▶️，在图像窗口中选择圆角矩形右下角的锚点，按住Shift键的同时向右水平拖曳锚点到适当的位置，效果如图3-146所示。

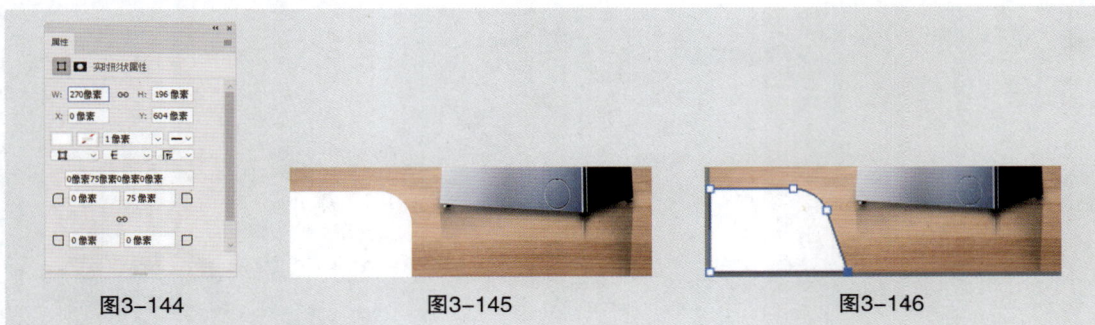
图3-144　　　　　　　图3-145　　　　　　　图3-146

（43）单击"图层"控制面板下方的"添加图层样式"按钮 fx，在弹出的菜单中选择"斜面和浮雕"命令。在弹出的对话框中进行设置，如图3-147所示。选择对话框左侧的"描边"选项，切换到相应的界面，将描边颜色设为中黄色（237、213、182），其他选项的设置如图3-148所示。

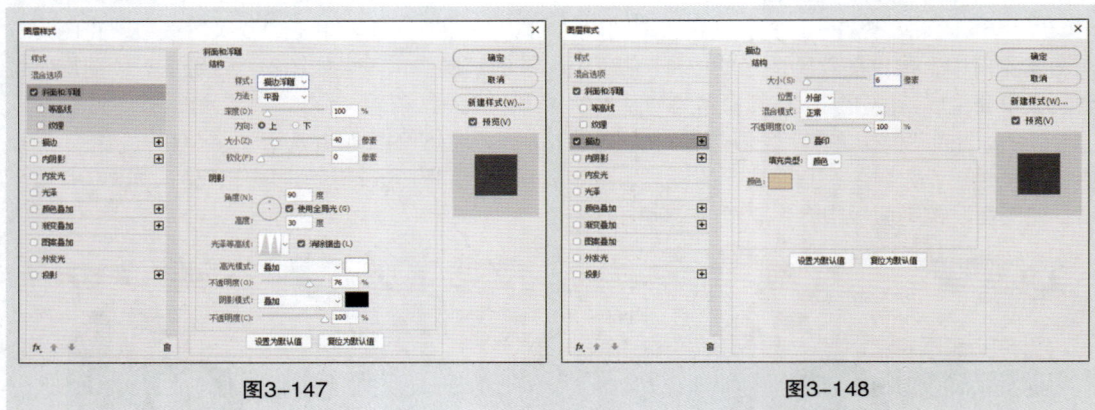
图3-147　　　　　　　　　　　　　　图3-148

（44）单击"图层"控制面板下方的"添加图层样式"按钮 fx，在弹出的菜单中选择"渐变叠加"命令。在弹出的对话框中单击"点按可编辑渐变"按钮 ▭，弹出"渐变编辑器"对话框，在"位置"选项中分别输入0、70、100这3个位置点，设置3个位置点颜色的RGB值分别为0（92、57、254）、70（38、86、255）、100（28、181、252），如图3-149所示。

（45）单击"确定"按钮，返回"图层样式"对话框，其他选项的设置如图3-150所示。单击"确定"按钮，为形状添加效果。

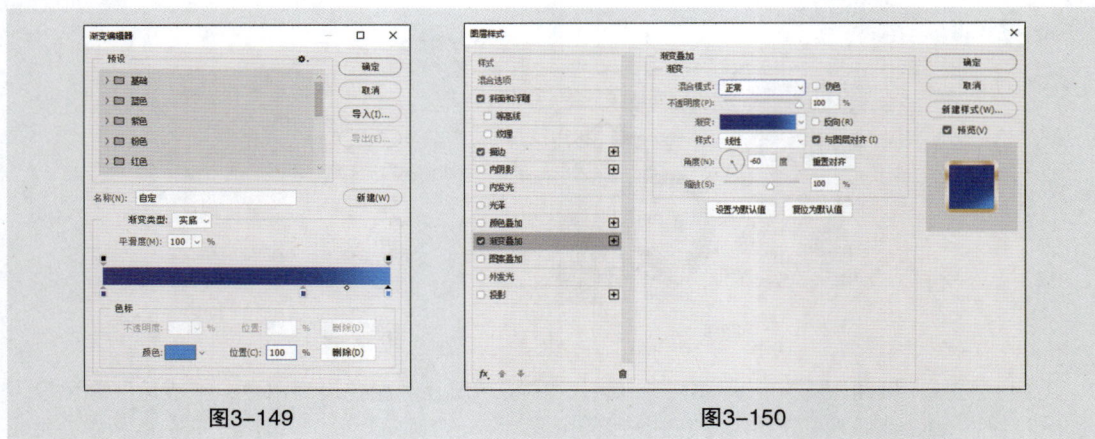
图3-149　　　　　　　　　　　　　　图3-150

（46）选择"横排文字"工具 **T.**，在图像窗口中输入需要的文字并选取文字。在"字符"面板中将"颜色"设为白色，其他选项的设置如图3-151所示。按Enter键确定操作，效果如图3-152所示。"图层"控制面板中会生成新的文字图层。

图3-151　　　　　　图3-152

（47）单击"图层"控制面板下方的"添加图层样式"按钮 **fx.**，在弹出的菜单中选择"投影"命令。弹出对话框，将投影颜色设为黑色，如图3-153所示。单击"确定"按钮，效果如图3-154所示。

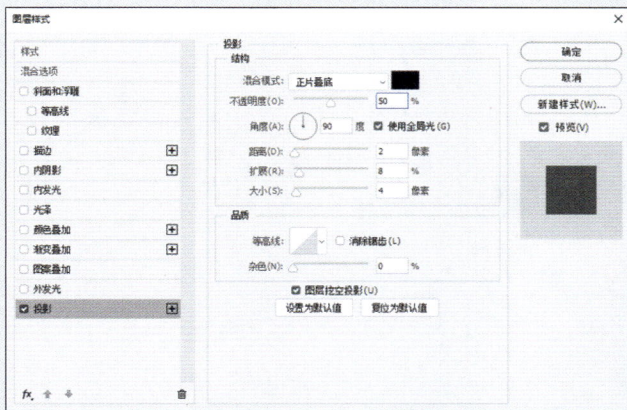

图3-153

图3-154

（48）使用相同的方法，输入其他文字并添加投影，效果如图3-155所示。选择"圆角矩形"工具 **▢.**，在属性栏中将"填充"颜色设为浅橘色（255、247、240），"描边"颜色设为无，"半径"设为20像素。在图像窗口中适当的位置绘制一个圆角矩形，"图层"控制面板中会生成新的形状图层"圆角矩形4"，效果如图3-156所示。

图3-155

图3-156

（49）单击"图层"控制面板下方的"添加图层样式"按钮 **fx.**，在弹出的菜单中选择"投影"命令。弹出对话框，将投影颜色设为黑色，如图3-157所示。单击"确定"按钮，为形状添加投影效果。

（50）选择"横排文字"工具 **T.**，在图像窗口中输入需要的文字并选取文字。在"字符"面板中将"颜色"设为蓝紫色（84、60、255），其他选项的设置如图3-158所示。按Enter键确定操作，效果如图3-159所示。"图层"控制面板中会生成新的文字图层。

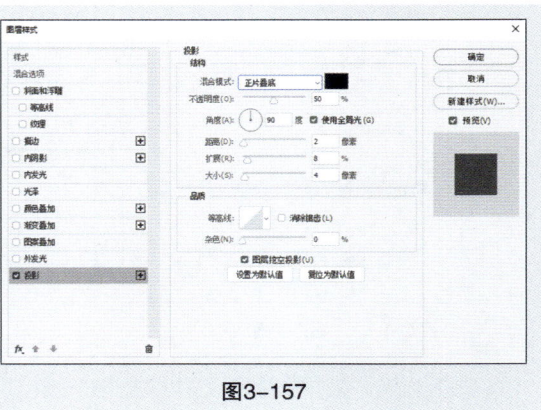

图3-157

（51）选择"卖点"图层组。选择"矩形"工具 **▢.**，在属性栏中将"填充"颜色设为白色，"描边"颜色设为无。在图像窗口中适当的位置绘制一个矩形，效果如图3-160所示。"图层"控制面板中会生成新的形状图层"矩形2"。

图3-158　　　　　图3-159　　　　　　　　　　　图3-160

（52）单击"图层"控制面板下方的"添加图层样式"按钮 *fx.*，在弹出的菜单中选择"斜面和浮雕"命令。在弹出的对话框中进行设置，如图3-161所示。选择对话框左侧的"描边"选项，切换到相应的界面，将描边颜色设为中黄色（237、213、182），其他选项的设置如图3-162所示。

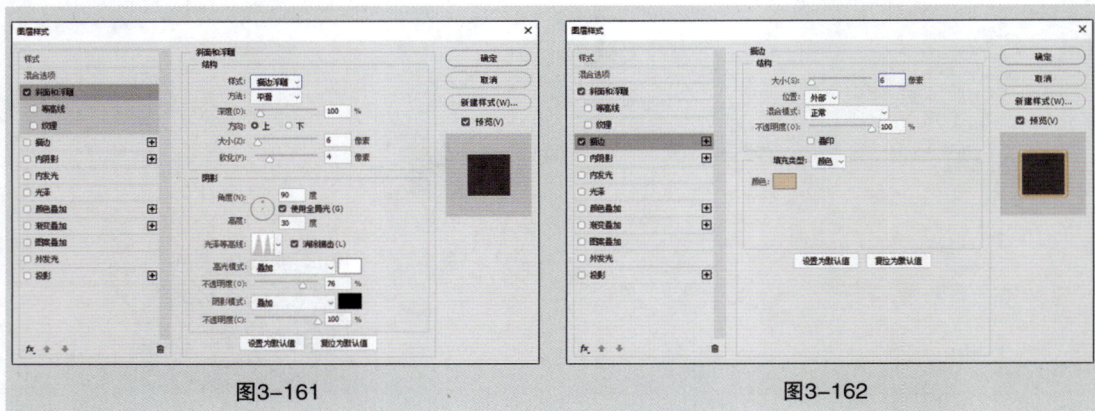

图3-161　　　　　　　　　　　　　　　　图3-162

（53）选择对话框左侧的"渐变叠加"选项，切换到相应的界面，单击"点按可编辑渐变"按钮 ，弹出"渐变编辑器"对话框，在"位置"选项中分别输入0、70、100这3个位置点，设置3个位置点颜色的RGB值分别为0（92、57、254）、70（38、86、255）、100（28、181、252），如图3-163所示。

（54）单击"确定"按钮，返回"图层样式"对话框，其他选项的设置如图3-164所示。单击"确定"按钮，为形状添加效果。

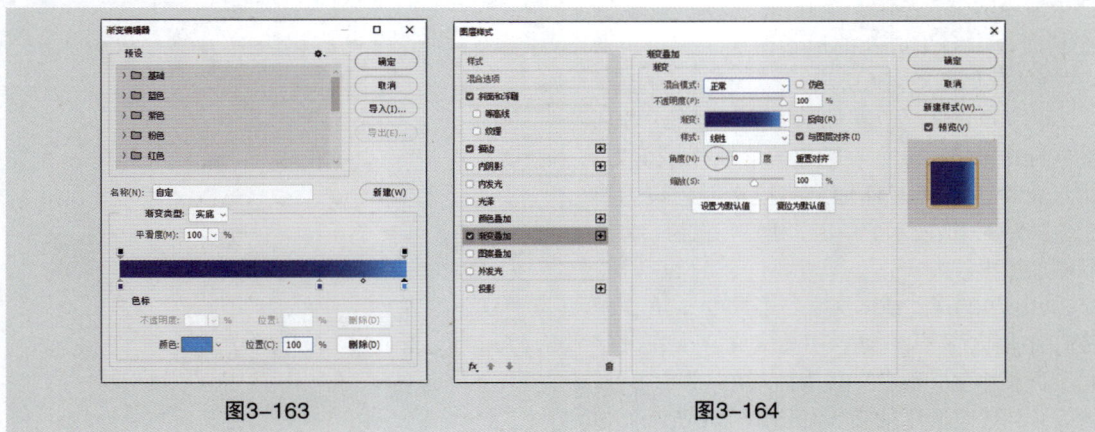

图3-163　　　　　　　　　　　　　　　　图3-164

（55）选择"横排文字"工具 **T.**，在图像窗口中输入需要的文字并选取文字。在"字符"面板中将"颜色"设为白色，其他选项的设置如图3-165所示。按Enter键确定操作，效果如图3-166所示。"图层"控制面板中会生成新的文字图层。

（56）单击"图层"控制面板下方的"添加图层样式"按钮 *fx.*，在弹出的菜单中选择"投影"命令。弹出对话框，将投影颜色设为黑色，如图3-167所示。单击"确定"按钮，效果如图3-168所示。

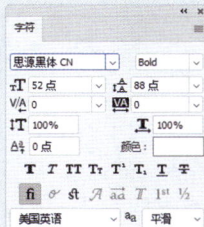

图3-165

图3-166

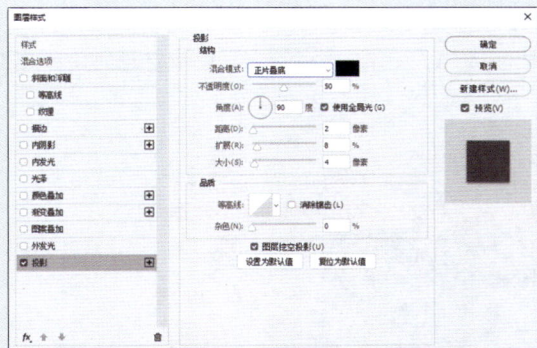

图3-167

图3-168

（57）选择"文件>置入嵌入对象"命令，弹出"置入嵌入的对象"对话框，选择云盘中的"Ch03>3.2.4课堂案例——洗衣机直通车图设计>素材>05"文件。单击"置入"按钮，将图片置入图像窗口中，拖曳图片到适当的位置。按Enter键确定操作，效果如图3-169所示。"图层"控制面板中会生成新的图层，将其命名为"光线"，将图层混合模式设为"滤色"，效果如图3-170所示。

图3-169

（58）选择"立即抢购"文字图层，按住Shift键的同时，单击"矩形2"图层，将需要的图层同时选取，按Ctrl+G组合键，群组图层并将其命名为"价格"，如图3-171所示。选择"文件>导出>存储为Web所用格式（旧版）"命令，在弹出的对话

图3-170

框中进行设置，如图3-172所示，单击"存储"按钮，导出效果图。洗衣机直通车图制作完成。

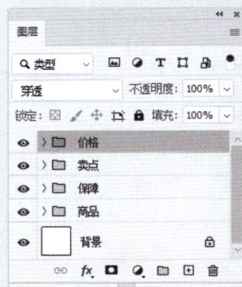

图3-171

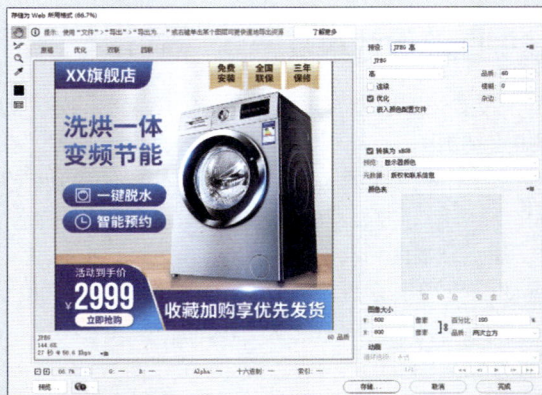

图3-172

3.3 钻展图设计

钻展图是帮助商家实现店铺曝光及商品推广的有效营销工具。钻展图需要具有一定创意，才能促使消费者点击，因此钻展图的视觉效果在很大程度上影响着店铺的曝光度。下面分别从钻展图的基本概念、设计尺寸以及设计方法3个方面进行讲解，帮助读者掌握钻展图的设计方法。

3.3.1 钻展图的基本概念

钻展图即钻石展位图，是一种强有力的营销工具。与直通车图一样，它需要商家付费购买图片展示位置，以进行商品展示活动，甚至是品牌的推广，吸引消费者点击。钻展图通常位于电商平台首页的醒目位置，如图3-173所示。

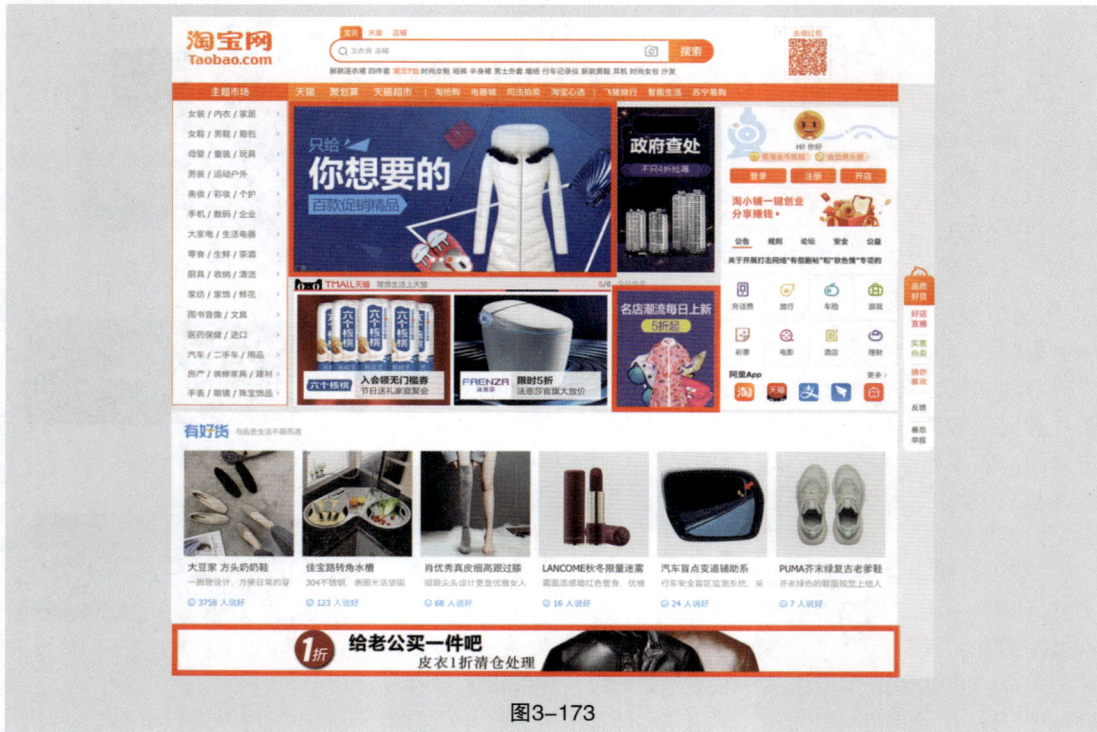

图3-173

3.3.2 钻展图的设计尺寸

钻展图由于投放位置不同，尺寸也各异。钻展图的常见设计尺寸主要可以分为以下3类。

1. 首页焦点钻展图

这类钻展图位于淘宝首页上方，是整个淘宝首页的视觉中心。其尺寸为520像素×280像素，由于尺寸较大，能够更好地展示商品与文案，因此价格较高，如图3-174所示。

2. 首页二焦点钻展图

这类钻展图位于淘宝首页焦点钻展图右下角，是首页一屏的黄金位置。其尺寸为160像素×200像素，由于尺寸较小，因此主要展示商品，文案要精简，但需要加大字号，如图3-175所示。

3. 首页通栏钻展图

这类钻展图位于淘宝首页"有好货"的下方，是首页的重要位置。其尺寸为375像素×130像素，尺寸和价格适中，性价比较高，设计时需要图文结合，如图3-176所示。

图3-174

图3-175

图3-176

3.3.3 钻展图的设计方法

1. 推广内容

电商设计师进行钻展图设计时，为了提高点击率，需要先确定推广内容，然后根据内容进行图片和文案的设计。钻展图的推广内容通常可以分为以下3种。

（1）推广单品：图片多为单品，文案以商品卖点和折扣促销信息为主，如图3-177所示。

（2）推广活动或店铺：图片多为商品的组合形式或模特，文案以折扣促销信息为主，如图3-178所示。

（3）推广品牌：图片多展示品牌，文案要弱化促销，强化品牌，如图3-179所示。

图3-177

图3-178

图3-179

2. 设计技巧

钻展图虽然可以放在商家付费购买的展位上，但商品之间依然存在着激烈的竞争。因此电商设计师可以通过使用一些设计技巧使自己设计的钻展图更加引人注目。

（1）直接运用商品图作为背景，简洁醒目，可快速吸引消费者，如图3-180所示。

（2）将文字和商品图进行适当角度的倾斜，使整个画面更富有张力，更能吸引消费者，如图3-181所示。

图3-180

图3-181

3.3.4 课堂案例——面膜钻展图设计

图3–182

（1）按Ctrl+N组合键，弹出"新建文档"对话框，设置"宽度"为520像素，"高度"为280像素，"分辨率"为72像素/英寸，"背景内容"为白色，如图3-183所示。单击"创建"按钮，新建一个文档。

（2）选择"文件>置入嵌入对象"命令，弹出"置入嵌入的对象"对话框，分别选择云盘中的"Ch03 > 3.3.4课堂案例——面膜钻展图设计>素材>01～02"文件。单击"置入"按钮，将图片分别置入图像窗口中，分别将"01"和"02"图片拖曳到适当的位置。按Enter键确定操作，效果如图3-184所示。"图层"控制面板中会生成新的图层，将其分别命名为"底图"和"面膜"。

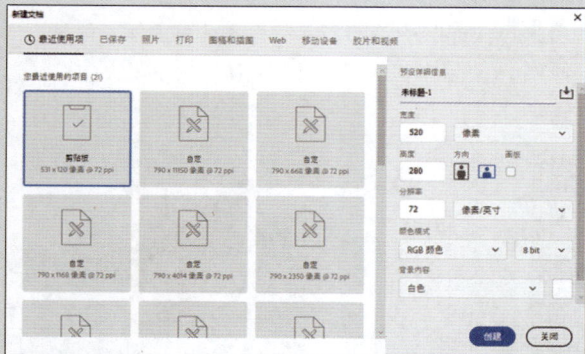

图3-183

图3-184

（3）选择"面膜"图层，单击"图层"控制面板下方的"添加图层样式"按钮 *fx*，在弹出的菜单中选择"投影"命令。在弹出的对话框中，将投影颜色设为灰蓝色（25、87、132），其他选项的设置如图3-185所示。单击"确定"按钮，效果如图3-186所示。

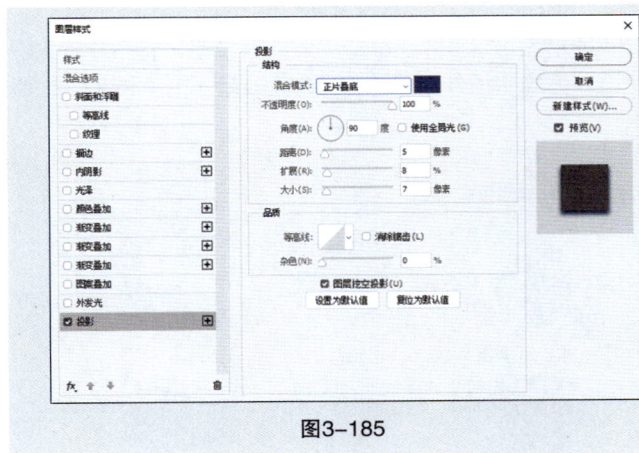

图3-185   图3-186

（4）按Ctrl+J组合键，复制图层，"图层"控制面板中会生成"面膜 拷贝"图层，如图3-187所示。按Ctrl+T组合键，图像周围会出现变换框。将其拖曳到适当的位置，调整形状大小，在属性栏中将"旋转角度"设为-38.5°，按Enter键确定操作，效果如图3-188所示。

（5）按住Shift键的同时，单击"面膜"图层，将需要的图层同时选取，按Ctrl+G组合键，群组图层并将其命名为"面膜"，如图3-189所示。

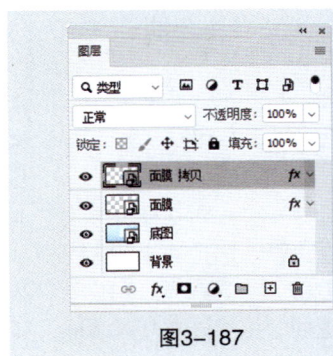

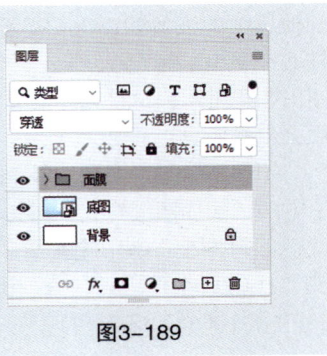

图3-187   图3-188   图3-189

（6）单击"图层"控制面板下方的"创建新的填充或调整图层"按钮 *◐*，在弹出的菜单中选择"亮度/对比度"命令，"图层"控制面板中会生成"亮度/对比度 1"图层，同时在弹出的面板中进行设置，如图3-190所示，按Enter键确定操作，效果如图3-191所示。

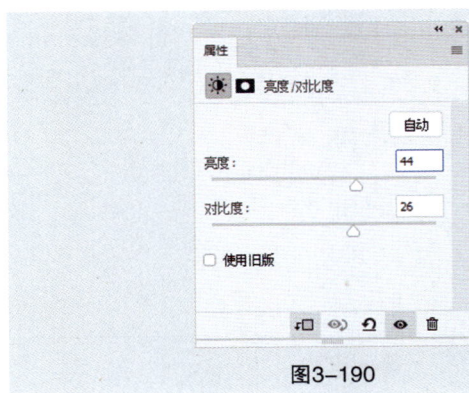

图3-190   图3-191

（7）再次单击"图层"控制面板下方的"创建新的填充或调整图层"按钮 ，在弹出的菜单中选择"色彩平衡"命令，"图层"控制面板中会生成"色彩平衡 1"图层，同时在弹出的面板中进行设置，如图3-192所示，按Enter键确定操作，效果如图3-193所示。

（8）选择"文件>置入嵌入对象"命令，弹出"置入嵌入的对象"对话框，选择云盘中的"Ch03>3.3.4课堂案例——面膜钻展设计>素材>03"文件。单击"置入"按钮，将图片置入图像窗口中，将图片拖曳到适当的位置。按Enter键确定操作，效果如图3-194所示。"图层"控制面板中会生成新的图层，将其命名为"logo"。

图3-192　　　　　　　图3-193　　　　　　　图3-194

（9）选择"横排文字"工具 ，在图像窗口中输入需要的文字并选取文字。选择"窗口>字符"命令，打开"字符"面板，在"字符"面板中将"颜色"设为白色，其他选项的设置如图3-195所示。按Enter键确定操作，效果如图3-196所示。"图层"控制面板中会生成新的文字图层。

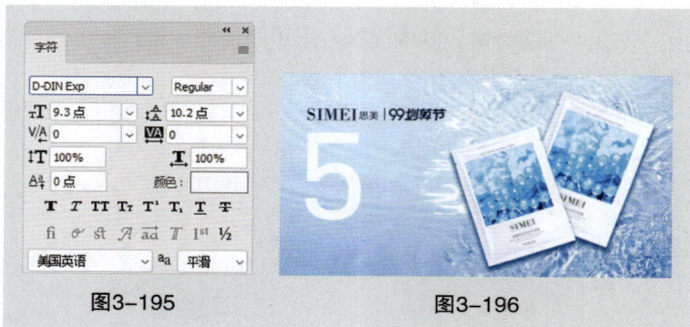

图3-195　　　　　　　图3-196

（10）单击"图层"控制面板下方的"添加图层样式"按钮 ，在弹出的菜单中选择"渐变叠加"命令。弹出对话框，单击"点按可编辑渐变"按钮 ，弹出"渐变编辑器"对话框，在"位置"选项中分别输入0、50、100这3个位置点，分别设置3个位置点颜色的RGB值分别为0（7、97、177）、50（0、177、253）、100（7、97、177），如图3-197所示。单击"确定"按钮，返回"图层样式"对话框，其他选项的设置如图3-198所示。

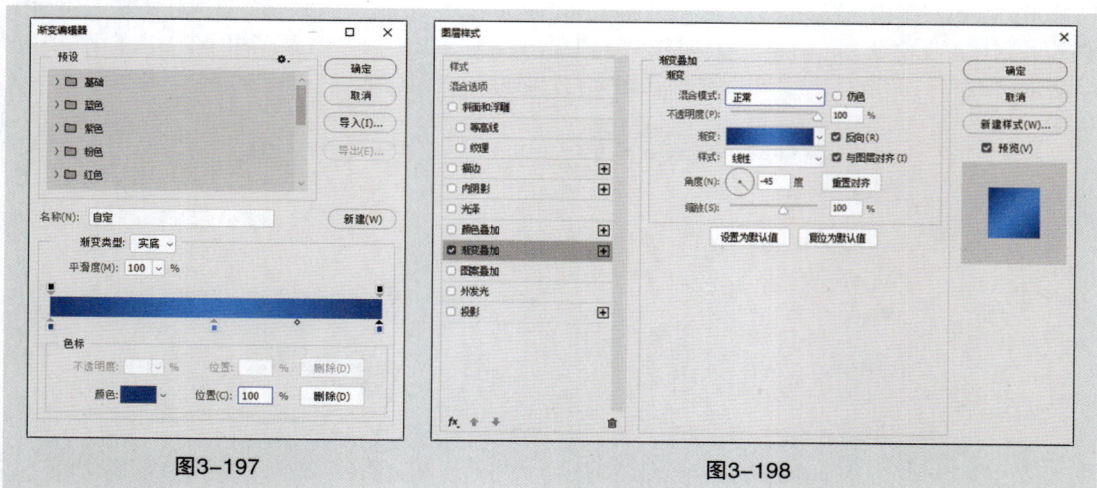

图3-197　　　　　　　　　　　　图3-198

（11）选择对话框左侧的"投影"选项，切换到相应的界面，将投影颜色设为宝蓝色（100、161、213），其他选项的设置如图3-199所示。单击"确定"按钮，效果如图3-200所示。

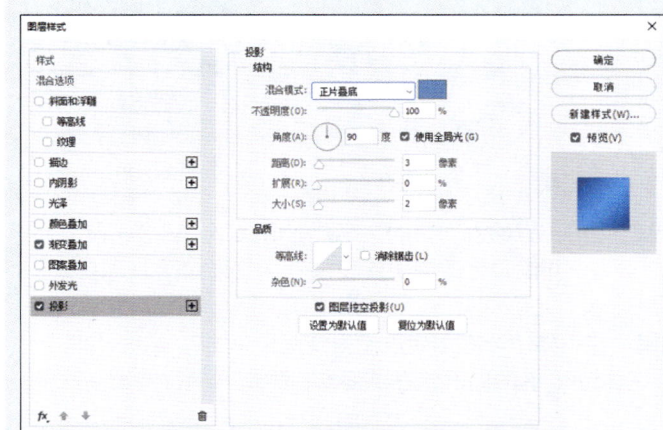

图3-199　　　　　　　　　　　　　　　　　　　　　图3-200

（12）选择"横排文字"工具 **T.**，在适当的位置分别输入需要的文字并选取文字。在"字符"面板中将"颜色"设为湖蓝色（4、117、181），并设置合适的字体和字号，效果如图3-201所示。"图层"控制面板中会分别生成新的文字图层。

（13）选择"直线"工具 ∕，在属性栏的"选择工具模式"选项中选择"形状"，将"填充"颜色设为无，"描边"颜色设为湖蓝色（4、117、181），"粗细"设为0.5像素。按住Shift键的同时，在适当的位置绘制一条直线。使用相同的方法再次绘制一条直线，效果如图3-202所示。"图层"控制面板中会分别生成新的形状图层。

（14）选择"矩形"工具 □，在属性栏中将"填充"颜色设为白色，"描边"颜色设为无。在图像窗口中绘制一个矩形，效果如图3-203所示。"图层"控制面板中会生成新的形状图层"矩形1"。选择"添加锚点"工具 ∅，在矩形左侧单击，添加锚点。拖曳锚点到适当的位置，效果如图3-204所示。选择"转换点"工具 ∧，单击所添加的锚点，效果如图3-205所示。

图3-201　　　　　图3-202　　　　　图3-203　　　　　图3-204　　　　　图3-205

（15）选择"路径选择"工具 ▶，按住Alt键的同时，复制矩形到适当的位置。按Ctrl+T组合键，图像周围会出现变换框，单击鼠标右键，在弹出的菜单中选择"水平翻转"命令，按Enter键确定操作，效果如图3-206所示。

（16）使用上述的方法制作出图3-207所示的效果。选择"横排文字"工具 **T.**，在适当的位置输入需要的文字并选取文字。在"字符"面板中将"颜色"设为淡蓝色（217、238、253），并设置合适的字体和字号，效果如图3-208所示。"图层"控制面板中会生成新的文字图层。

（17）选择"圆角矩形"工具 □，在属性栏中将"填充"颜色设为深蓝色（11、54、99），"描边"颜色设为无，"半径"设为12像素。在图像窗口中适当的位置绘制一个圆角矩形，"图层"控制面板中会生成新的形状图层"圆角矩形1"，效果如图3-209所示。

图3-206　　　　　　　　图3-207　　　　　　　　图3-208　　　　　　　　图3-209

（18）选择"横排文字"工具 T.，在适当的位置输入需要的文字并选取文字。在"字符"面板中将"颜色"设为淡蓝色（217、238、253），并设置合适的字体和字号，效果如图3-210所示。"图层"控制面板中会生成新的文字图层。

（19）选择"多边形"工具 ◯.，在属性栏中将"填充"颜色设为淡蓝色（217、238、253），"描边"颜色设为无，"边数"设为3，按住Shift键的同时，在图像窗口中适当的位置绘制一个三角形，效果如图3-211所示。

图3-210　　　　　　　　　　图3-211

（20）按住Shift键的同时，在"图层"控制面板中，单击"logo"图层，将需要的图层同时选取。按Ctrl+G组合键，群组图层并将其命名为"文字"。选择"文件 > 导出 > 存储为Web所用格式（旧版）"命令，在弹出的对话框中进行设置，如图3-212所示。单击"存储"按钮，导出效果图，面膜钻展图制作完成。

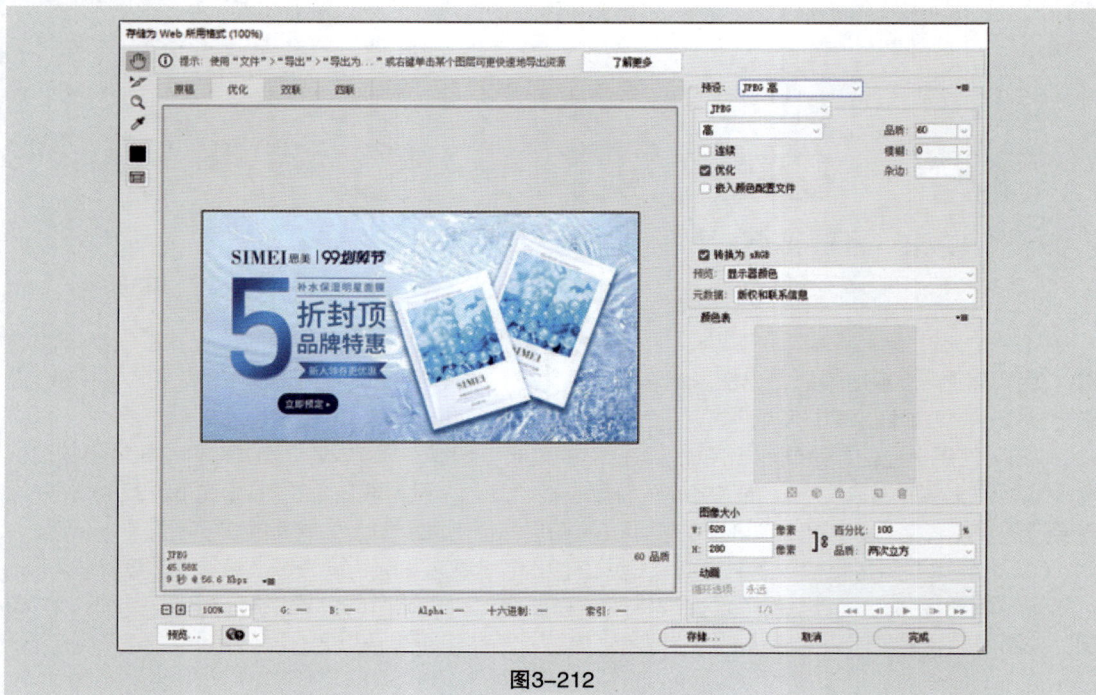

图3-212

3.4 课堂练习——健康钙片直通车图设计

【案例设计要求】

1. 运用 Photoshop 制作健康钙片直通车图。
2. 视觉表现应体现出健康钙片的设计风格，契合健康钙片的设计主题。
3. 制作的设计文件应符合电商设计的制作规范与制作标准。

【案例学习目标】学习使用绘图工具、文字工具制作健康钙片直通车图，最终效果如图3-213所示。

图3-213

3.5 课后习题——生鲜食品钻展图设计

【案例设计要求】

1. 运用 Photoshop 制作生鲜食品钻展图。
2. 视觉表现应体现出生鲜食品的设计风格，契合生鲜食品的设计主题。
3. 制作的设计文件应符合电商设计的制作规范与制作标准。

【案例学习目标】学习使用绘图工具、文字工具制作生鲜食品钻展图，最终效果如图3-214所示。

图3-214

04

第4章

PC 端海报设计

▶ **本章介绍**

    PC端海报设计是电商设计任务中的重点，PC端海报较营销推广图更为醒目，精心设计的PC端海报能够使消费者快速了解平台或店铺的活动信息以及促销信息。本章针对PC端海报概况、版面布局以及表现形式等知识进行系统讲解，并针对流行风格与典型行业的PC端海报进行设计演示。通过对本章的学习，读者可以对PC端海报的设计有一个系统的认识，并快速掌握PC端海报的设计规范和制作方法，为接下来的手机端海报设计打好基础。

知识目标

1. 了解 PC 端海报的概况
2. 熟悉 PC 端海报的版面布局
3. 明确 PC 端海报的表现形式

能力目标

1. 明确 PC 端海报的设计思路
2. 掌握 PC 端海报的制作方法

素养目标

1. 培养良好的 PC 端海报设计习惯
2. 培养对 PC 端海报的审美鉴赏能力
3. 培养对 PC 端海报的创意设计能力

慕课视频

PC端海报
设计

4.1 PC端海报概述

电商设计中，PC端海报有别于传统平面设计中的海报，它是平台或者店铺中的Banner，用于展示活动、促销等信息。PC端海报通常位于店铺首页或平台专题页，作为醒目的内容出现在消费者眼前，因此PC端海报设计十分重要。

4.1.1 PC端海报的常见类型

根据设计尺寸，PC端海报可分为PC端全屏海报和PC端常规海报。PC端全屏海报常用于PC端店铺首页和PC端专题页，PC端常规海报则只用于个别PC端店铺首页，如图4-1所示。

（a）PC端店铺首页全屏海报　　　　　　　　（b）PC端专题页全屏海报

（c）PC端店铺首页常规海报

图4-1

4.1.2 PC端海报的常见尺寸

PC端海报的设计尺寸会根据不同电商平台的规则和商家的具体设计要求而有所区别。

·**PC端全屏海报**。这类海报的宽度一般为1920像素，高度一般为500～800像素，高度常用尺寸为500像素、550像素、600像素、650像素、700像素、800像素。

·**PC端常规海报**。这类海报的宽度一般为950像素、750像素和190像素，高度一般为100～600像素，常用尺寸为750像素×250像素和950像素×250像素。

4.2 PC端海报的版面布局

版面布局是PC端海报视觉表现的基础环节，只有确保版面布局合理，PC端海报才能将相关信息传达得更加清晰明确。下面分别从PC端海报的布局类型和布局原则这两个方面进行讲解，帮助读者为后续的学习奠定基础。

4.2.1　PC端海报的布局类型

　　PC端海报通常以横版形式出现，横版PC端海报常用的布局类型有左右布局、左中右布局，偶尔会用到上下布局，如图4-2所示。在不影响版式的前提下，左右布局中文字与图片的位置可以根据设计需要灵活调换。

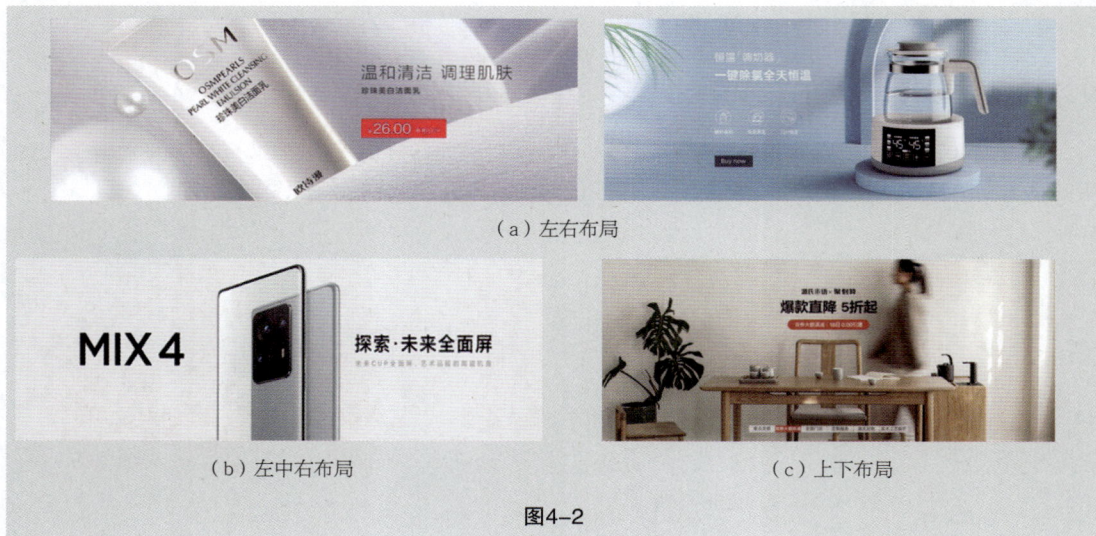

（a）左右布局

（b）左中右布局　　　　　　　　　　　　　　　　（c）上下布局

图4-2

4.2.2　PC端海报的布局原则

　　PC端海报的布局原则有布局均衡和重点突出2种。

1. 布局均衡

　　布局均衡的海报可以给消费者带来平稳的视觉感受。布局均衡通常分为对称均衡和非对称均衡两种形式，如图4-3所示。其中对称均衡又细分为绝对对称均衡和相对对称均衡。在PC端海报中，相对对称均衡在上下布局和左中右布局中广泛使用。对于非对称均衡的画面，虽然两侧元素并不相同，但是通过对元素的合理搭配依然可以达到一种观感均衡，非对称均衡常用于左右布局的PC端海报中。

（a）对称均衡　　　　　　　　　　　　　　　　　（b）非对称均衡

图4-3

2. 重点突出

　　当PC端海报布局均衡后，电商设计师还应突出画面的视觉重点，否则容易造成画面主次不分，不利于传达信息。在PC端海报中，需要突出的元素通常为主体或文字，有时还包括按钮，以引导消费者进行购买。突出这些重点常用的方法有位置对比、大小对比和颜色对比，如图4-4所示。

（a）位置对比突出主体

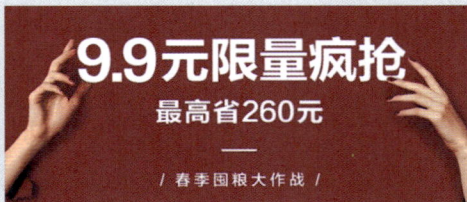
（b）大小对比突出文字

（c）颜色对比突出按钮

图4-4

4.3　PC端海报的表现形式

　　恰当的表现形式能够让版面布局合理的PC端海报更富有冲击力。下面分别从PC端海报的风格定位和表现手法这两个方面进行讲解，帮助读者制作出富有表现力的PC端海报。

4.3.1　PC端海报的风格定位

　　电商设计师可以根据不同的设计需求进行不同的PC端海报设计。PC端海报的设计形式大致可以分为以下3种。

　　（1）活力促销设计形式。活力促销设计形式的PC端海报，颜色普遍鲜艳，字体较为醒目，如图4-5所示。如果使用模特，可以选择时尚年轻的模特，并且在背景上用商品点缀。

　　（2）淡雅文艺设计形式。淡雅文艺设计形式的PC端海报，颜色多为柔和的邻近色，字体端正优雅，产品、模特及点缀的颜色通常与背景色保持统一，如图4-6所示。

图4-5

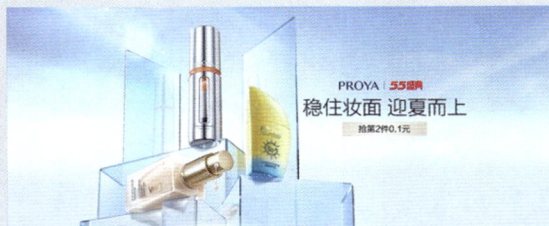
图4-6

　　（3）简约品牌设计形式。简约品牌设计形式的PC端海报，配色较少，颜色多采用品牌色，文案以标语为主，产品摆放具有一定的空间感，如图4-7所示。

4.3.2　PC端海报的表现手法

　　PC端海报的表现手法多种多样，常用的有摄影、

图4-7

合成、手绘、三维等，如图4-8所示。这些表现手法可以结合使用，电商设计师可以根据自身的设计优势进行灵活设计。

（a）摄影

（b）合成

（c）手绘

（d）三维

图4-8

4.3.3　课堂案例——西湖龙井海报设计

【案例设计要求】

1. 运用 Photoshop 制作西湖龙井海报。
2. 视觉表现应体现出西湖龙井的设计风格，契合西湖龙井的设计主题。
3. 制作的设计文件应符合电商设计的制作规范与制作标准。

【案例设计理念】在设计过程中，围绕西湖龙井发挥创意。背景为山水画图片。色彩主要选取苍绿色，给人传统、淡雅的感觉。字体选用思源宋体，起到呼应主题的作用。整体设计充满特色，契合主题。最终效果查看"云盘/Ch04/4.3.3 课堂案例——西湖龙井海报设计/工程文件.psd"，如图4-9所示。

图4-9

【案例学习目标】学习使用绘图工具、文字工具制作西湖龙井海报。

【案例知识要点】使用"置入嵌入对象"命令置入图片，使用"横排文字"工具添加文字，使用"矩形"工具、"圆角矩形"工具绘制基本形状，使用"添加图层样式"命令为图像添加效果。

（1）按Ctrl+N组合键，弹出"新建文档"对话框，设置"宽度"为1920像素，"高度"为700像素，"分辨率"为72像素/英寸，"颜色模式"为RGB颜色，"背景内容"为白色，如图4-10所示，单击"创建"按钮，新建一个文档。

（2）选择"矩形"工具 □，在属性栏的"选择工具模式"选项中选择"形状"，将"填充"

颜色设为白色，"描边"颜色设为无，在图像窗口中绘制一个与页面大小相等的矩形，如图4-11所示。"图层"控制面板中会生成新的形状图层"矩形1"。

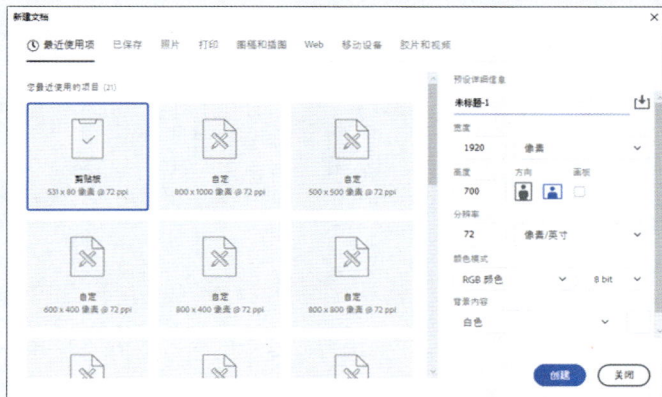

图4-10

图4-11

（3）单击"图层"控制面板下方的"添加图层样式"按钮 *fx*，在弹出的菜单中选择"渐变叠加"命令。在弹出的对话框中单击"点按可编辑渐变"按钮▇▇▇▇▇ ∨，弹出"渐变编辑器"对话框，分别设置两个位置点颜色的RGB值分别为20（152、197、192）、80（222、236、235），如图4-12所示。单击"确定"按钮，返回"图层样式"对话框，其他选项的设置如图4-13所示。单击"确定"按钮，为形状添加渐变效果。

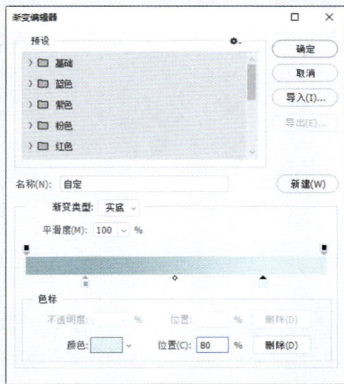

图4-12

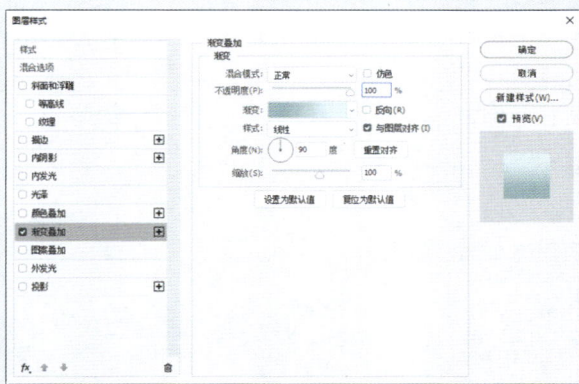

图4-13

（4）选择"文件>置入嵌入对象"命令，弹出"置入嵌入的对象"对话框，选择云盘中的"Ch04>4.3.3课堂案例——西湖龙井海报设计>素材>01"文件。单击"置入"按钮，将图片置入图像窗口中，将"01"图片拖曳到适当的位置。按Enter键确定操作，效果如图4-14所示。"图层"控制面板中会生成新的图层，将其命名为"山1"。

（5）在"图层"控制面板中将图层混合模式设为"正片叠底"。单击"图层"控制面板下方的"添加图层蒙版"按钮 ▢，为"山1"图层添加图层蒙版，如图4-15所示。按住Ctrl键的同时，单击图层前的缩览图，载入选区。

（6）选择"渐变"工具 ▢，单击属性栏中的"点按可编辑渐变"按钮▇▇▇▇▇ ∨，弹出"渐变编辑器"对话框，将渐变色设为从黑色到白色，单击"确定"按钮。在图像窗口中由下至上拖曳。

（7）按Ctrl+D组合键，取消选区。选择"画笔"工具 ✐，在属性栏中单击"画笔预设"选项右侧的按钮∨，在弹出的面板中进行设置，如图4-16所示。将前景色设为黑色，在图像窗口中拖曳鼠标指针擦除不需要的部分，效果如图4-17所示。

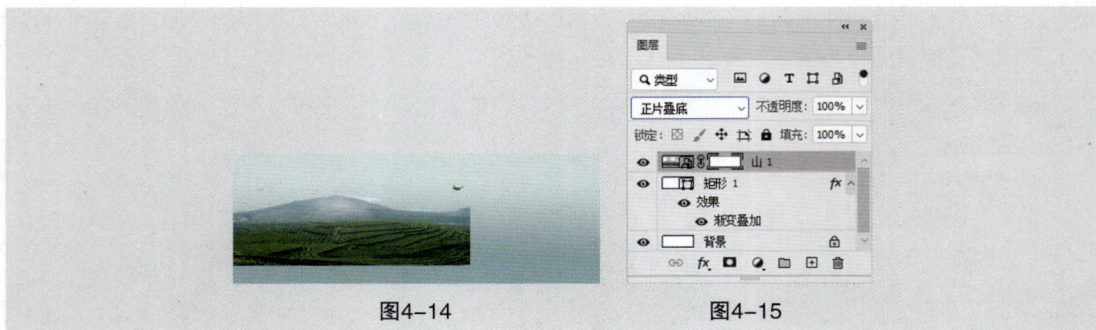

图4-14　　　　　　　　　　　　　　图4-15

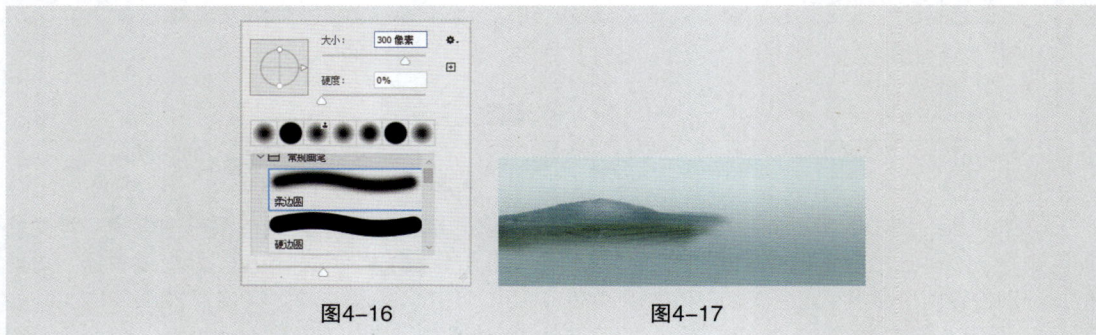

图4-16　　　　　　　　　　图4-17

（8）使用上述方法置入图像并添加图层蒙版，如图4-18所示，效果如图4-19所示。选择"椭圆"工具 ⬭ ，在属性栏中将"填充"颜色设为白色，"描边"颜色设为无。按住Shift键的同时，在图像窗口中绘制一个圆形，效果如图4-20所示。"图层"控制面板中会生成新的形状图层"椭圆1"。

图4-18　　　　　　　　　　图4-19　　　　　　　　　　图4-20

（9）在"图层"控制面板中将"不透明度"设为70%，如图4-21所示。在"属性"面板中，单击"蒙版"选项，切换到相应的界面进行设置，如图4-22所示，效果如图4-23所示。

图4-21　　　　　　　　　图4-22　　　　　　　　　　图4-23

（10）按住Shift键的同时，单击"矩形 1"图层，将需要的图层同时选取，按Ctrl+G组合键，群组图层并将其命名为"背景"。使用上述的方法置入其他图像，"图层"控制面板中会分别生成新的图层，如图4-24所示，效果如图4-25所示。

（11）单击"石头"图层，选择"矩形"工具 ▢，在属性栏中将"填充"设为渐变，设置两个位置点颜色的RGB值分别为0（55、20、6）、100（0、0、0），将"不透明度色标"设为0（100%）、100（0%），如图4-26所示，将"描边"颜色设为无，在图像窗口中适当的位置绘制一个矩形，"图层"控制面板中会生成新的形状图层，将其命名为"投影"。

图4-24

图4-25

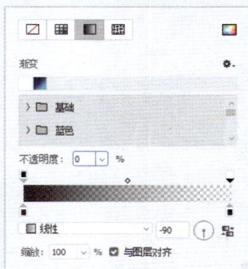
图4-26

（12）选择"直接选择"工具 ▷，按住Shift键的同时，分别单击需要的锚点，将其向左移动到适当的位置，效果如图4-27所示。选择"矩形"工具 ▢，按住Shift键的同时，再次绘制一个矩形，选择"直接选择"工具 ▷，按住Shift键的同时，分别单击需要的锚点，将其向左移动到适当的位置，效果如图4-28所示。使用上述方法绘制其他形状，效果如图4-29所示。

图4-27

图4-28

图4-29

（13）选择"茶壶"图层，单击"图层"控制面板下方的"创建新的填充或调整图层"按钮 ◉，在弹出的菜单中选择"色彩平衡"命令，"图层"控制面板中会生成"色彩平衡1"图层，在弹出的面板中进行设置，如图4-30所示。按Enter键确定操作，效果如图4-31所示。

（14）选择"礼盒"图层，按住Shift键的同时，单击"石头"图层，将需要的图层同时选取，如图4-32所示。按Ctrl+G组合键，群组图层并将其命名为"商品"，如图4-33所示。

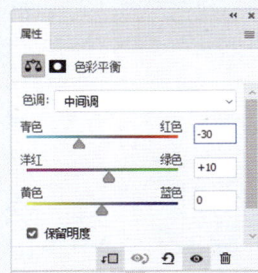
图4-30

图4-31

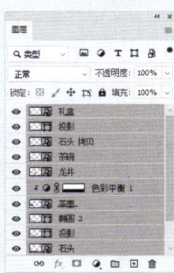
图4-32

图4-33

（15）使用上述方法置入"10"图片并调整大小，"图层"控制面板中会生成新的图层，将其命名为"叶子"。单击"图层"控制面板下方的"创建新的填充或调整图层"按钮 ◉，在弹出的菜单中选择"色彩平衡"命令，"图层"控制面板中会生成"色彩平衡2"图层，在弹出的面板中进行设置，如图4-34所示，效果如图4-35所示。

（16）单击"图层"控制面板下方的"创建新的填充或调整图层"按钮 ◉ ，在弹出的菜单中选择"曲线"命令，"图层"控制面板中会生成"曲线1"图层，在弹出的面板中单击左下角的控制点，将"输入"设为20，"输出"设为0，如图4-36所示，按Enter键确定操作。在"图层"控制面板中将图层混合模式设为"正片叠底"，效果如图4-37所示。

图4-34	图4-35	图4-36	图4-37

（17）按住Shift键的同时，单击"叶子"图层，将需要的图层同时选取，按Ctrl+J组合键，复制图层，并将其拖曳到"叶子"图层的下方。按Ctrl+T组合键，图像周围会出现变换框，拖曳图像到适当的位置，按Enter键确定操作，效果如图4-38所示。

（18）选择"曲线 1"图层，使用上述方法复制并置入图像，效果如图4-39所示。按住Shift键的同时，单击"叶子 拷贝"图层，将需要的图层同时选取，按Ctrl+G组合键，群组图层并将其命名为"前景"，如图4-40所示。

图4-38	图4-39	图4-40

（19）选择"背景"图层组，使用上述方法置入"茶叶"图像。选择"滤镜 > 模糊 > 高斯模糊"命令，弹出"高斯模糊"对话框，在其中进行设置，如图4-41所示，单击"确定"按钮。使用上述方法添加"色彩平衡3"图层，并在弹出的面板中进行设置，如图4-42所示，效果如图4-43所示。

（20）按住Shift键的同时，单击"茶叶"图层，将需要的图层同时选取，按Ctrl+J组合键，复制图层，并将其拖曳到"茶叶"图层的下方。按Ctrl+T组合键，图像周围会出现变换框，拖曳图像到适当的位置，单击鼠标右键，在弹出的菜单中选择"水平翻转"命令，按Enter键确定操作，效果如图4-44所示。

图4-41	图4-42	图4-43	图4-44

（21）选择"色彩平衡 3"图层，单击"茶叶拷贝"图层，将需要的图层同时选取，按Ctrl+G组合键，群组图层并将其命名为"组1"，如图4-45所示。

（22）选择"前景"图层组。选择"横排文字"工具 **T.**，在图像窗口中输入需要的文字并选取文字。选择"窗口>字符"命令，打开"字符"面板，在"字符"面板中将"颜色"设为苍绿色（44、91、77），其他选项的设置如图4-46所示。按Enter键确定操作，效果如图4-47所示。"图层"控制面板中会生成新的文字图层。

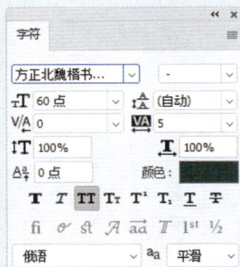

| 图4-45 | 图4-46 | 图4-47 |

（23）使用相同的方法输入其他文字并为文字添加渐变叠加效果，如图4-48所示，效果如图4-49所示。选择"圆角矩形"工具 **□.**，在属性栏中将"填充"颜色设为枣红色（184、49、27），"描边"颜色设为无，"半径"设为12像素。在图像窗口中适当的位置绘制一个圆角矩形，效果如图4-50所示。"图层"控制面板中会生成新的形状图层"圆角矩形1"。

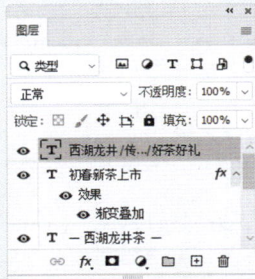

| 图4-48 | 图4-49 | 图4-50 |

（24）选择"横排文字"工具 **T.**，在图像窗口中输入需要的文字并选取文字。在"字符"面板中将"颜色"设为白色，其他选项的设置如图4-51所示。按Enter键确定操作，效果如图4-52所示。"图层"控制面板中会生成新的文字图层。

（25）按住Shift键的同时，单击文字图层，将需要的图层同时选取，如图4-53所示。按Ctrl+G组合键，群组图层并将其命名为"文字"。使用上述方法置入"14"图片，"图层"控制面板中会生成新的图层，将其命名为"茶叶"，效果如图4-54所示。西湖龙井海报设计制作完成。

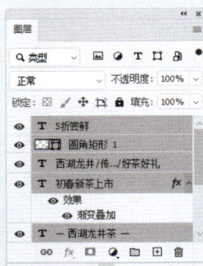

| 图4-51 | 图4-52 | 图4-53 | 图4-54 |

4.4 课堂练习——空调海报设计

【案例设计要求】

1. 运用 Photoshop 制作空调海报。
2. 视觉表现应体现出空调相应的设计风格，契合空调相应的设计主题。
3. 制作的设计文件应符合电商设计的制作规范与制作标准。

【案例学习目标】学习使用绘图工具、文字工具制作空调海报，最终效果如图 4-55 所示。

图4-55

4.5 课后习题——沐浴露海报设计

【案例设计要求】

1. 运用 Photoshop 制作沐浴露海报。
2. 视觉表现应体现出沐浴露相应的设计风格，契合沐浴露相应的设计主题。
3. 制作的设计文件应符合电商设计的制作规范与制作标准。

【案例学习目标】学习使用绘图工具、文字工具制作沐浴露海报，最终效果如图 4-56 所示。

图4-56

第5章

05

移动端海报设计

▶ **本章介绍**

移动端海报设计和PC端海报设计一样是电商设计中的重要任务，移动端海报较PC端海报更便于传播，精心设计的移动端海报能够使消费者快速了解平台或店铺的活动信息以及促销信息。本章针对移动端海报概况、版面布局以及设计技巧等知识进行系统讲解，并针对流行风格与典型行业的移动端海报进行设计演示。通过对本章的学习，读者可以对移动端海报的设计有一个系统的认识，并快速掌握移动端海报的设计规范和制作方法，为接下来的学习打好基础。

知识目标

1. 了解移动端海报的概况
2. 熟悉移动端海报的版面布局
3. 明确移动端海报的设计技巧

慕课视频

移动端海报设计

能力目标

1. 明确移动端海报的设计思路
2. 掌握移动端海报的制作方法

素养目标

1. 培养良好的移动端海报设计习惯
2. 培养对移动端海报的审美鉴赏能力
3. 培养对移动端海报的创意设计能力

5.1 移动端海报概述

由于移动互联网的迅猛发展，大众纷纷使用电商App进行网购。因此移动端海报较PC端海报有着更加丰富的呈现类型和表现形式，更容易吸引消费者点击查看，从而达成活动促销的目的。

5.1.1 移动端海报的常见类型

根据设计尺寸，移动端海报可分为移动端竖版海报和移动端横版海报。移动端竖版海报常作为平台App闪屏页、平台App弹窗、移动端店铺首页和移动端店铺专题页头图，移动端横版海报常作为平台App轮播图、平台App横版广告图以及移动端平台专题页头图，如图5-1所示。

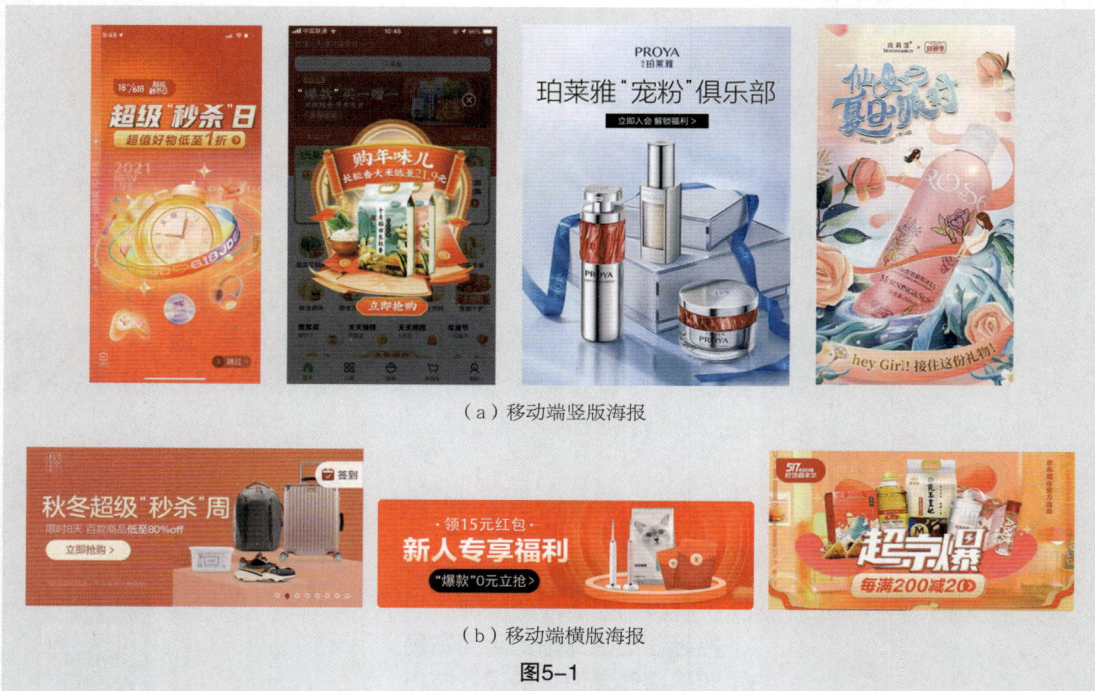

（a）移动端竖版海报

（b）移动端横版海报

图5-1

5.1.2 移动端海报的常见尺寸

在不同的展示位置，移动端海报的尺寸各有不同。

·**移动端竖版海报**。当作为平台App闪屏页出现时，其宽度为750像素，高度为1624像素；当作为平台App弹窗出现时，其宽度一般在580像素以内，高度一般在1000像素以内；当作为移动端店铺首页和移动端店铺专题页头图出现时，其宽度为1200像素，高度一般为120~2000像素，也可以通过3∶4这个比例确定高度的具体尺寸。

·**移动端横版海报**。移动端横版海报的宽度一般为750像素，高度会根据不同的展示位置发生变化。当作为平台App轮播图出现时，常用3∶1这个宽高比例；当作为平台App横版广告图出现时，常用2∶1这个宽高比例；当作为移动端平台专题页头图出现时，常用2∶1这个宽高比例。

5.2 移动端海报的版面布局

移动端海报的版面布局较PC端海报的版面布局更加灵活多变。下面分别从移动端海报的布局类型和布局原则这两个方面进行讲解，帮助读者更好地掌握移动端海报的版面布局。

5.2.1 移动端海报的布局类型

移动端海报会以横版和竖版两种形式出现，常用的布局有上下布局、左右布局、十字布局、上中下布局、左中右布局和包围布局，如图5-2所示。其中上下布局和上中下布局更适用于竖版形式，左右布局和左中右布局更适用于横版形式，包围布局和十字布局对于两种形式都适用。

（a）上下布局　　　　　　　　　（b）左右布局　　　　　　　　　（c）十字布局

（d）上中下布局　　　　　　　　（e）左中右布局　　　　　　　　（f）包围布局

图5-2

5.2.2 移动端海报的布局原则

移动端海报的布局原则与PC端海报的布局原则一致，都需要做到布局均衡和重点突出。和PC端海报不同的是，在移动端海报中，相对对称均衡的适用范围更广，主要适用于上下布局、左中右布局、上中下布局、包围布局以及十字布局。

5.3　移动端海报的设计技巧

移动端海报的表现形式可以参考4.3节"PC端海报的表现形式"。接下来将针对移动端海报的设计特点，分别从图形分割和简洁背景两个方面进行讲解，帮助读者快速制作出富有表现力的移动端海报。

5.3.1 图形分割

图形分割是运用各种图形将完整的版面分割成不同的部分，根据分割后的版面进行布局的技巧。图形分割运用难度不大，效果明显。常用的图形分割形式有线性分割、形状分割和放射分割，其中线性分割可以细分为横线分割、竖线分割以及斜线分割，形状分割可以细分为方形分割、圆形风格、三角形分割以及异形分割，放射分割可以细分为射线分割和螺旋分割，如图5-3所示。

（a）横线分割　　　　　　　　（b）竖线分割　　　　　　　　（c）斜线分割

（d）方形分割　　　　　　　　（e）圆形分割　　　　　　　　（f）三角形分割

（g）异形分割　　　　　　　　（h）射线分割　　　　　　　　（i）螺旋分割

图5-3

5.3.2　简洁背景

简洁背景是运用简单的设计方法制作海报的背景，根据背景的风格组合文字和主体。打造简洁的背景能够清晰地呈现商品，凸显信息。常见的简洁背景表现形式有单色背景、渐变背景和底纹背景，如图5-4所示。

（a）单色背景

（b）渐变背景

（c）底纹背景

图5-4

5.3.3　课堂案例——女装海报设计

【案例设计要求】
1. 运用 Photoshop 制作移动端女装海报。
2. 视觉表现应体现出女装相应的设计风格，契合女装相应的设计主题。
3. 制作的设计文件应符合电商设计的制作规范与制作标准。

【案例设计理念】在设计过程中，围绕女装发挥创意。最终效果查看"云盘/Ch05/5.3.3 课堂案例——女装海报设计/工程文件.psd"，如图 5-5 所示。

【案例学习目标】学习使用绘图工具、文字工具制作移动端女装海报。

【案例知识要点】使用"置入嵌入对象"命令置入图片，使用"横排文字"工具添加文字，使用"添加图层样式"命令为图像添加效果。

图5-5

（1）按Ctrl+N组合键，弹出"新建文档"对话框，设置"宽度"为1200像素，"高度"为1920像素，"分辨率"为72像素/英寸，"背景内容"为白色，如图5-6所示，单击"创建"按钮，新建一个文档。

（2）选择"文件>置入嵌入对象"命令，弹出"置入嵌入的对象"对话框，分别选择云盘中的"Ch05 > 5.3.3课堂案例——女装海报设计 > 素材 > 01～04"文件。单击"置入"按钮，将图片分别置入图像窗口中，分别将"01""02""03"和"04"图片拖曳到适当的位置。按Enter键确定操作，效果如图5-7所示。"图层"面板中会生成新的图层，将其分别命名为"背景 1""纹理""花纹"和"背景 2"。

（3）选中"花纹"图层，按Ctrl+J组合键，复制图层，"图层"面板中会生成"花纹 拷贝"图层，如图5-8所示。按Ctrl+T组合键，图像周围会出现变换框，单击鼠标右键，在弹出的菜单中选择"水平翻转"命令，水平翻转图像。将其拖曳到适当的位置，效果如图5-9所示。

（4）选择"背景2"图层，按住Shift键的同时，单击"背景1"图层，将需要的图层同时选取，按Ctrl+G组合键，群组图层并将其命名为"背景"，如图5-10所示。

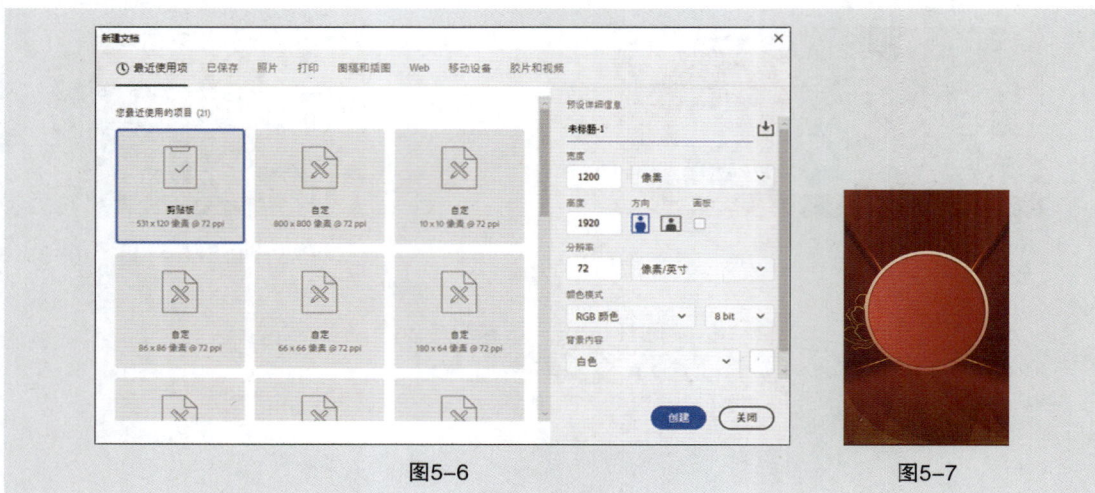

图5-6　　　　　　　　　　　　　　　　　　　图5-7

图5-8　　　　　　　　　　图5-9　　　　　　　　　　图5-10

（5）选择"文件>置入嵌入对象"命令，弹出"置入嵌入的对象"对话框，分别选择云盘中的"Ch05>5.3.3课堂案例——女装海报设计>素材>05～06"文件。单击"置入"按钮，将图片分别置入图像窗口中，分别将"05"和"06"图片拖曳到适当的位置。按Enter键确定操作，效果如图5-11所示。"图层"面板中会生成新的图层，将其分别命名为"人物1"和"人物2"。

（6）选择"人物1"图层，单击"图层"面板下方的"添加图层样式"按钮 _fx_ ，在弹出的菜单中选择"渐变叠加"命令。在弹出的对话框中单击"点按可编辑渐变"按钮 ▮▮▮▮ ，弹出"渐变编辑器"对话框，将渐变色设为从黑色到白色，将"不透明度色标"设为0（20%）、100（0%），如图5-12所示。单击"确定"按钮，返回"图层样式"对话框，其他选项的设置如图5-13所示。单击"确定"按钮，为图像添加渐变效果。

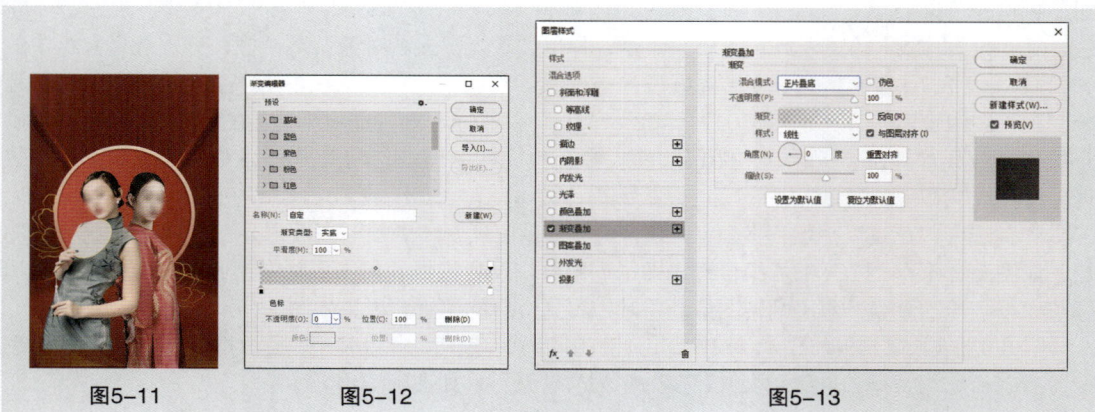

图5-11　　　　　　　　图5-12　　　　　　　　　　　　　图5-13

（7）单击"图层"面板下方的"创建新的填充或调整图层"按钮 ◑，在弹出的菜单中选择"自然饱和度"命令，"图层"面板中会生成"自然饱和度1"图层，同时在弹出的面板中进行设置，如图5-14所示。按Enter键确定操作，效果如图5-15所示。

（8）选择"人物 2"图层，单击"图层"面板下方的"添加图层样式"按钮 *fx*，在弹出的菜单中选择"投影"命令。弹出对话框，将投影颜色设为黑色，如图5-16所示。单击"确定"按钮，效果如图5-17所示。

图5-14　　　　　　　　图5-15

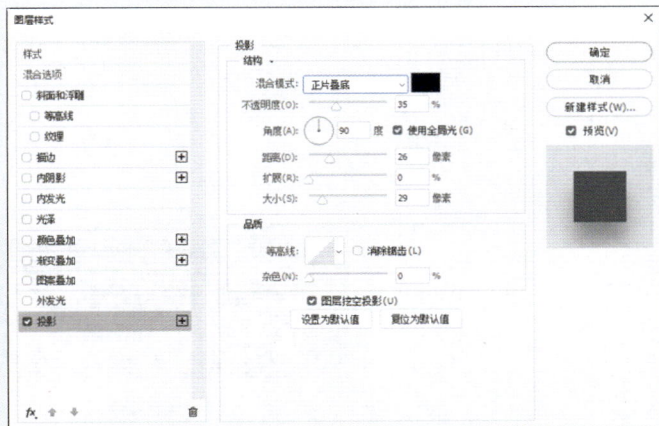

图5-16　　　　　　　　　　　图5-17

（9）选择"横排文字"工具 **T**，在图像窗口中输入需要的文字并选取文字。选择"窗口 > 字符"命令，打开"字符"面板，在"字符"面板中将"颜色"设为中黄色（248、224、197），其他选项的设置如图5-18所示。按Enter键确定操作，效果如图5-19所示。"图层"面板中会生成新的文字图层。使用相同的方法输入其他文字，效果如图5-20所示。

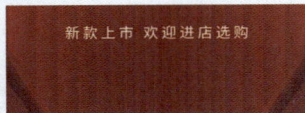

图5-18　　　　　　　　　图5-19　　　　　　　　　图5-20

（10）单击"图层"面板下方的"添加图层样式"按钮 *fx*，在弹出的菜单中选择"渐变叠加"命令。在弹出的对话框中单击"点按可编辑渐变"按钮，弹出"渐变编辑器"对话框，设置两个位置点颜色的RGB值分别为0（238、217、157）、100（255、255、255），如图5-21所示。单击"确定"按钮，返回"图层样式"对话框，其他选项的设置如图5-22所示。

（11）选择对话框左侧的"投影"选项，切换到相应的界面，将投影颜色设为黑色，其他选项的设置如图5-23所示。单击"确定"按钮，效果如图5-24所示。

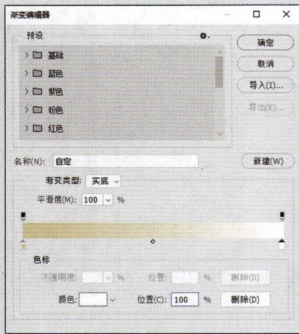

图5-21

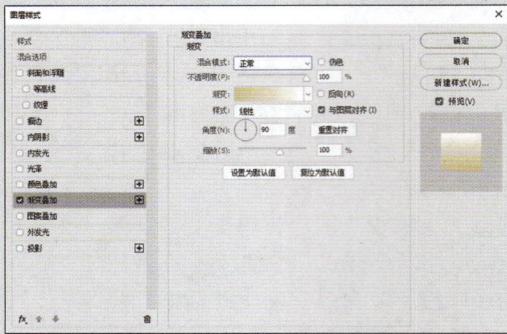

图5-22

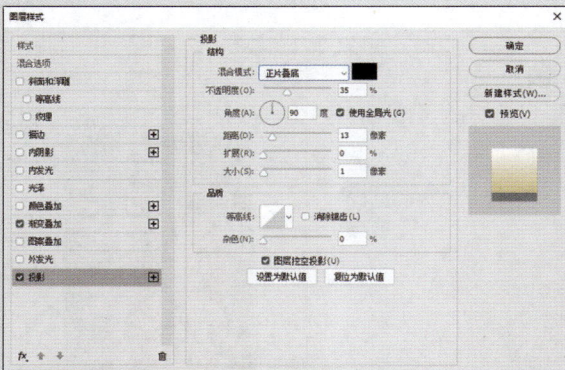

图5-23

图5-24

（12）选择"文件>置入嵌入对象"命令，弹出"置入嵌入的对象"对话框，选择云盘中的"Ch05>5.3.3课堂案例——女装海报设计>素材>07"文件。单击"置入"按钮，将图片置入图像窗口中，将"07"图片拖曳到适当的位置。按Enter键确定操作，效果如图5-25所示。"图层"面板中会生成新的图层，将其命名为"标题边框"。

（13）选择"横排文字"工具 **T.**，在图像窗口中输入需要的文字并选取文字。在"字符"面板中将"颜色"设为白色，其他选项的设置如图5-26所示。按Enter键确定操作，效果如图5-27所示。"图层"面板中会生成新的文字图层。

图5-25

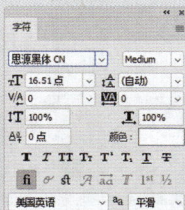

图5-26

图5-27

（14）选择"文件>置入嵌入对象"命令，弹出"置入嵌入的对象"对话框，选择云盘中的"Ch05 > 5.3.3课堂案例——女装海报设计>素材>08"文件。单击"置入"按钮，将图片置入图像窗口中，将"08"图片拖曳到适当的位置。按Enter键确定操作，效果如图5-28所示。"图层"面板中会生成新的图层，将其命名为"装饰"。

（15）选择"文件>导出>存储为Web所用格式（旧版）"命令，在弹出的对话框中进行设置，如图5-29所示，单击"存储"按钮，导出效果图。女装移动端海报制作完成。

图5-28

图5-29

5.4　课堂练习——年货礼券海报设计

【案例设计要求】

1. 运用 Photoshop 制作移动端年货礼券海报。

2. 视觉表现应体现出年货礼券的设计风格，契合年货礼券的设计主题。

3. 制作的设计文件应符合电商设计的制作规范与制作标准。

【案例学习目标】学习使用绘图工具、文字工具制作移动端年货礼券海报，最终效果如图5-30所示。

扫码观看
本案例视频1

扫码观看
本案例视频2

图5-30

5.5　课后习题——牛奶草莓海报设计

【案例设计要求】

1. 运用 Photoshop 制作移动端牛奶草莓海报。

2. 视觉表现应体现出牛奶草莓的设计风格，契合牛奶草莓的设计主题。

3. 制作的设计文件应符合电商设计的制作规范与制作标准。

【案例学习目标】学习使用绘图工具、文字工具制作移动端牛奶草莓海报，最终效果如图5-31所示。

扫码观看
本案例视频

图5-31

06

第6章

商品详情页设计

▶ **本章介绍**

商品详情页设计是电商设计中的综合型工作任务，精心设计的商品详情页能够激发消费者对商品的购买欲望。本章针对商品详情页中的模块设计等基础知识进行系统讲解，并针对流行风格与典型行业的商品详情页进行设计演示。通过对本章的学习，读者可以对商品详情页的设计有一个系统的认识，并快速掌握商品详情页的设计规范和制作方法，成功制作出能激发消费者购买欲望的商品详情页。

知识目标
1. 了解商品详情页的概况
2. 明确商品详情页的模块结构

能力目标
1. 明确商品详情页的设计思路
2. 掌握商品详情页的制作方法

素养目标
1. 培养良好的商品详情页设计习惯
2. 培养对商品详情页的审美鉴赏能力
3. 培养对商品详情页的创意设计能力

慕课视频

商品详情页设计

6.1 商品详情页概述

商品详情页即店铺向消费者展示商品详细信息，促使消费者产生消费行为的页面。商品详情页具有展现商品内容、促成商品转化的作用。由于消费者在虚拟网络中，通常会通过商品详情页了解商品，因此商品详情页的质量对商品的销量有着决定性作用。

商品详情页按尺寸分为两类，一类是以淘宝为代表的宽度为750像素的商品详情页，另一类是以京东和天猫为代表的宽度为790像素的商品详情页，两者高度不限。电商设计师可以根据商家的不同需要对商品详情页的模块进行设计。商品详情页的核心模块通常包括商品焦点图、卖点提炼、商品展示、细节展示、商品信息和其他模块，如图6-1所示。

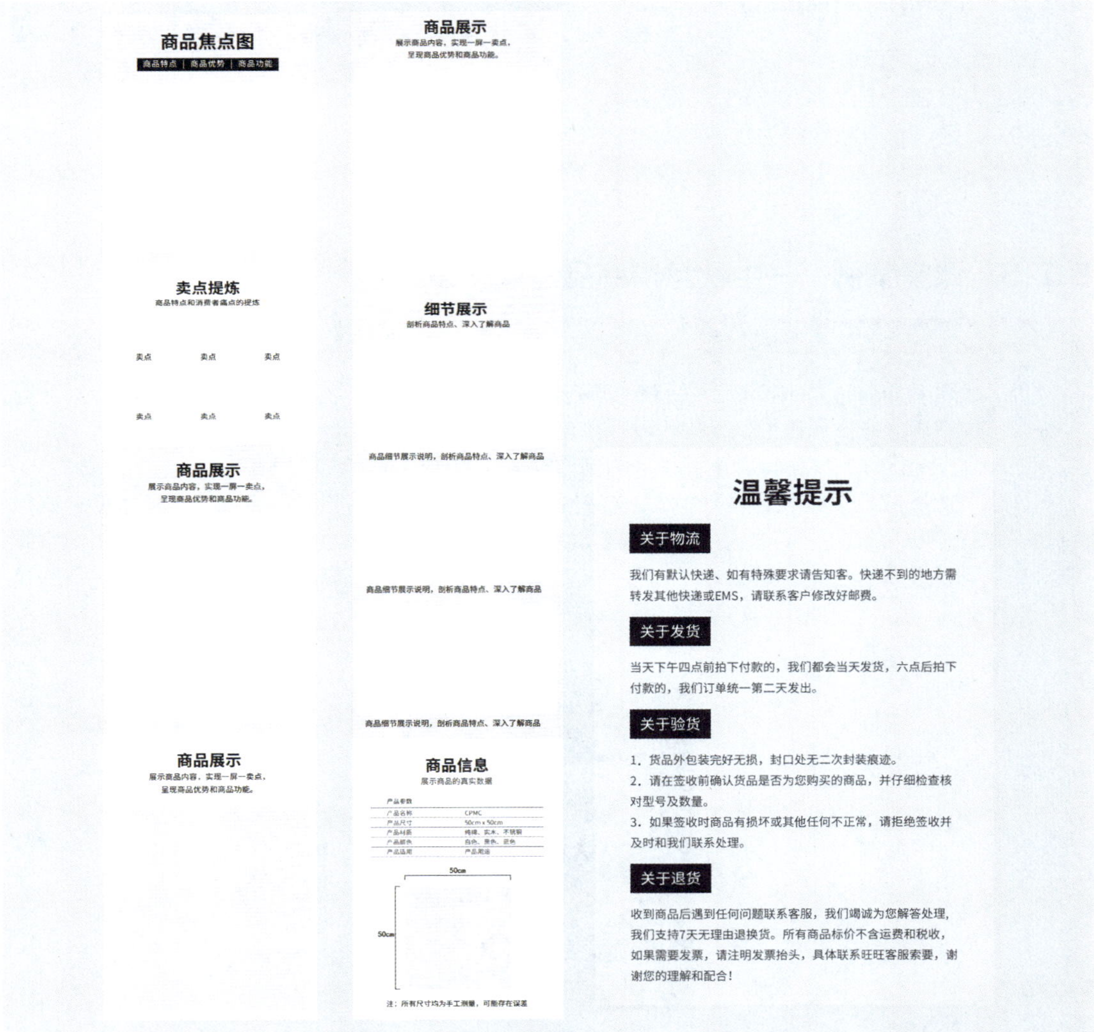

图6-1

6.2 商品焦点图设计

商品焦点图通常位于商品基础信息下方，是商品详情页中引人瞩目的部分，同时是商品详情页设计的重点。下面对商品焦点图的设计进行详细讲解。

6.2.1　商品焦点图的基本概念

商品焦点图即商品详情页中的商品Banner，通常位于商品详情页中商品描述信息的下方，类似于店铺首页的轮播海报，主要用于吸引消费者的注意力，更好地展示商品优势。优秀的商品焦点图会起到场景代入、体现商品真实质感的作用。商品焦点图示例如图6-2所示。

图6-2

6.2.2　商品焦点图的设计规则

商品焦点图可以根据平台分为两类，一类是以淘宝为代表的宽度为750像素的商品焦点图，另一类是以京东和天猫为代表的宽度为790像素的商品焦点图，两者高度不限，一般为950像素。在商品焦点图中，主标题字号一般为60～70像素，副标题字号一般为40～50像素，正文字号一般为25～30像素。

6.2.3　课堂案例——中秋月饼商品焦点图设计

【案例设计要求】
1. 运用 Photoshop 制作中秋月饼商品焦点图。
2. 视觉表现应体现出中秋月饼的设计风格，契合中秋月饼的设计主题。
3. 制作的设计文件应符合电商设计的制作规范与制作标准。

【案例设计理念】在设计过程中，围绕中秋月饼发挥创意。背景是纯色的，颜色主要选取棕红色，烘托中秋节气氛。字体选用江西拙楷和方正清刻本悦宋简体，起到呼应主题的作用。整体设计充满特色，契合主题。最终效果查看"云盘/Ch06/6.2.3 课堂案例——中秋月饼商品焦点图设计/工程文件.psd"，如图 6-3 所示。

扫码观看
本案例视频

图6-3

【案例学习目标】学习使用绘图工具、文字工具制作中秋月饼商品焦点图。

【案例知识要点】使用"新建参考线版面"命令建立参考线版面，使用"置入嵌入对象"命令置入图片，使用"横排文字"工具添加文字，使用"矩形"工具、"圆角矩形"工具绘制基本形状，使用"添加图层样式"命令为图像添加效果。

（1）按Ctrl+N组合键，弹出"新建文档"对话框，设置"宽度"为790像素，"高度"为950像素，"分辨率"为72像素/英寸，"背景内容"为白色，如图6-4所示，单击"创建"按钮，新建一个文档。

（2）选择"视图>新建参考线版面"命令，弹出"新建参考线版面"对话框，分别设置左边距和右边距为40像素，如图6-5所示。单击"确定"按钮，完成参考线版面的创建。

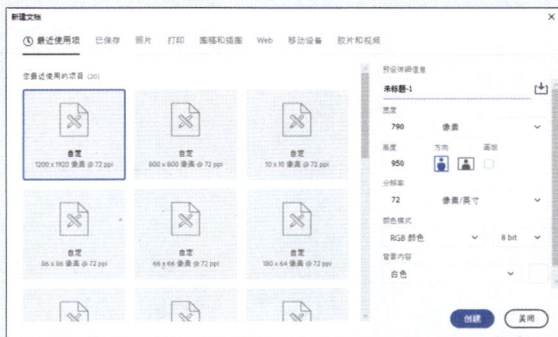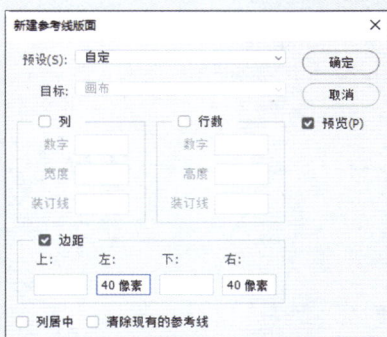

| 图6-4 | 图6-5 |

（3）选择"矩形"工具 ，在属性栏的"选择工具模式"选项中选择"形状"，将"填充"颜色设为棕红色（130、51、49），"描边"颜色设为无。在图像窗口中绘制一个矩形，效果如图6-6所示。"图层"面板中会生成新的形状图层"矩形1"。

（4）按Ctrl+J组合键，复制图层，"图层"面板中会生成"矩形1拷贝"图层。选择"滤镜>模糊>高斯模糊"命令，在弹出的对话框中进行设置，如图6-7所示，单击"确定"按钮，为图像添加模糊效果。选择"滤镜>渲染>分层云彩"命令，效果如图6-8所示。在"图层"面板中将图层混合模式设为"明度"，效果如图6-9所示。

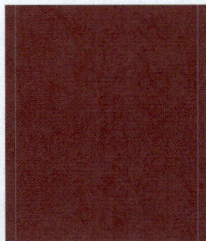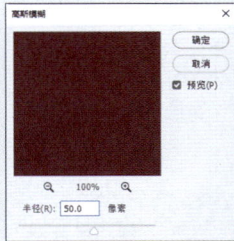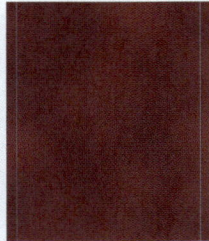

| 图6-6 | 图6-7 | 图6-8 | 图6-9 |

（5）选择"文件>置入嵌入对象"命令，弹出"置入嵌入的对象"对话框，分别选择云盘中的"Ch06>6.2.3课堂案例——中秋月饼商品焦点图设计>素材>01~03"文件。单击"置入"按钮，将图片分别置入图像窗口中，分别将"01""02"和"03"图片拖曳到适当的位置。按Enter键确定操作，效果如图6-10所示。"图层"面板中会生成新的图层，将其分别命名为"树枝""产品"和"云图案"，如图6-11所示。

（6）选择"横排文字"工具 ，在图像窗口中输入需要的文字并选取文字。选择"窗口>字符"命令，打开"字符"面板，在"字符"面板中将"颜色"设为白色，其他选项的设置如图6-12所示。按Enter键确定操作，效果如图6-13所示。"图层"面板中会生成新的文字图层。

（7）单击"图层"面板下方的"添加图层样式"按钮 ，在弹出的菜单中选择"渐变叠加"命令。在弹出的对话框中单击"点按可编辑渐变"按钮 ，弹出"渐变编辑器"对话框，在"位置"选项中分别输入0、50、100这3个位置点，分别设置3个位置点颜色的RGB值分别为0（227、186、138）、50（238、219、182）、100（227、186、138），如图6-14所示。单击"确定"按钮，返回"图层样式"对话框，其他选项的设置如图6-15所示。单击"确定"按钮，为文字添加渐变效果。

图6-10

图6-11

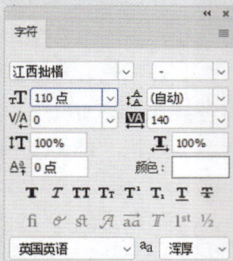
图6-12

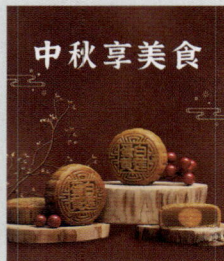
图6-13

图6-14

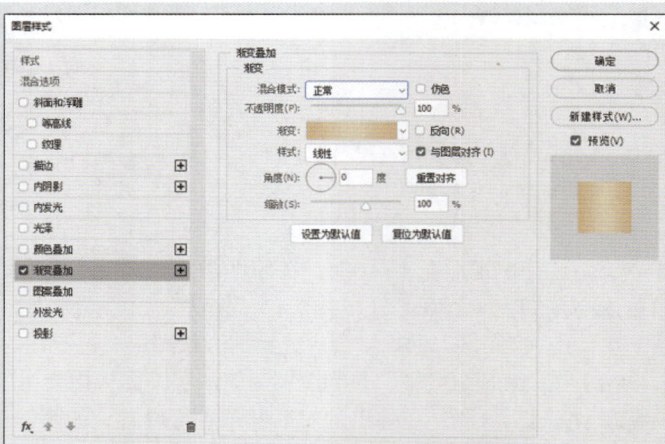
图6-15

（8）使用相同的方法输入其他文字并添加渐变效果，效果如图6-16所示。选择"圆角矩形"工具 ◻，在属性栏中将"填充"颜色设为白色，"描边"颜色设为无，"半径"设为10像素。在图像窗口中适当的位置绘制一个圆角矩形，"图层"面板中会生成新的形状图层"圆角矩形1"，效果如图6-17所示。按住Shift键的同时，在图像窗口中适当的位置再次绘制一个圆角矩形，效果如图6-18所示。

图6-16

图6-17

图6-18

（9）使用上述方法，为形状添加渐变效果，效果如图6-19所示。选择"圆角矩形1"图层，按Ctrl+J组合键复制图层，"图层"面板中会生成新的形状图层"圆角矩形1拷贝"。按Ctrl+T组合键，图像周围会出现变换框，按住Alt+Shift组合键的同时，向内拖曳右上角的控制手柄到适当的位置，按Enter键确定操作。在属性栏中将"填充"颜色设为无，"描边"颜色设为红棕色（137、51、47），"描边"粗细设为1像素，效果如图6-20所示。

（10）选择"横排文字"工具 T，在图像窗口中输入需要的文字并选取文字。在"字符"面板中将"颜色"设为红棕色（137、51、47），其他选项的设置如图6-21所示。按Enter键确定操作，效果如图6-22所示。"图层"面板中会生成新的文字图层。

（11）按住Shift键的同时，在"图层"面板中单击"矩形 1"图层，将需要的图层同时选取。按

Ctrl+G组合键，群组图层并将其命名为"商品海报"，如图6-23所示。中秋月饼商品海报制作完成。

图6-19

图6-20

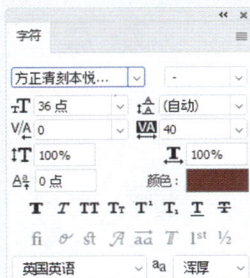
图6-21

图6-22

图6-23

6.3　卖点提炼设计

卖点提炼通常位于商品焦点图下方或同商品焦点图组合出现，有利于消费者快速了解商品与众不同的特点。下面对卖点提炼的设计进行详细讲解。

6.3.1　卖点提炼的基本概念

卖点提炼即对商品特点和消费者痛点进行提炼的模块，主要用于向消费者展示商品的独特之处，令其产生购买欲望。精准的卖点提炼会起到展示商品卖点、挖掘消费者需求的作用。卖点提炼示例如图6-24所示。

图6-24

6.3.2　卖点提炼的设计规则

卖点提炼中，文本应简短且具有说服力，建议使用30~40像素的黑体、宋体等；图标应醒目且和卖点呼应。

6.3.3 课堂案例——中秋月饼卖点提炼设计

【案例设计要求】
1. 运用 Photoshop 制作中秋月饼卖点提炼。
2. 视觉表现应与 6.2.3 节课堂案例的设计风格保持一致。
3. 制作的设计文件应符合电商设计的制作规范与制作标准。

【案例设计理念】在设计过程中，围绕中秋月饼发挥创意。背景是纯色的，和月饼图片相互衬托。色彩主要选取淡棕色和米色，给人传统、淡雅的感觉。字体选用江西拙楷和方正清刻本悦宋简体，起到呼应主题的作用。整体设计充满特色，契合主题。最终效果查看"云盘 / Ch06/6.3.3 课堂案例——中秋月饼卖点提炼设计 / 工程文件 .psd"，如图 6-25 所示。

【案例学习目标】学习使用绘图工具、文字工具制作中秋月饼卖点提炼。

【案例知识要点】使用"新建参考线版面"命令建立参考线版面，使用"置入嵌入对象"命令置入图片，使用"横排文字"工具添加文字，使用"矩形"工具、"圆角矩形"工具、"椭圆"工具绘制基本形状，使用"创建新的填充或调整图层"命令为图像调色。

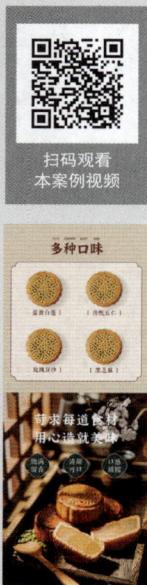

扫码观看
本案例视频

图6-25

（1）按Ctrl+N组合键，弹出"新建文档"对话框，设置"宽度"为790像素，"高度"为2016像素，"分辨率"为72像素/英寸，"背景内容"为白色，如图6-26所示，单击"创建"按钮，新建一个文档。

（2）选择"视图>新建参考线版面"命令，弹出"新建参考线版面"对话框，分别设置左边距和右边距为40像素，如图6-27所示。单击"确定"按钮，完成参考线版面的创建。

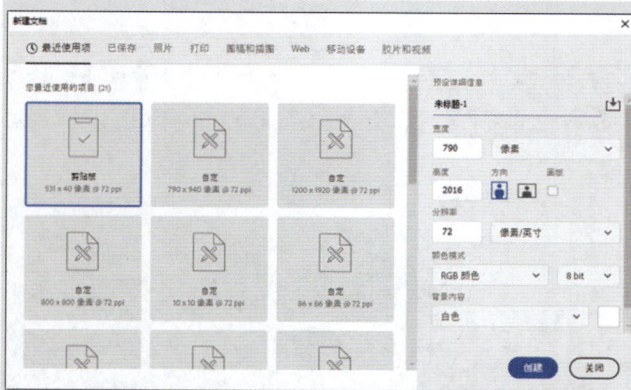

图6-26

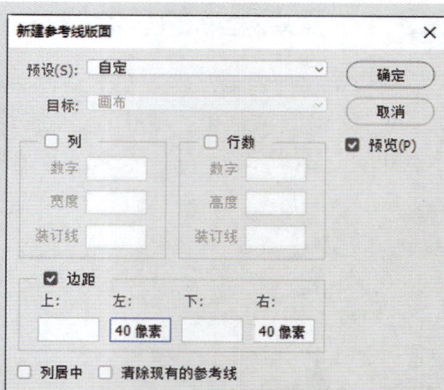

图6-27

（3）选择"矩形"工具 ▢，在属性栏的"选择工具模式"选项中选择"形状"，将"填充"颜色设为米色（234、218、190），"描边"颜色设为无。在图像窗口中绘制一个矩形，效果如图6-28所示。"图层"面板中会生成新的形状图层"矩形1"。

（4）选择"横排文字"工具 T.，在图像窗口中输入需要的文字并选取文字。选择"窗口>字符"命令，打开"字符"面板，在"字符"面板中将"颜色"设为红棕色（137、51、47），其他选项的设置如图6-29所示。按Enter键确定操作，效果如图6-30所示。"图层"面板中会生成新的文字图层。

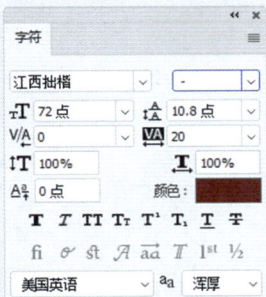

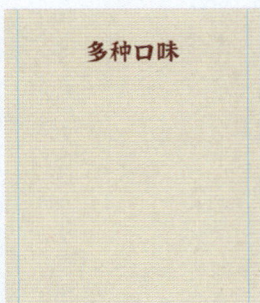

图6-28　　　　　　　　　　图6-29　　　　　　　　　　图6-30

（5）使用相同的方法输入其他文字，效果如图6-31所示。选择"圆角矩形"工具 ⬜，在属性栏中将"填充"颜色设为米白色（249、244、234），"描边"颜色设为红棕色（137、51、47），"描边"粗细设为2像素，"半径"设为22像素。在图像窗口中适当的位置绘制一个圆角矩形，"图层"面板中会生成新的形状图层"圆角矩形1"，效果如图6-32所示。按住Shift键的同时，在图像窗口中适当的位置再次绘制一个圆角矩形，效果如图6-33所示。

（6）选择"文件>置入嵌入对象"命令，弹出"置入嵌入的对象"对话框，选择云盘中的"Ch06>6.3.3课堂案例——中秋月饼卖点提炼设计>素材>01"文件。单击"置入"按钮，将图片置入图像窗口中，将"01"图片拖曳到适当的位置。按Enter键确定操作，效果如图6-34所示。"图层"面板中会生成新的图层，将其命名为"月饼"。

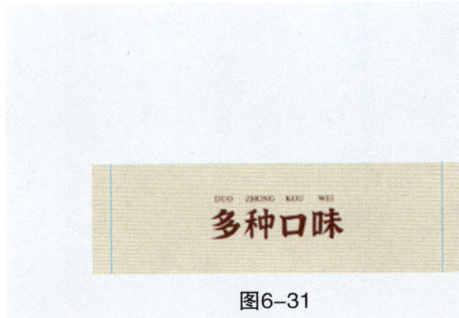

图6-31　　　　　　　　　　图6-32　　　　　　　　　　图6-33

（7）选择"椭圆"工具 ⬭，在属性栏中将"填充"颜色设为白色，"描边"颜色设为无。按住Shift键的同时，在图像窗口中适当的位置绘制一个圆形，效果如图6-35所示。"图层"面板中会生成新的形状图层，将其命名为"阴影"。在"属性"面板中单击"蒙版"选项，切换到相应的界面进行设置，如图6-36所示，效果如图6-37所示。

图6-34　　　　　　　　　　图6-35　　　　　　　　　　图6-36　　　　　　　　　　图6-37

（8）单击"图层"面板下方的"添加图层样式"按钮 *fx*，在弹出的菜单中选择"渐变叠加"命令。在弹出的对话框中单击"点按可编辑渐变"按钮 ▬▬▬▬ ，弹出"渐变编辑器"对话框，分别设置两个位置点颜色的RGB值分别为0（236、229、217）、100（178、165、149），如

图6-38所示。单击"确定"按钮，返回"图层样式"对话框，其他选项的设置如图6-39所示。单击"确定"按钮，为形状添加渐变效果。

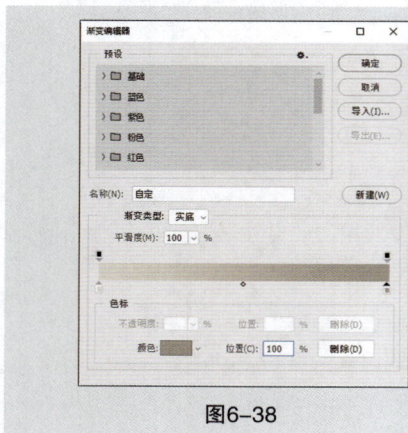

图6-38

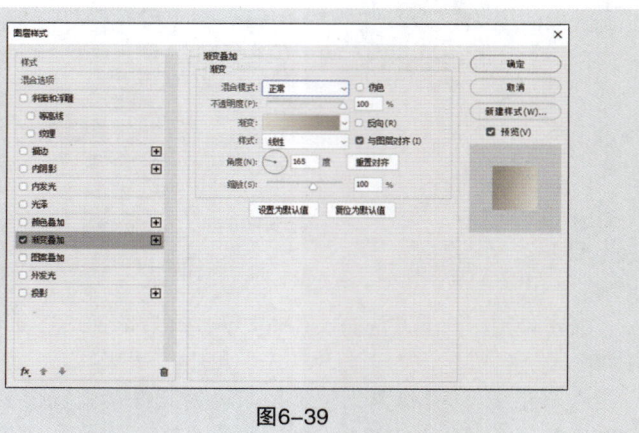

图6-39

（9）在"图层"面板中将"月饼"图层拖曳到"阴影"图层的上方，如图6-40所示，效果如图6-41所示。单击"图层"面板下方的"创建新的填充或调整图层"按钮，在弹出的菜单中选择"亮度/对比度"命令，"图层"面板中会生成"亮度/对比度1"图层，同时在弹出的面板中进行设置，如图6-42所示，按Enter键确定操作，效果如图6-43所示。

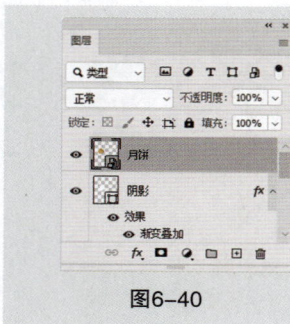

图6-40

图6-41

图6-42

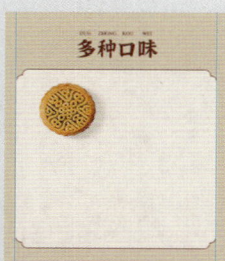

图6-43

（10）选择"横排文字"工具，在图像窗口中输入需要的文字并选取文字。在"字符"面板中将"颜色"设为红棕色（137、51、47），其他选项的设置如图6-44所示。按Enter键确定操作，效果如图6-45所示。"图层"面板中会生成新的文字图层。

（11）按住Shift键的同时，单击"阴影"图层，将需要的图层同时选取。按Ctrl+G组合键，群组图层并将其命名为"蛋黄白莲"，如图6-46所示。

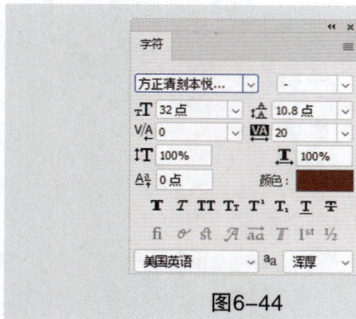

图6-44

图6-45

图6-46

（12）使用上述方法制作其他图层组，如图6-47所示，效果如图6-48所示。按住Shift键的同时，单击"矩形1"图层，将需要的图层同时选取。按Ctrl+G组合键，群组图层并将其命名为"多种口味"，如图6-49所示。

（13）选择"矩形"工具 □，在属性栏中将"填充"颜色设为白色，"描边"颜色设为无。在图像窗口中绘制一个矩形，效果如图6-50所示。"图层"面板中会生成新的形状图层"矩形2"。

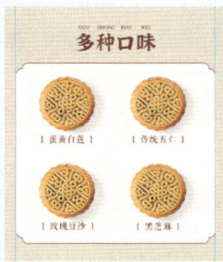

| 图6-47 | 图6-48 | 图6-49 | 图6-50 |

（14）选择"文件>置入嵌入对象"命令，弹出"置入嵌入的对象"对话框，选择云盘中的"Ch06>6.3.3课堂案例——中秋月饼卖点提炼设计>素材>02"文件。单击"置入"按钮，将图片置入图像窗口中，将"02"图片拖曳到适当的位置。按Enter键确定操作，"图层"面板中会生成新的图层，将其命名为"月饼图"。按Ctrl+Alt+G组合键，为图层创建剪贴蒙版，效果如图6-51所示。

（15）单击"图层"面板下方的"创建新的填充或调整图层"按钮 ●，在弹出的菜单中选择"色相/饱和度"命令，"图层"面板中会生成"色相/饱和度1"图层，同时在弹出的面板中进行设置，如图6-52所示，按Enter键确定操作，效果如图6-53所示。

| 图6-51 | 图6-52 | 图6-53 |

（16）再次单击"图层"面板下方的"创建新的填充或调整图层"按钮 ●，在弹出的菜单中选择"照片滤镜"命令，"图层"面板中会生成"照片滤镜1"图层，同时在弹出的面板中进行设置，如图6-54所示，按Enter键确定操作，效果如图6-55所示。

（17）选择"横排文字"工具 T，在图像窗口中输入需要的文字并选取文字。在"字符"面板中将"颜色"设为白色，其他选项的设置如图6-56所示。按Enter键确定操作，效果如图6-57所示。"图层"面板中会生成新的文字图层。

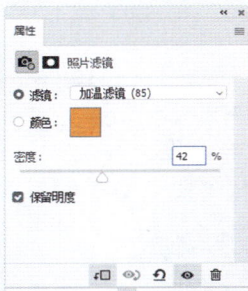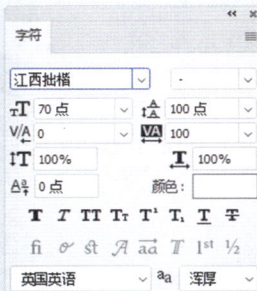

| 图6-54 | 图6-55 | 图6-56 | 图6-57 |

（18）选择"椭圆"工具 ，在属性栏中将"填充"颜色设为墨绿色（31、78、69），"描边"颜色设为米白色（249、244、234），"描边"粗细设为2像素。在图像窗口中适当的位置绘制一个椭圆形，效果如图6-58所示，"图层"面板中会生成新的形状图层"椭圆1"。按住Shift键的同时，在图像窗口中适当的位置再次绘制一个椭圆形，效果如图6-59所示。

（19）选择"横排文字"工具 T，在图像窗口中输入需要的文字并选取文字。在"字符"面板中将"颜色"设为米白色（249、244、234），其他选项的设置如图6-60所示。按Enter键确定操作，效果如图6-61所示。"图层"面板中会生成新的文字图层。

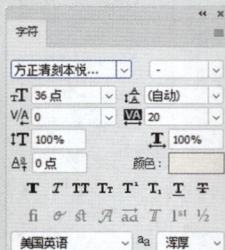
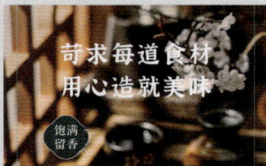

| 图6-58 | 图6-59 | 图6-60 | 图6-61 |

（20）使用上述的方法，绘制形状并输入文字，效果如图6-62所示。单击"矩形2"图层，将需要的图层同时选取。按Ctrl+G组合键，群组图层并将其命名为"产品特点"，如图6-63所示。单击"多种口味"图层组，将需要的图层组同时选取。按Ctrl+G组合键，群组图层组并将其命名为"卖点提炼"，如图6-64所示。中秋月饼卖点提炼制作完成。

| 图6-62 | 图6-63 | 图6-64 |

6.4 商品展示设计

商品展示通常位于卖点提炼的下方，会从不同的角度进一步展现商品的特点和优势。下面对商品展示的设计进行详细讲解。

6.4.1 商品展示的基本概念

商品展示通常由3～5张图片组成，实现一屏一卖点，进一步起到展示商品优势、呈现商品功能的作用。商品展示示例如图6-65所示。

6.4.2 商品展示的设计规则

商品展示的设计规则可以参考商品焦点

图6-65

图的设计规则。需要注意的是，因为商品展示这一模块通常有3~5张图片，所以商品的展示角度和呈现场景既要统一又要有区别，以免使消费者产生视觉疲劳。

6.4.3　课堂案例——中秋月饼商品展示设计

【案例设计要求】

1. 运用 Photoshop 制作中秋月饼商品展示。
2. 视觉表现应与6.2.3节课堂案例的设计风格保持一致。
3. 制作的设计文件应符合电商设计的制作规范与制作标准。

【案例设计理念】在设计过程中，围绕中秋月饼发挥创意。背景是纯色的，和月饼图片相互衬托。色彩主要选取红棕色和米色，给人传统、淡雅的感觉。字体选用江西拙楷和思源黑体，起到呼应主题的作用。整体设计充满特色，契合主题。最终效果查看"云盘 /Ch06/6.4.3 课堂案例——中秋月饼商品展示设计 / 工程文件 .psd"，如图 6-66 所示。

【案例学习目标】学习使用绘图工具、文字工具制作中秋月饼商品展示。

【案例知识要点】使用"新建参考线版面"命令建立参考线版面，使用"置入嵌入对象"命令置入图片，使用"横排文字"工具添加文字，使用"矩形"工具、"圆角矩形"工具、"椭圆"工具绘制基本形状，使用"创建剪贴蒙版"命令实现中秋月饼商品展示。

图6-66

（1）按Ctrl+N组合键，弹出"新建文档"对话框，设置"宽度"为790像素，"高度"为2350像素，"分辨率"为72像素/英寸，"背景内容"为白色，如图6-67所示，单击"创建"按钮，新建一个文档。

（2）选择"视图>新建参考线版面"命令，弹出"新建参考线版面"对话框，分别设置左边距和右边距为40像素，如图6-68所示。单击"确定"按钮，完成参考线版面的创建。

（3）选择"矩形"工具 □，在属性栏的"选择工具模式"选项中选择"形状"，将"填充"颜色设为米色（234、218、190），"描边"颜色设为无，在图像窗口中绘制一个矩形，效果如图6-69所示。"图层"面板中会生成新的形状图层"矩形1"。

（4）选择"横排文字"工具 T，在适当的位置分别输入需要的文字并选取文字。选择"窗口>字符"命令，打开"字符"面板，在"字符"面板中将"颜色"分别设为红棕色（137、51、47）和棕色（147、111、78），并设置合适的字体和字号，效果如图6-70所示。"图层"面板中会分别生成新的文字图层。

（5）选择"文件>置入嵌入对象"命令，弹出"置入嵌入的对象"对话框，选择云盘中的"Ch06>6.4.3课堂案例——中秋月饼商品展示设计>素材>01"文件，单击"置入"按钮，将图片置入图像窗口中。将"01"图片拖曳到适当的位置，按Enter键确定操作，效果如图6-71所示。"图层"面板中会生成新的图层，将其命名为"分割线"。

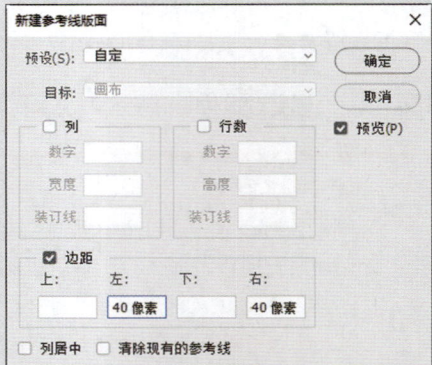

图6-67　　　　　　　　　　　　　　　　　　　图6-68

图6-69　　　　图6-70　　　　　　　　图6-71

（6）选择"圆角矩形"工具 ▢，在属性栏中将"填充"颜色设为米白色（249、244、234），"描边"颜色设为红棕色（137、51、47），"描边"粗细设为2像素，"半径"设为22像素。在图像窗口中适当的位置绘制一个圆角矩形，"图层"面板中会生成新的形状图层"圆角矩形1"，效果如图6-72所示。按住Shift键的同时，在图像窗口中适当的位置再次绘制一个圆角矩形，效果如图6-73所示。

（7）选择"文件>置入嵌入对象"命令，弹出"置入嵌入的对象"对话框，选择云盘中的"Ch06>6.4.3课堂案例——中秋月饼商品展示设计>素材>02"文件，单击"置入"按钮，将图片置入图像窗口中。将"02"图片拖曳到适当的位置，按Enter键确定操作，"图层"面板中会生成新的图层，将其命名为"蛋黄月饼"。按Ctrl+Alt+G组合键，为图层创建剪贴蒙版，效果如图6-74所示。

（8）按住Shift键的同时，单击"矩形1"图层，将需要的图层同时选取。按Ctrl+G组合键，群组图层并将其命名为"百年技艺"，如图6-75所示。

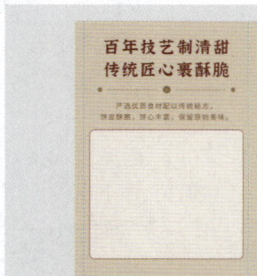

图6-72　　　　　　图6-73　　　　　　图6-74　　　　　　图6-75

（9）选择"矩形"工具 ▢，在属性栏中将"填充"颜色设为棕红色（130、51、49），"描边"颜色设为无，在图像窗口中绘制一个矩形，如图6-76所示，"图层"面板中会生成新的形状图层"矩形2"。使用上述方法分别输入文字并置入图像，制作出如图6-77所示的效果，"图层"面板中会分别生成新的图层。

（10）使用上述的方法绘制形状，效果如图6-78所示，"图层"面板中会生成新的形状图层"圆角矩形4"。选择"文件>置入嵌入对象"命令，弹出"置入嵌入的对象"对话框，选择云盘中的"Ch06>6.4.3课堂案例——中秋月饼商品展示设计>素材>03"文件，单击"置入"按钮，将图片置入图像窗口中。将"03"图片拖曳到适当的位置，按Enter键确定操作，"图层"面板中会生成新的图层，将其命名为"和皮调馅"，按Alt+Ctrl+G组合键，为图层创建剪贴蒙版，效果如图6-79所示。

图6-76　　　　　　　图6-77　　　　　　　图6-78　　　　　　　图6-79

（11）选择"椭圆"工具 ○，在属性栏中将"填充"颜色设为深绿色（31、78、69），"描边"颜色设为无，按住Shift键的同时，在图像窗口中绘制一个圆形，"图层"面板中会生成新的形状图层"椭圆1"。按Alt+Ctrl+G组合键，为图层创建剪贴蒙版，效果如图6-80所示。

（12）使用上述方法绘制形状并输入文字，效果如图6-81所示，"图层"面板中会分别生成新的图层。按住Shift键的同时，单击"圆角矩形3"图层，将需要的图层同时选取。按Ctrl+G组合键，群组图层并将其命名为"01"。

（13）使用上述方法制作出图6-82所示的效果，"图层"面板中会分别生成新的图层组并将其命名为"02""03""04""05""06"，如图6-83所示。按住Shift键的同时，单击"矩形2"图层，将需要的图层同时选取。按Ctrl+G组合键，群组图层并将其命名为"新潮传统"。再次按住Shift键的同时，单击"百年技艺"图层组，将需要的图层组同时选取。按Ctrl+G组合键，群组图层组并将其命名为"商品展示"。中秋月饼商品展示制作完成。

图6-80　　　　　　　图6-81　　　　　　　图6-82　　　　　　　图6-83

6.5　细节展示设计

细节展示通常位于或商品展示下方，是有利于消费者深入了解商品的重要模块。下面对细节展示的设计进行详细讲解。

6.5.1　细节展示的基本概念

细节展示即商品的细节放大图，通常用于对商品细节进行最大限度的展示，可以使消费者更加信任商品。优秀的细节展示可以起到剖析商品特点、使消费者深入了解商品的作用。细节展示示例如图6-84所示。

图6-84

6.5.2　细节展示的设计规则

　　细节展示在设计时不宜太过复杂，整体应呈现简洁的效果。如果商品带有背景，建议为浅色，可以保证商品细节的清晰展示。

6.5.3　课堂案例——中秋月饼细节展示设计

　　【案例设计要求】
　　1. 运用 Photoshop 制作中秋月饼细节展示。
　　2. 视觉表现应与 6.2.3 节课堂案例的设计风格保持一致。
　　3. 制作的设计文件应符合电商设计的制作规范与制作标准。

　　【案例设计理念】在设计过程中，围绕中秋月饼发挥创意。背景是纯色的，和月饼图片相互衬托。色彩主要选取红棕色和米色，给人传统、淡雅的感觉。字体选用江西拙楷和方正清刻本悦宋简体，起到呼应主题的作用。整体设计充满特色，契合主题。最终效果查看"云盘/Ch06/6.5.3 课堂案例——中秋月饼细节展示设计/工程文件 .psd"，如图 6-85 所示。

　　【案例学习目标】学习使用绘图工具、文字工具制作中秋月饼细节展示。

　　【案例知识要点】使用"新建参考线版面"命令建立参考线版面，使用"置入嵌入对象"命令置入图片，使用"横排文字"工具添加文字，使用"矩形"工具、"圆角矩形"工具绘制基本形状，使用"创建新的填充或调整图层"命令为图像调色，使用"创建剪贴蒙版"命令实现中秋月饼细节展示。

图6-85

　　（1）按Ctrl+N组合键，弹出"新建文档"对话框，设置"宽度"为790像素，"高度"为4014像素，"分辨率"为72像素/英寸，"背景内容"为白色，如图6-86所示，单击"创建"按钮，新建一个文档。

　　（2）选择"视图 > 新建参考线版面"命令，弹出"新建参考线版面"对话框，分别设置左边距和右边距为40像素，如图6-87所示。单击"确定"按钮，完成参考线版面的创建。

　　（3）选择"矩形"工具 ▢ ，在属性栏的"选择工具模式"选项中选择"形状"，将"填充"颜色设为米色（234、218、190），"描边"颜色设为无，在图像窗口中绘制一个矩形，效果如图6-88所示。"图层"面板中会生成新的形状图层"矩形1"。

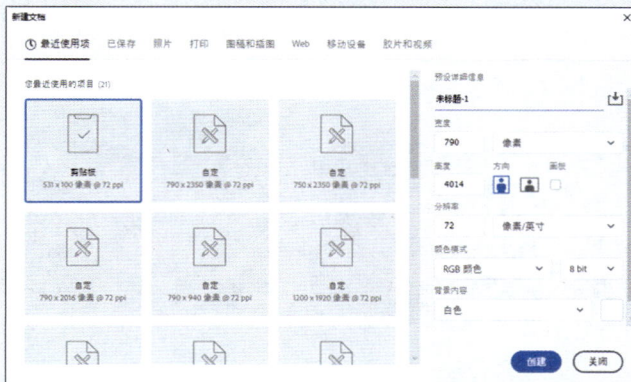
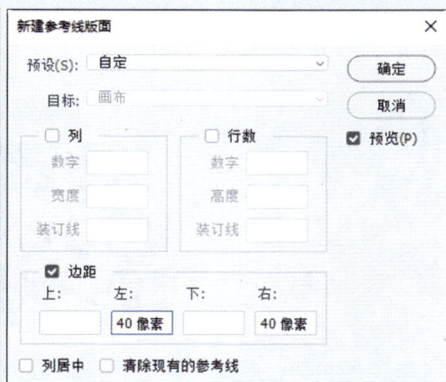

图6-86   图6-87

（4）选择"横排文字"工具 **T.**，在适当的位置分别输入需要的文字并选取文字。选择"窗口 >
字符"命令，打开"字符"面板，在"字符"面板中将"颜色"分别设为红棕色（137、51、47）
和棕色（147、111、78），并设置合适的字体和字号，效果如图6-89所示。"图层"面板中会分
别生成新的文字图层。

（5）选择"文件>置入嵌入对象"命令，弹出"置入嵌入的对象"对话框，选择云盘中的"Ch06>
6.5.3课堂案例——中秋月饼细节展示设计 > 素材 > 01"文件，单击"置入"按钮，将图片置入图
像窗口中。将"01"图片拖曳到适当的位置，按Enter键确定操作，效果如图6-90所示。"图层"
面板中会生成新的图层，将其命名为"分割线"。

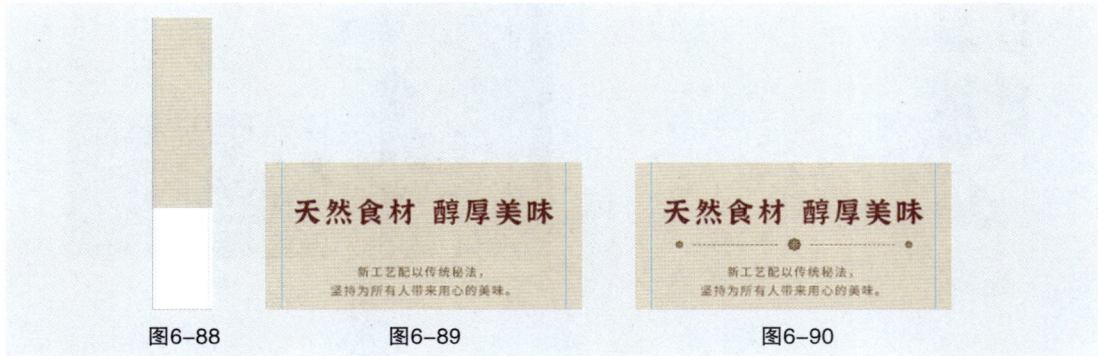

图6-88   图6-89   图6-90

（6）选择"圆角矩形"工具 □.，在属性栏中将"填充"颜色设为米白色（249、244、234），
"描边"颜色设为墨绿色（31、78、69），"描边"粗细设为2像素，"半径"设为22像素。在图
像窗口中适当的位置绘制一个圆角矩形，"图层"面板中会生成新的形状图层"圆角矩形1"，效
果如图6-91所示。

（7）选择"文件>置入嵌入对象"命令，弹出"置入嵌入的对象"对话框，选择云盘中的"Ch06>
6.5.3课堂案例——中秋月饼细节展示设计>素材>02"文件，单击"置入"按钮，将图片置入图
像窗口中。将"02"图片拖曳到适当的位置，按Enter键确定操作，"图层"面板中会生成新的
图层，将其命名为"月饼"。按Ctrl+Alt+G组合键，为图层创建剪贴蒙版，效果如图6-92
所示。

（8）使用相同的方法置入"03"文件，效果如图6-93所示。选择"横排文字"工具 **T.**，在适
当的位置分别输入需要的文字并选取文字。在"字符"面板中将"颜色"分别设为米色（234、
218、190）和棕色（147、111、78），并设置合适的字体和字号，效果如图6-94所示。"图层"
面板中会分别生成新的文字图层。

（9）按住Shift键的同时，单击"圆角矩形 1"图层，将需要的图层同时选取。按Ctrl+G组合键，群组图层并将其命名为"色"。

图6-91　　　　　　图6-92　　　　　　图6-93　　　　　　图6-94

（10）使用上述方法制作出图6-95所示的效果，将新的图层组分别命名为"香"和"礼"，如图6-96所示。按住Shift键的同时，单击"矩形 1"图层，将需要的图层同时选取。按Ctrl+G组合键，群组图层并将其命名为"食月知秋"。

（11）选择"矩形"工具 □，在属性栏中将"填充"颜色设为红棕色（137、51、47），"描边"颜色设为无，在图像窗口中绘制一个矩形，效果如图6-97所示。"图层"面板中会生成新的形状图层"矩形2"。

（12）使用上述方法分别输入文字并置入图像，制作出图6-98所示的效果，"图层"面板中会分别生成新的图层。

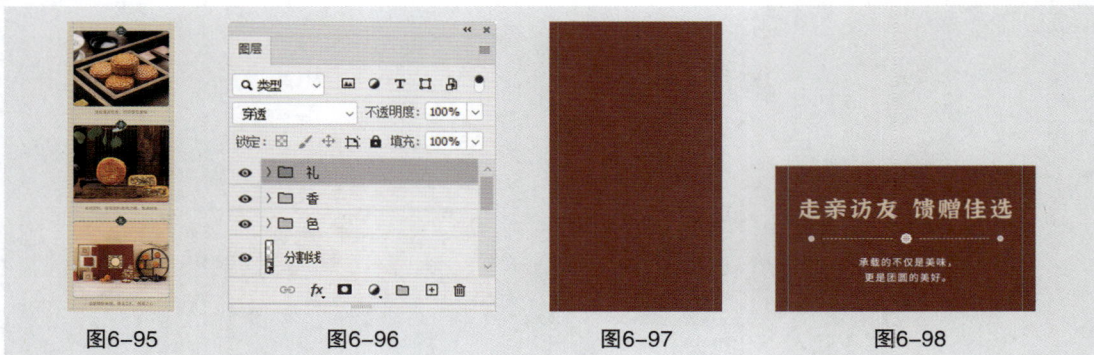

图6-95　　　　　　图6-96　　　　　　图6-97　　　　　　图6-98

（13）选择"文件>置入嵌入对象"命令，弹出"置入嵌入的对象"对话框，分别选择云盘中的"Ch06>6.5.3课堂案例——中秋月饼细节展示设计>素材>06～08"文件。单击"置入"按钮，将图片分别置入图像窗口中，分别将"06""07"和"08"图片拖曳到适当的位置。按Enter键确定操作，效果如图6-99所示。"图层"面板中会生成新的图层，将其分别命名为"云1""云2"和"中秋月饼礼盒"。

（14）选择"中秋月饼礼盒"图层，单击"图层"面板下方的"添加图层样式"按钮 fx，在弹出的菜单中选择"投影"命令。在弹出的对话框中将投影颜色设为灰色（112、112、112），其他选项的设置如图6-100所示。单击"确定"按钮，为图像添加投影效果。

（15）单击"图层"面板下方的"创建新的填充或调整图层"按钮 ◑，在弹出的菜单中选择"亮度/对比度 1"命令，"图层"面板中会生成"亮度/对比度1"图层，同时在弹出的面板中进行设置，如图6-101所示，按Enter键确定操作，效果如图6-102所示。

（16）使用上述方法制作出图6-103所示的效果，"图层"面板中会分别生成新的图层。按住Shift键的同时，单击文字图层，将需要的图层同时选取。按Ctrl+G组合键，群组图层并将其命名为"礼盒"，如图6-104所示。

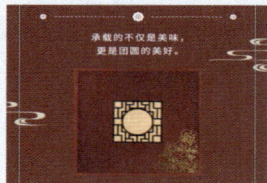

图6-99

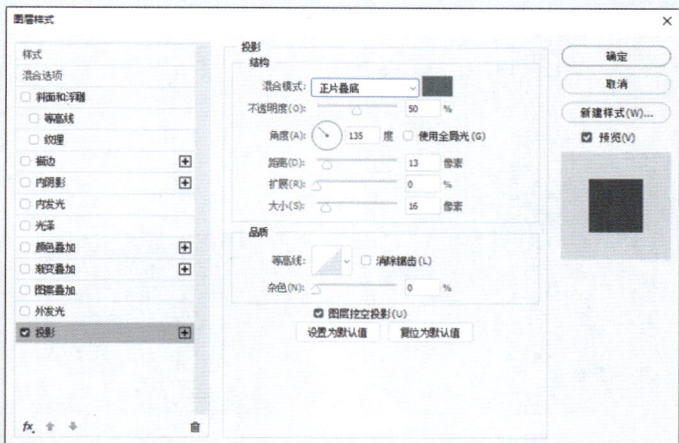

图6-100

图6-101

图6-102

图6-103

图6-104

（17）选择"圆角矩形"工具 ▢，在属性栏中将"填充"颜色设为红棕色（137、51、47），"描边"颜色设为米色（234、218、190），"描边"粗细设为2像素，"半径"设为10像素。在图像窗口中适当的位置绘制一个圆角矩形，"图层"面板中会生成新的形状图层"圆角矩形2"，效果如图6-105所示。按住Shift键的同时，在图像窗口中适当的位置再次绘制一个圆角矩形，效果如图6-106所示。

（18）选择"文件>置入嵌入对象"命令，弹出"置入嵌入的对象"对话框，选择云盘中的"Ch06>6.5.3课堂案例——中秋月饼细节展示设计>素材>10"文件，单击"置入"按钮，将图片置入图像窗口中。将"10"图片拖曳到适当的位置，按Enter键确定操作，"图层"面板中会生成新的图层，将其命名为"礼盒外包装"。按Ctrl+Alt+G组合键，为图层创建剪贴蒙版，效果如图6-107所示。

（19）单击"图层"面板下方的"创建新的填充或调整图层"按钮 ◓，在弹出的菜单中选择"亮度/对比度"命令，"图层"面板中会生成"亮度/对比度3"图层，同时在弹出的面板中进行设置，如图6-108所示，按Enter键确定操作，效果如图6-109所示。

（20）使用上述方法绘制形状并输入文字，制作出图6-110所示的效果，"图层"面板中会分别生成新的图层。按住Shift键的同时，单击"圆角矩形 2"图层，将需要的图层同时选取。按Ctrl+G组合键，群组图层并将其命名为"外包装"。

（21）使用上述方法制作出图6-111所示的效果，将新的图层组命名为"内结构"，如图6-112所示。按住Shift键的同时，单击"矩形2"图层，将需要的图层同时选取。按Ctrl+G组合键，群组图层并将其命名为"馈赠佳选"，如图6-113所示。按住Shift键的同时，单击"食月知秋"图层组，将需要的图层同时选取。按Ctrl+G组合键，群组图层并将其命名为"细节展示"。中秋月饼细节展示制作完成。

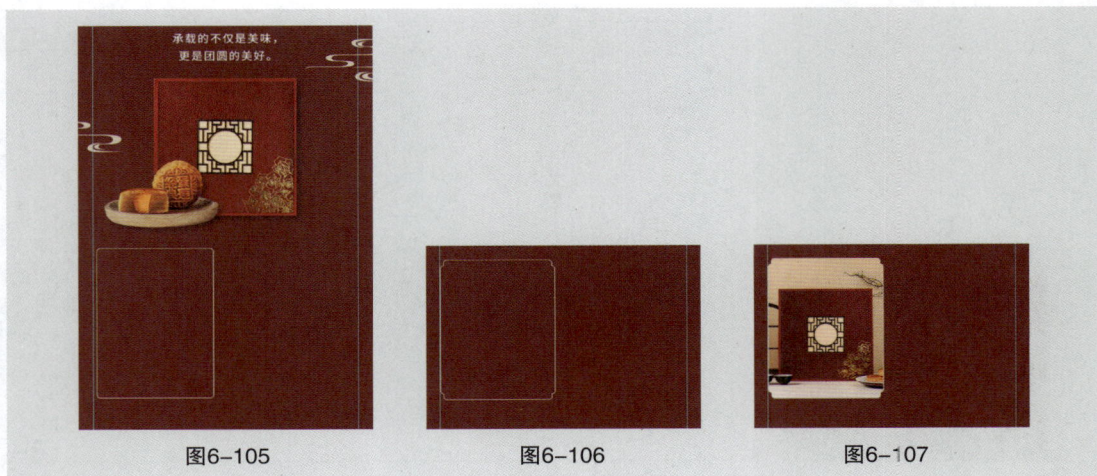

图6-105　　　　　　　图6-106　　　　　　　图6-107

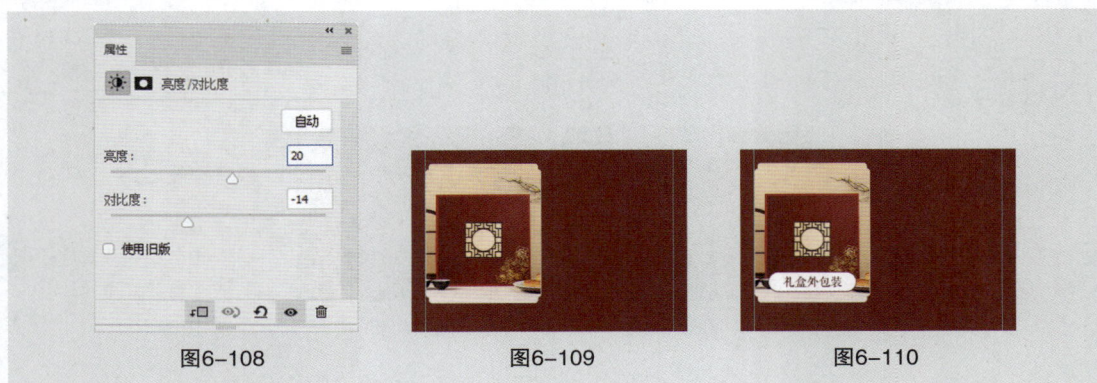

图6-108　　　　　　　图6-109　　　　　　　图6-110

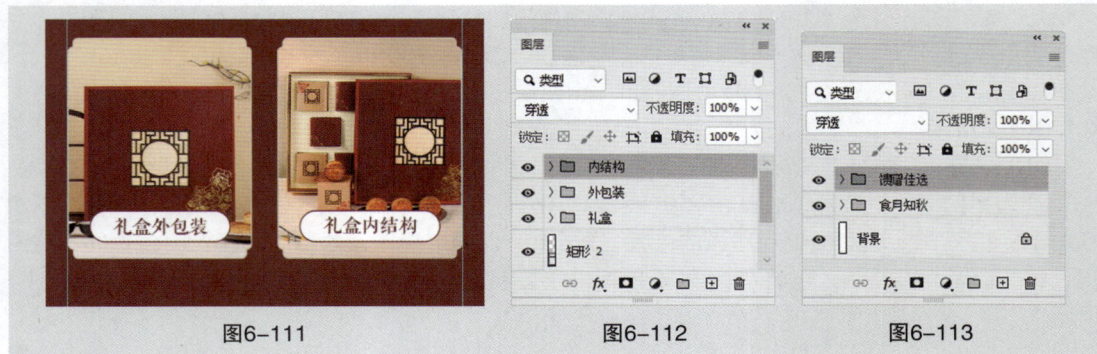

图6-111　　　　　　　图6-112　　　　　　　图6-113

6.6　商品信息设计

商品信息通常位于细节展示下方，是有利于消费者通过虚拟网络把握商品真实尺寸的重要模块。下面对商品信息的设计进行详细讲解。

6.6.1　商品信息的基本概念

商品信息即展示商品的真实数据的模块。电商设计师需要将商品的尺寸、颜色等内容充分展示给消费者，以起到全面介绍商品、引导消费者购买的作用。商品信息示例如图6-114所示。

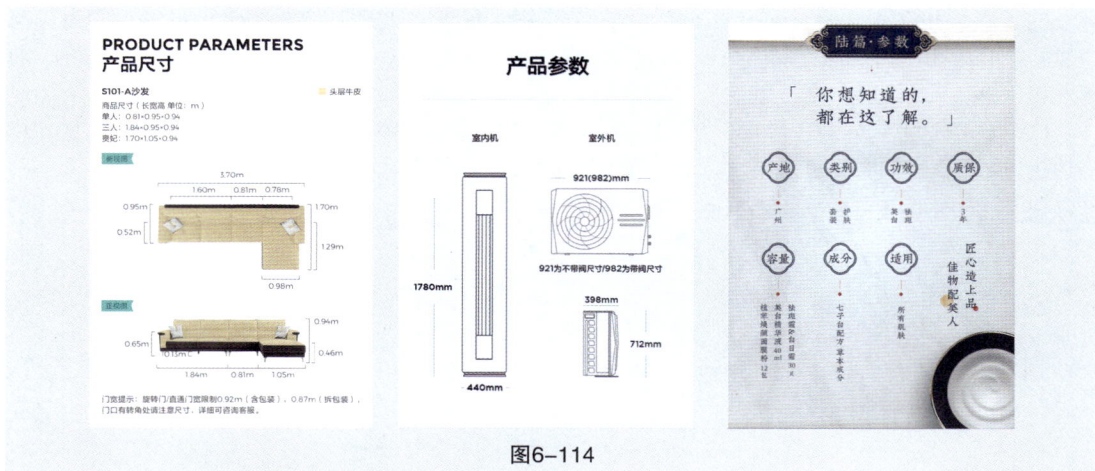

图6-114

6.6.2　商品信息的设计规则

电商设计师在设计商品信息时需要将大量的数据归类整理，并将其以图表的形式表现出来，使消费者可以直观地了解到商品的真实信息。

6.6.3　课堂案例——中秋月饼商品信息设计

【案例设计要求】
1. 运用 Photoshop 制作中秋月饼商品信息。
2. 视觉表现应与 6.2.3 节课堂案例的设计风格保持一致。
3. 制作的设计文件应符合电商设计的制作规范与制作标准。

【案例设计理念】在设计过程中，围绕中秋月饼发挥创意。背景是纯色的。色彩主要选取红棕色和米色，给人传统、淡雅的感觉。字体选用江西拙楷，起到了呼应主题的作用。整体设计充满特色，契合主题。最终效果查看"云盘 /Ch06/6.6.3 课堂案例——中秋月饼商品信息设计 / 工程文件 .psd"，如图 6-115 所示。

图6-115

【案例学习目标】学习使用绘图工具、文字工具制作中秋月饼商品信息。

【案例知识要点】使用"新建参考线版面"命令建立参考线版面，使用"置入嵌入对象"命令置入图片，使用"横排文字"工具添加文字，使用"矩形"工具、"圆角矩形"工具、"直线"工具绘制基本形状。

（1）按Ctrl+N组合键，弹出"新建文档"对话框，设置"宽度"为790像素，"高度"为1168像素，"分辨率"为72像素/英寸，"背景内容"为白色，如图6-116所示，单击"创建"按钮，新建一个文档。

（2）选择"视图 > 新建参考线版面"命令，弹出"新建参考线版面"对话框，分别设置左边距和右边距为40像素，如图6-117所示。单击"确定"按钮，完成参考线版面的创建。

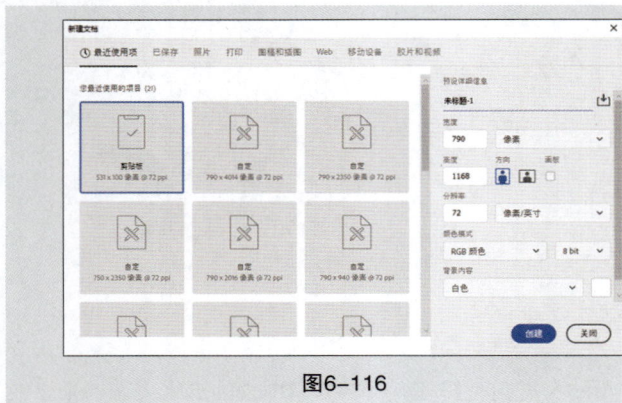
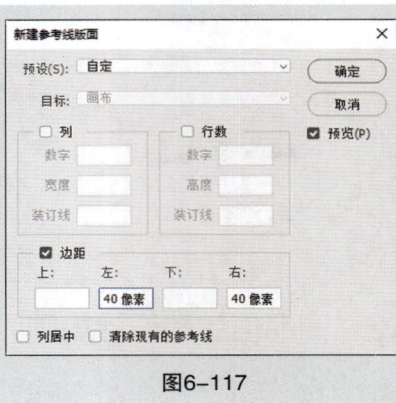

图6-116　　　　　　　　　　　　　　　　图6-117

（3）选择"矩形"工具，在属性栏的"选择工具模式"选项中选择"形状"，将"填充"颜色设为米色（234、218、190），"描边"颜色设为无，在图像窗口中绘制一个矩形，效果如图6-118所示。"图层"面板中会生成新的形状图层"矩形1"。

（4）选择"横排文字"工具 T，在适当的位置分别输入需要的文字并选取文字。选择"窗口>字符"命令，打开"字符"面板，在"字符"面板中将"颜色"设为红棕色（137、51、47），并设置合适的字体和字号，效果如图6-119所示。"图层"面板中会分别生成新的文字图层。

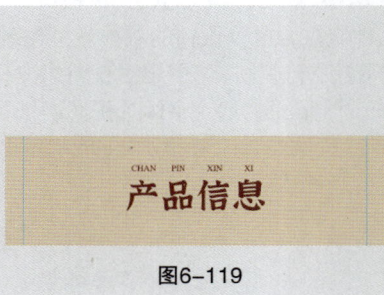

图6-118　　　　　　　　　　　　图6-119

（5）选择"圆角矩形"工具，在属性栏中将"填充"颜色设为米白色（249、244、234），"描边"颜色设为红棕色（137、51、47），"描边"粗细设为2像素，"半径"设为22像素。在图像窗口中适当的位置绘制一个圆角矩形，"图层"面板中会生成新的形状图层"圆角矩形1"，效果如图6-120所示。按住Shift键的同时，再次在图像窗口中适当的位置绘制一个圆角矩形，效果如图6-121所示。

（6）选择"文件>置入嵌入对象"命令，弹出"置入嵌入的对象"对话框，选择云盘中的"Ch06>6.6.3课堂案例——中秋月饼商品信息设计>素材>01"文件，单击"置入"按钮，将图片置入图像窗口中。将"01"图片拖曳到适当的位置，按Enter键确定操作，效果如图6-122所示。"图层"面板中会生成新的图层，将其命名为"中秋月饼礼盒"。

（7）选择"直线"工具，在属性栏中将"填充"颜色设为无，"描边"颜色设为棕黄色（147、111、78），"粗细"设为2像素。按住Shift键的同时，在适当的位置绘制直线，效果如图6-123所示。使用相同的方法再次绘制一条竖线，效果如图6-124所示。"图层"面板中会生成新的形状图层"形状1"和"形状2"。使用相同的方法分别绘制其他直线，效果如图6-125所示。"图层"面板中会分别生成新的形状图层。

图6-120

图6-121

图6-122

图6-123

图6-124

图6-125

（8）选择"横排文字"工具 **T.**，在适当的位置分别输入需要的文字并选取文字。在"字符"面板中将"颜色"设为棕黄色（147、111、78），并设置合适的字体和字号，效果如图6-126所示。"图层"面板中会分别生成新的文字图层。

（9）选择"直线"工具 ✐，在属性栏中将"填充"颜色设为无，"描边"颜色设为淡棕色（218、204、187），"粗细"设为2像素，单击"设置形状描边类型"选项右侧的下拉按钮 ，在弹出的下拉列表中选择虚线选项，如图6-127所示。按住Shift键的同时，在适当的位置绘制直线，效果如图6-128所示。"图层"面板中会生成新的形状图层"形状3"。

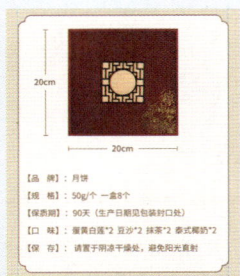
图6-126

图6-127

图6-128

（10）使用相同的方法分别绘制其他直线，效果如图6-129所示。"图层"面板中会分别生成新的形状图层。按住Shift键的同时，单击"矩形1"图层，将需要的图层同时选取。按Ctrl+G组合键，群组图层并将其命名为"商品信息"，如图6-130所示。中秋月饼商品信息制作完成。

图6-129

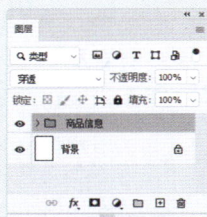
图6-130

6.7 其他模块设计

电商设计师除了需要重点设计以上几个模块之外，还需要设计质量保证、品牌实力和快递售后等其他模块。这些模块通常位于商品详情页底部，起着促成消费者购买的作用。下面对其他模块的设计进行详细讲解。

6.7.1 其他模块的基本概念

质量保证、品牌实力和快递售后等其他模块都在不同程度上起着帮助消费者打消疑虑、增强信心的作用。质量保证即展示商品的相关证书的模块，起到承诺商品质量、加深消费者信任的作用。品牌实力即展示店铺的相关品牌故事的模块，起到营造品牌气氛、加深消费者记忆的作用。快递售后有时称为买家须知，包括快递服务、退换流程、售后承诺等相关内容，起到改善商品购买体验、提高消费者满意度的作用。上述模块示例如图6-131所示。

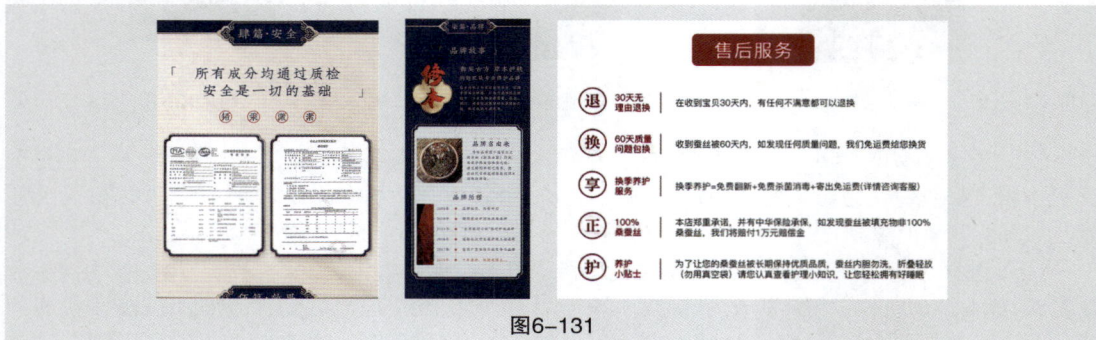

图6-131

6.7.2 其他模块的设计规则

其他模块由于位于整个页面的底部，消费者在观看时易产生视觉疲惫，因此电商设计师在设计时一定要突出该模块的重点，以简洁醒目为主，不然容易让消费者产生不耐烦的负面情绪。

6.7.3 课堂案例——中秋月饼其他模块设计及模块合并

【案例设计要求】
1. 运用 Photoshop 制作中秋月饼其他模块。
2. 视觉表现应与 6.2.3 节课堂案例的设计风格保持一致。
3. 制作的设计文件应符合电商设计的制作规范与制作标准。

【案例设计理念】在设计过程中，围绕中秋月饼发挥创意。背景是纯色的。色彩主要选取红棕色和米色，给人传统、淡雅的感觉。字体选用江西拙楷，起到呼应主题的作用。整体设计充满特色，契合主题。最终效果查看"云盘 /Ch06/6.7.3 课堂案例——中秋月饼其他模块设计 / 工程文件 .psd"，如图 6-132 所示。

【案例学习目标】学习使用绘图工具、文字工具制作中秋月饼其他模块。

【案例知识要点】使用"新建参考线版面"命令建立参考线版面，使用"置入嵌入对象"命令置入图片，使用"横排文字"工具添加文字，使用"矩形"工具绘制基本形状。

扫码观看
本案例视频1

扫码观看
本案例视频2

图6-132

1. 制作中秋月饼其他模块

（1）按Ctrl+N组合键，弹出"新建文档"对话框，设置"宽度"为790像素，"高度"为668像素，"分辨率"为72像素/英寸，"颜色模式"为RGB颜色，"背景内容"为白色，如图6-133所示，单击"创建"按钮，新建一个文档。

（2）选择"视图 > 新建参考线版面"命令，弹出"新建参考线版面"对话框，分别设置左边距和右边距为40像素，如图6-134所示。单击"确定"按钮，完成参考线版面的创建。

图6-133

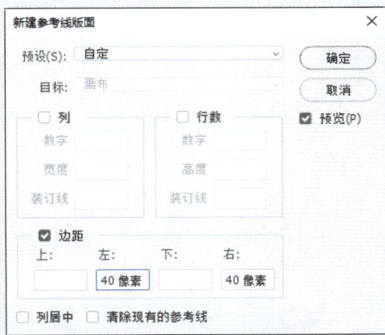

图6-134

（3）选择"矩形"工具 □，在属性栏的"选择工具模式"选项中选择"形状"，将"填充"颜色设为红棕色（137、51、47），"描边"颜色设为无，在图像窗口中绘制一个矩形，效果如图6-135所示。"图层"面板中会生成新的形状图层"矩形1"。

（4）选择"横排文字"工具 T，在适当的位置分别输入需要的文字并选取文字。选择"窗口 > 字符"命令，打开"字符"面板，在"字符"面板中将"颜色"设为米色（234、218、190），并设置合适的字体和字号，效果如图6-136所示。"图层"面板中会分别生成新的文字图层。

（5）选择"文件>置入嵌入对象"命令，弹出"置入嵌入的对象"对话框，选择云盘中的"Ch06>6.7.3课堂案例——中秋月饼其他模块设计>素材>01"文件，单击"置入"按钮，将图片置入图像窗口中。将"01"图片拖曳到适当的位置，按Enter键确定操作，效果如图6-137所示。"图层"面板中会生成新的图层，将其命名为"分割线"。

图6-135

图6-136

图6-137

（6）单击"图层"面板下方的"添加图层样式"按钮 *fx*，在弹出的菜单中选择"颜色叠加"命令。在弹出的对话框中将叠加颜色设为白色，其他选项的设置如图6-138所示。单击"确定"按钮，效果如图6-139所示。

（7）选择"横排文字"工具 T，在适当的位置分别输入需要的文字并选取文字。在"字符"面板中将"颜色"设为白色，并设置合适的字体和字号，效果如图6-140所示。"图层"面板中会分别生成新的文字图层。

（8）使用上述方法分别在适当的位置置入图标并输入文字，效果如图6-141所示。"图层"面板中会分别生成新的图层。按住Shift键的同时，单击"配送车"图层，将需要的图层同时选取。按Ctrl+G组合键，群组图层并将其命名为"图标"。按住Shift键的同时，单击"矩形1"图层，将需要的图层同时选取。按Ctrl+G组合键，群组图层并将其命名为"其他模块"，如图6-142所示。中秋月饼其他模块制作完成。

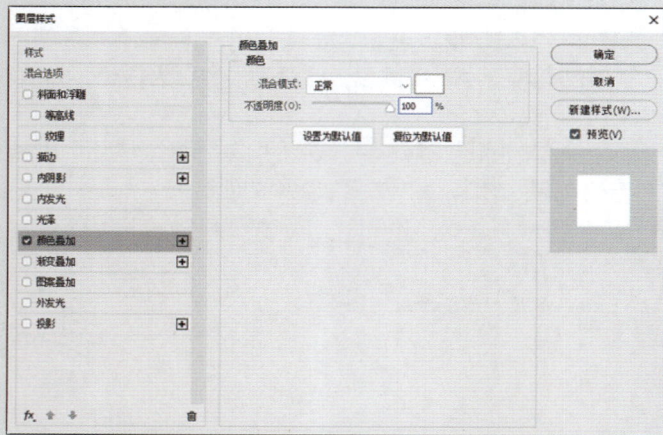

图6-138

图6-139

图6-140

图6-141

图6-142

2. 模块合并

（1）按Ctrl+N组合键，弹出"新建文档"对话框，设置"宽度"为790像素，"高度"为11150像素，"分辨率"为72像素/英寸，"颜色模式"为RGB颜色，"背景内容"为白色，如图6-143所示，单击"创建"按钮，新建一个文档。

（2）按Ctrl+O组合键，弹出"打开文件"对话框，选择云盘中的"Ch06>6.2.3课堂案例——中秋月饼商品焦点图设计>工程文件.psd"文件，单击"打开"按钮，打开文件。拖曳文件中的"商品焦点图"图层组到新建的图像窗口中的适当位置，效果如图6-144所示。使用相同的方法，分别将上述制作完成的模块拖曳到新建的图像窗口中，"图层"面板中各图层组的顺序如图6-145所示。

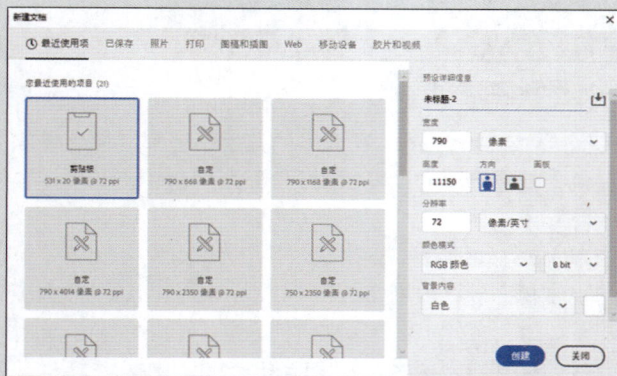

图6-143

图6-144

图6-145

（3）选择"文件>导出>存储为Web所用格式（旧版）"命令，在弹出的对话框中进行设置，如图6-146所示，单击"存储"按钮，导出效果图。中秋月饼详情页制作完成。

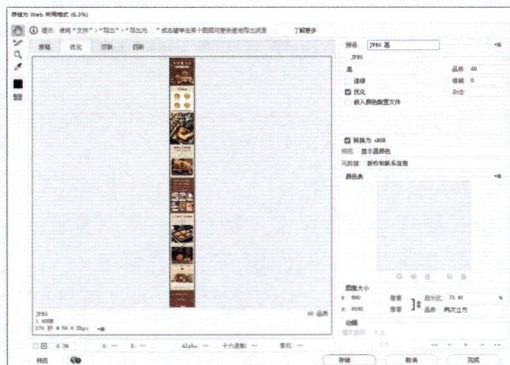

图6-146

6.8 课堂练习——耳机详情页设计

【案例设计要求】

1. 运用 Photoshop 制作耳机详情页。
2. 视觉表现应体现出耳机相应的设计风格，契合耳机相应的设计主题。
3. 制作的设计文件应符合电商设计的制作规范与制作标准。

【案例学习目标】学习使用绘图工具、文字工具制作耳机详情页，最终效果如图 6-147 所示。

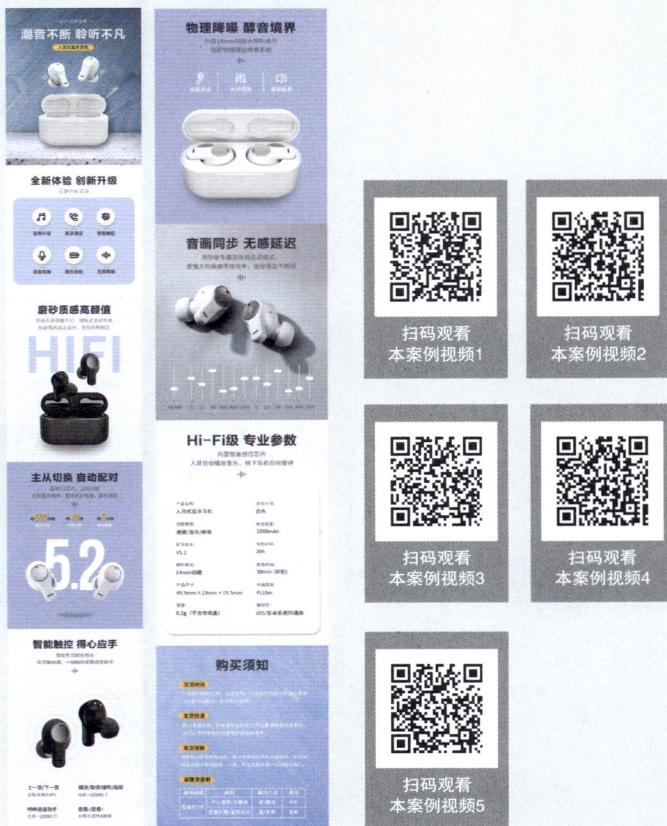

图6-147

【案例设计要求】

1. 运用 Photoshop 制作中式餐具详情页。
2. 视觉表现应体现出中式餐具的设计风格，契合中式餐具的设计主题。
3. 制作的设计文件应符合电商设计的制作规范与制作标准。

【案例学习目标】学习使用绘图工具、文字工具制作中式餐具详情页，最终效果如图 6-148 所示。

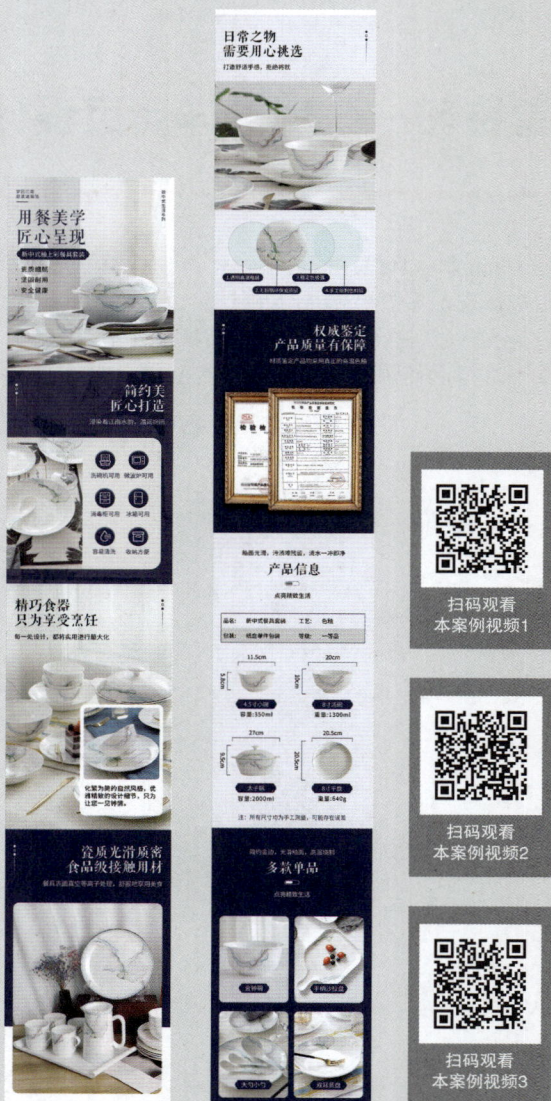

图6-148

第7章

PC 端店铺首页设计

▶ **本章介绍**

    PC端店铺首页设计是电商设计中的综合型工作任务，精心设计的PC端店铺首页能够增强店铺的品牌感和消费者的信任感。本章针对PC端店铺首页的概况以及模块设计等基础知识进行系统讲解，并针对流行风格与典型行业的PC端店铺首页进行设计演示。通过对本章的学习，读者可以对PC端店铺首页的设计有一个系统的认识，并快速掌握PC端店铺首页的设计规范和制作方法，成功制作出具有品牌影响力的PC端店铺首页。

知识目标

1. 了解 PC 端店铺首页的概况
2. 明确 PC 端店铺首页的模块结构

能力目标

1. 明确 PC 端店铺首页的设计思路
2. 掌握 PC 端店铺首页的制作方法

素养目标

1. 培养良好的 PC 端店铺首页设计习惯
2. 培养对 PC 端店铺首页的审美鉴赏能力
3. 培养对 PC 端店铺首页的创意设计能力

慕课视频

PC端店铺
首页设计

7.1 PC端店铺首页概述

店铺首页是消费者进入店铺看到的第一个展示页面，具有展现品牌气质、承担流量分发的作用。设计精美的店铺首页不但可以提升消费者对店铺的好感，而且可以提高商品转换率，因此电商设计师需要用心设计。

PC端店铺首页的宽度为1920像素，高度不限，电商设计师可以根据商家的不同需要对后台装修模块进行组合变化。PC端店铺首页通常由店招导航、轮播海报、优惠券、分类导航、商品展示和底部信息等模块构成。PC端店铺首页示例如图7-1所示。

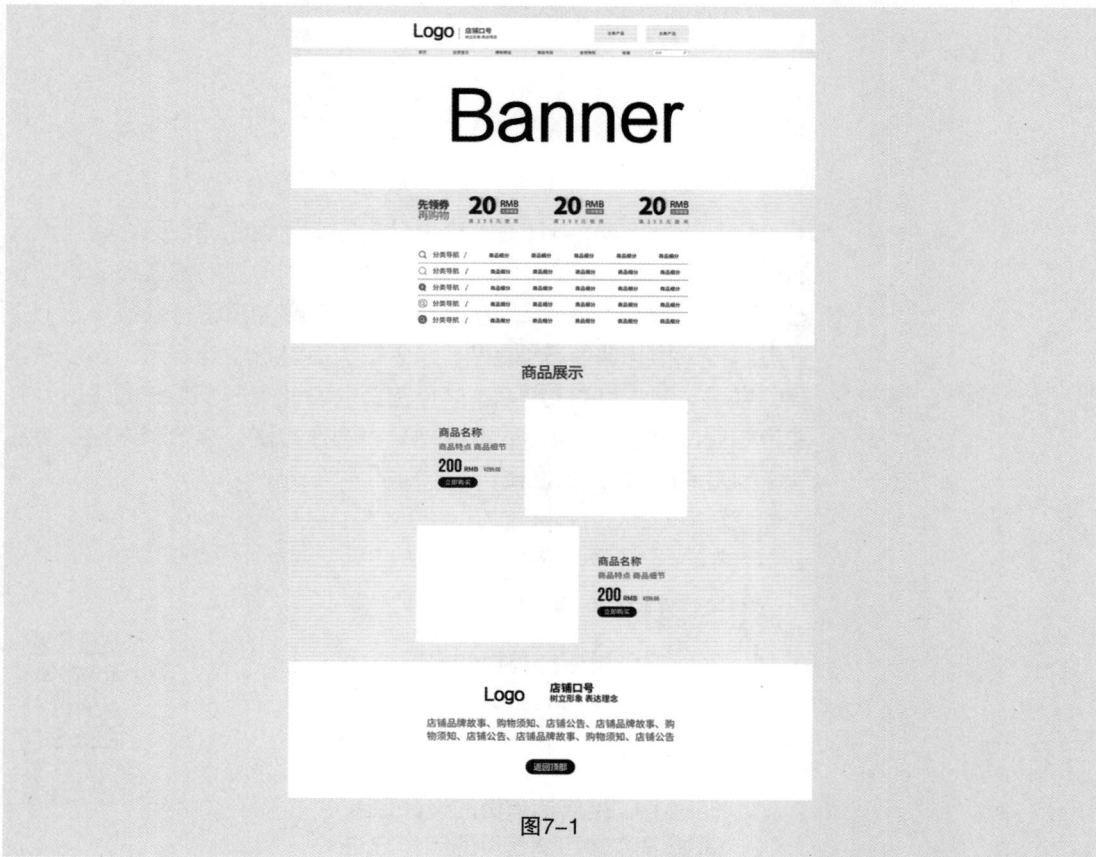

图7-1

7.2 店招导航设计

店招导航位于PC端店铺首页顶部，是店铺的门面，引领着整个店铺的风格，因此在设计上需要新颖别致。下面对店招导航的设计进行详细讲解。

7.2.1 店招导航的基本概念

店招导航位于店铺首页顶部，在PC端的大多数页面中都可以看到。店招即店铺的招牌，主要用于展示店铺品牌、活动和特价商品等内容。好的店招会起到品牌宣传、加深消费者对店铺的记忆的作用。导航则是对商品进行分类，用于帮助消费者定位到目标位置，完成页面之间的跳转并快速找到商品。店招导航示例如图7-2所示。

图7-2

7.2.2 店招导航的设计规则

· **店招**。以淘宝为例，店招可以分为常规店招和通栏店招两类。常规店招的尺寸为950像素×120像素；通栏店招不包含导航和背景，尺寸一般为1920像素×150像素。

· **导航栏**。导航栏的高度为10～50像素，建议设置为30像素；导航栏字体建议设置为黑体和宋体，黑体字号建议设置为14像素、16像素，宋体字号建议设置为12像素、14像素；文字间距建议设置为20像素。

7.2.3 课堂案例——护肤品店招导航设计

【案例设计要求】
1. 运用 Photoshop 制作护肤品店招导航。
2. 视觉表现应体现出护肤品的设计风格，契合护肤品的设计主题。
3. 制作的设计文件应符合电商设计的制作规范与制作标准。

【案例设计理念】在设计过程中，围绕护肤品发挥创意。背景是纯色的。色彩主要选取淡紫色，给人高雅和梦幻的感觉。字体选用方正正黑简体和思源黑体，起到呼应主题的作用。整体设计充满特色，契合主题。最终效果查看"云盘 /Ch07/7.2.3 课堂案例——护肤品店招导航设计 / 工程文件 .psd"，如图 7-3 所示。

【案例学习目标】学习使用绘图工具、文字工具制作护肤品店招导航。

【案例知识要点】使用"新建参考线版面"命令建立参考线版面，使用"置入嵌入对象"命令置入图片，使用"横排文字"工具添加文字，使用"矩形"工具、"直线"工具绘制基本形状。

扫码观看
本案例视频

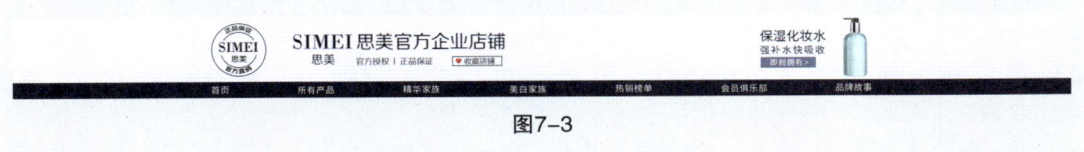

图7-3

（1）按Ctrl+N组合键，弹出"新建文档"对话框，设置"宽度"为1920像素，"高度"为150像素，"分辨率"为72像素/英寸，"背景内容"为白色，如图7-4所示，单击"创建"按钮，新建一个文档。

（2）选择"视图 > 新建参考线版面"命令，弹出"新建参考线版面"对话框，勾选"列"复选框，设置"数字"为12，"宽度"为56像素，"装订线"为48像素，如图7-5所示。单击"确定"按钮，完成参考线版面的创建。

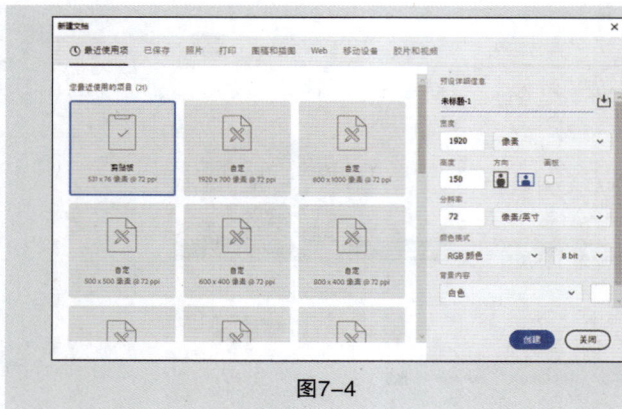

图7-4

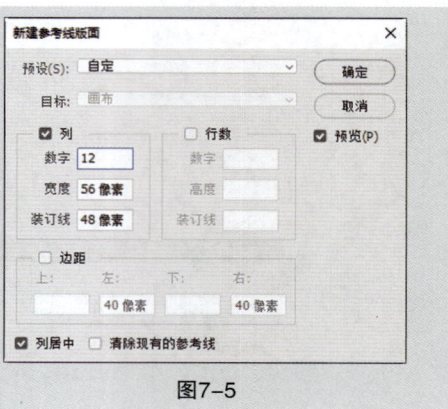

图7-5

（3）选择"视图>新建参考线"命令，弹出"新建参考线"对话框，在距离页面顶部120像素的位置新建一条水平参考线，设置如图7-6所示，单击"确定"按钮，完成参考线的创建，效果如图7-7所示。

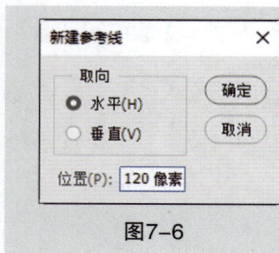

图7-6

图7-7

（4）选择"矩形"工具 ▭，在属性栏的"选择工具模式"选项中选择"形状"，将"填充"颜色设为淡紫色（241、242、251），"描边"颜色设为无。在图像窗口中绘制一个矩形，效果如图7-8所示。"图层"面板中会生成新的形状图层"矩形1"。

（5）选择"文件>置入嵌入对象"命令，弹出"置入嵌入的对象"对话框，选择云盘中的"Ch07>7.2.3课堂案例——护肤品店招导航设计 > 素材 > 01"文件。单击"置入"按钮，将图片置入图像窗口中，将"01"图片拖曳到适当的位置。按Enter键确定操作，效果如图7-9所示。"图层"面板中会生成新的图层，将其命名为"logo"。

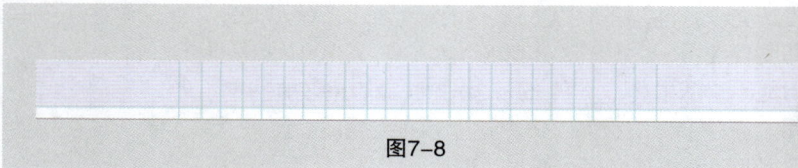

图7-8

图7-9

（6）选择"横排文字"工具 T.，在图像窗口中分别输入需要的文字并选取文字。选择"窗口>字符"命令，打开"字符"面板，在"字符"面板中将"颜色"分别设为深灰色（4、5、7）和深蓝色（31、30、46），并设置合适的字体和字号，效果如图7-10所示。"图层"面板中会分别生成新的文字图层。

（7）选择"直线"工具 ╱，在属性栏中将"填充"颜色设为无，"描边"颜色设为深灰色（4、5、7），"粗细"设为1像素。按住Shift键的同时，在适当的位置绘制直线，效果如图7-11所示。"图层"面板中会生成新的形状图层"形状1"。

（8）选择"矩形"工具 ▭，在属性栏中将"填充"颜色设为无，"描边"颜色设为深蓝色（31、30、46），"描边"粗细设为1像素。在图像窗口中绘制一个矩形，效果如图7-12所示。"图层"面板中会生成新的形状图层"矩形2"。使用上述方法置入图像并输入文字，效果如图7-13所示。

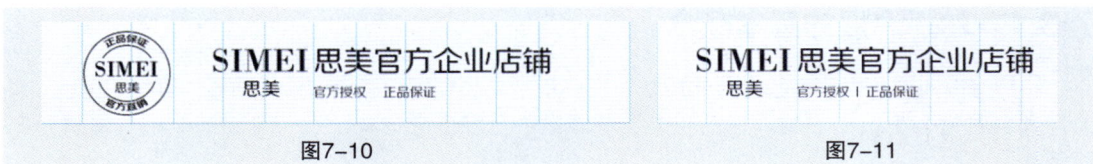

图7-10　　　　　　　　　　　　　　　　　　　　　图7-11

图7-12　　　　　　　　　　　　　　　　　　　　　图7-13

（9）选择"矩形"工具 □，在属性栏中将"填充"颜色设为槿紫色（110、122、164），"描边"颜色设为无。在图像窗口中绘制一个矩形，效果如图7-14所示。"图层"面板中会生成新的形状图层"矩形3"。

（10）使用上述方法输入文字并置入图像，效果如图7-15所示。按住Shift键的同时，单击"矩形1"图层，将需要的图层同时选取。按Ctrl+G组合键，群组图层并将其命名为"店招"，如图7-16所示。

图7-14　　　　　　　　图7-15　　　　　　　　图7-16

（11）使用上述方法制作"导航栏"图层组，如图7-17所示，效果如图7-18所示。按住Shift键的同时，单击"店招"图层组，将需要的图层组同时选取，按Ctrl+G组合键，群组图层组并将其命名为"店招导航"。护肤品店招导航制作完成。

图7-17　　　　　　　　　　　　　　　图7-18

7.3　轮播海报设计

轮播海报位于店招导航下方，是PC端店铺首页中非常醒目的部分，同时是PC端店铺首页设计的重中之重。下面对轮播海报的设计进行详细讲解。

7.3.1 轮播海报的基本概念

轮播海报即循环播放多张海报的模块，主要用于商品宣传和展现促销活动等内容。优秀的电商设计师会对每张海报的主题、构图和配色等因素进行综合考虑和设计。轮播海报示例如图7-19所示。

（a）左右布局轮播海报 （b）上下布局轮播海报

图7-19

7.3.2 轮播海报的设计规则

轮播海报可以依据4.1.2节中的PC端全屏海报和PC端常规海报的尺寸进行设计。其他设计规则可以参照4.2节"PC端海报的版面布局"和4.3节"PC端海报的表现形式"的内容。

7.3.3 课堂案例——护肤品轮播海报设计

【案例设计要求】
1. 运用 Photoshop 制作护肤品轮播海报。
2. 视觉表现应与 7.2.3 节课堂案例的设计风格保持一致。
3. 制作的设计文件应符合电商设计的制作规范与制作标准。

扫码观看
本案例视频

【案例设计理念】在设计过程中，围绕护肤品发挥创意。背景为渐变色、纯色与图片相结合的形式，营造出时尚的氛围。色彩主要选取深灰色、淡紫色和深蓝色，给人舒适、高端和大气的感觉。字体选用黑体，起到呼应主题的作用。画面采用黄金比例分割的左右构图，表现和谐美感。整体设计充满特色，契合主题。最终效果查看"云盘 /Ch07/7.3.3 课堂案例——护肤品轮播海报设计 / 工程文件 .psd"，如图 7-20 所示。

【案例学习目标】学习使用绘图工具、文字工具制作护肤品轮播海报。

【案例知识要点】使用"新建参考线版面"命令建立参考线版面，使用"置入嵌入对象"命令置入图片，使用"横排文字"工具添加文字，使用"矩形"工具、"椭圆"工具、"圆角矩形"工具绘制基本形状，使用"添加图层样式"命令为图像添加效果。

图7-20

（1）按Ctrl+N组合键，弹出"新建文档"对话框，设置"宽度"为1920像素，"高度"为800像素，"分辨率"为72像素/英寸，"背景内容"为白色，如图7-21所示，单击"创建"按钮，新建一个文档。

（2）选择"视图>新建参考线版面"命令，弹出"新建参考线版面"对话框，勾选"列"复选框，设置"数字"为2，"宽度"为600像素，如图7-22所示。单击"确定"按钮，完成参考线版面的创建。

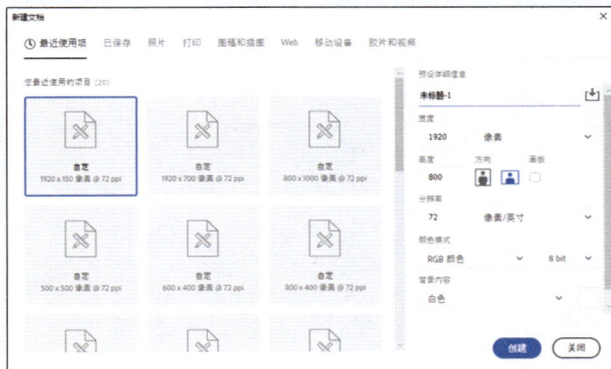

图7-21

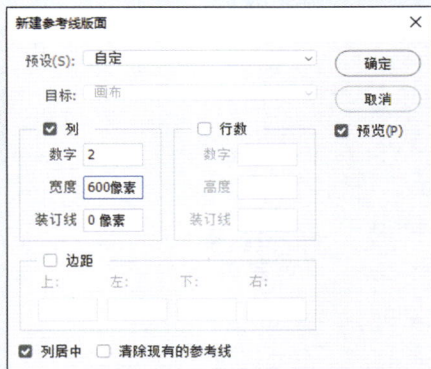

图7-22

（3）选择"矩形"工具 ▢，在属性栏的"选择工具模式"选项中选择"形状"，将"填充"颜色设为白色，"描边"颜色设为无。在图像窗口中绘制一个与页面大小相等的矩形，效果如图7-23所示。"图层"面板中会生成新的形状图层"矩形1"。

（4）选择"文件>置入嵌入对象"命令，弹出"置入嵌入的对象"对话框，选择云盘中的"Ch07>7.3.3课堂案例——护肤品轮播海报设计>素材>01"文件。单击"置入"按钮，将图片置入图像窗口中，将"01"图片拖曳到适当的位置并调整大小。按Enter键确定操作，"图层"面板中会生成新的图层，将其命名为"背景"。按Ctrl+Alt+G组合键，为图层创建剪贴蒙版，效果如图7-24所示。

图7-23

图7-24

（5）使用上述方法，置入"02"文件并调整大小，"图层"面板中会生成新的图层，将其命名为"精华露"，效果如图7-25所示。选择"背景"图层，选择"椭圆"工具 ◯，在属性栏中将"填充"颜色设为浅灰色（223、224、226），"描边"颜色设为无。在图像窗口中绘制一个椭圆形，效果如图7-26所示。"图层"面板中会生成新的形状图层"椭圆1"。

图7-25

图7-26

（6）单击"图层"面板下方的"添加图层样式"按钮 fx，在弹出的菜单中选择"渐变叠加"命令。在弹出的对话框中单击"点按可编辑渐变"按钮 ▮▮▮▮▮ ，弹出"渐变编辑器"对话框，分别设置两个位置点颜色的RGB值为0（195、197、202）、100（224、225、229），如图7-27所示。单击"确定"按钮，返回"图层样式"对话框，其他选项的设置如图7-28所示。单击"确定"按钮，为形状添加渐变效果。

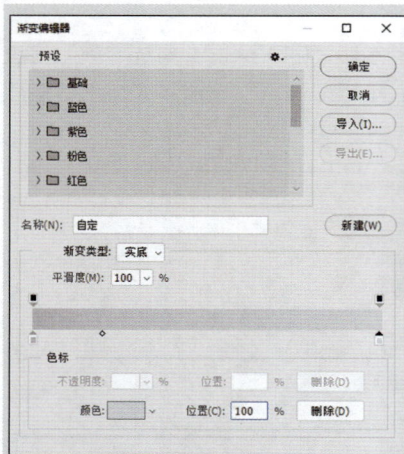

图7-27

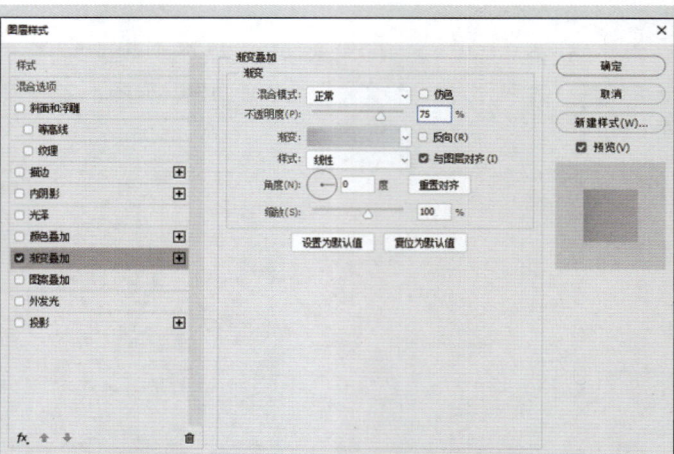

图7-28

（7）选择"圆角矩形"工具 ▢，在图像窗口中适当的位置绘制一个圆角矩形，"图层"面板中会生成新的形状图层"圆角矩形1"。在"属性"面板中进行设置，如图7-29所示。按住Shift键的同时，在图像窗口中适当的位置再次绘制一个圆角矩形，在"属性"面板中进行设置，如图7-30所示，效果如图7-31所示。

（8）选择"椭圆"工具 ◯，在属性栏中将"填充"颜色设为白色，"描边"颜色设为无。在图像窗口中适当的位置绘制一个椭圆形，效果如图7-32所示。"图层"面板中会生成新的形状图层"椭圆2"。

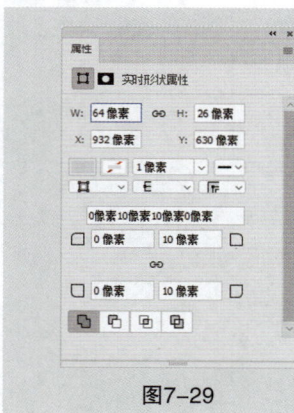

图7-29

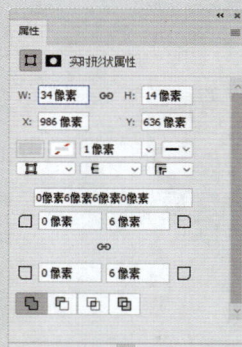

图7-30

图7-31

图7-32

（9）单击"图层"面板下方的"添加图层样式"按钮 fx，在弹出的菜单中选择"渐变叠加"命令。在弹出的对话框中单击"点按可编辑渐变"按钮 ▱ ∨，弹出"渐变编辑器"对话框，分别设置两个位置点颜色的RGB值分别为0（30、32、34）、100（215、216、219），如图7-33所示。单击"确定"按钮，返回"图层样式"对话框，其他选项的设置如图7-34所示。单击"确定"按钮，为形状添加渐变效果。

（10）在"属性"面板中单击"蒙版"选项，切换到相应的界面进行设置，如图7-35所示，效果如图7-36所示。按住Shift键的同时单击"椭圆1"图层，将需要的图层同时选取。按Ctrl+G组合键，群组图层并将其命名为"阴影"，如图7-37所示。

（11）选择"精华露"图层，单击"图层"面板下方的"创建新的填充或调整图层"按钮 ◑，在弹出的菜单中选择"亮度/对比度"命令，"图层"面板中会生成"亮度/对比度1"图层，同时在弹出的面板中进行设置，如图7-38所示。按Enter键确定操作，效果如图7-39所示。

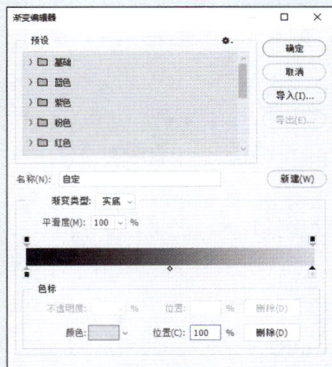

图7-33

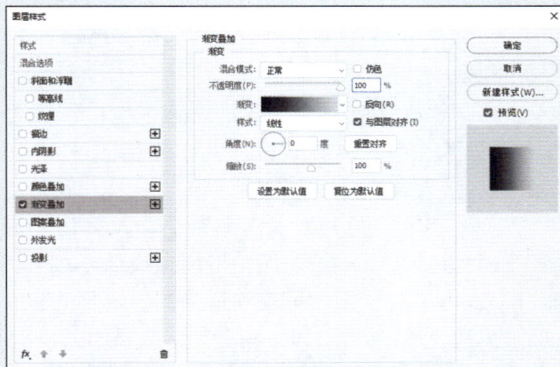

图7-34

图7-35

图7-36

图7-37

（12）选择"横排文字"工具 **T.**，在图像窗口中分别输入需要的文字并选取文字。选择"窗口 > 字符"命令，打开"字符"面板，在"字符"面板中将"颜色"分别设为深灰色（4、5、7）和深蓝色（31、30、46），并设置合适的字体和字号，按Enter键确定操作，效果如图7-40所示。"图层"面板中会分别生成新的文字图层。

图7-38

图7-39

图7-40

（13）选择"椭圆"工具 ◯.，在属性栏中将"填充"颜色设为深蓝色（31、30、46），"描边"颜色设为无。按住Shift键的同时，在图像窗口中适当的位置绘制一个圆形，效果如图7-41所示。"图层"面板中会生成新的形状图层"椭圆3"。

（14）按住Alt+Shift组合键的同时，拖曳形状到适当的位置，复制形状。"图层"面板中会生成新的形状图层"椭圆3拷贝"。使用相同的方法复制形状，效果如图7-42所示。

图7-41

图7-42

（15）选择"矩形"工具 ▢，在属性栏中将"填充"颜色设为槿紫色（110、122、164），"描边"颜色设为无。在图像窗口中适当的位置绘制一个矩形，效果如图7-43所示。"图层"面板中会生成新的形状图层"矩形2"。

（16）选择"横排文字"工具 **T.**，在图像窗口中输入需要的文字并选取文字。在"字符"面板中将"颜色"设为白色，并设置合适的字体和字号，按Enter键确定操作，效果如图7-44所示。"图层"面板中会生成新的文字图层。

（17）选择"文件>置入嵌入对象"命令，弹出"置入嵌入的对象"对话框，选择云盘中的"Ch07>7.3.3课堂案例——护肤品轮播海报设计>素材>03"文件。单击"置入"按钮，将图标置入图像窗口中，将"03"图片拖曳到适当的位置并调整大小。按Enter键确定操作，"图层"面板中会生成新的图层，将其命名为"向右"，效果如图7-45所示。

图7-43

图7-44

图7-45

（18）使用上述方法绘制并复制圆形，效果如图7-46所示。按住Shift键的同时，单击"矩形1"图层，将需要的图层同时选取，按Ctrl+G组合键，群组图层并将其命名为"轮播海报1"，效果如图7-47所示。

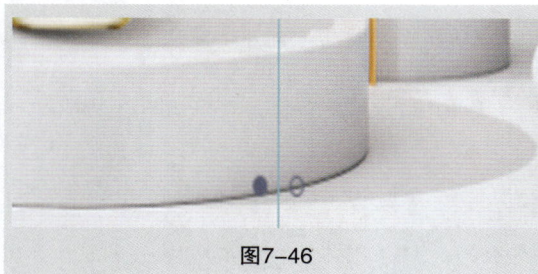
图7-46

图7-47

（19）使用上述方法制作"轮播海报2"图层组，效果如图7-48所示。按住Shift键的同时，单击"轮播海报1"图层组，将需要的图层组同时选取，按Ctrl+G组合键，群组图层组并将其命名为"轮播海报"，如图7-49所示。护肤品轮播海报制作完成。

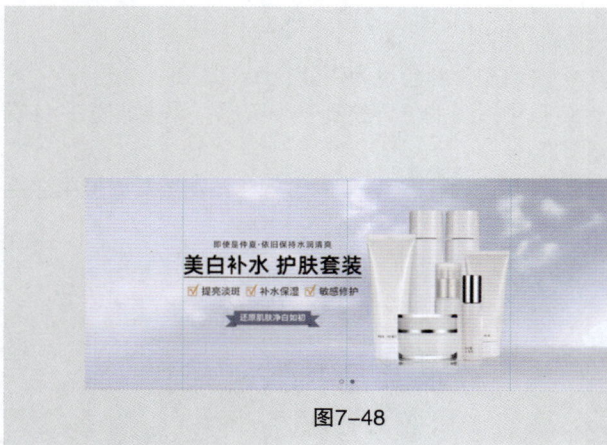
图7-48

图7-49

7.4　优惠券设计

优惠券位于轮播海报下方，商家如果开通了店铺优惠券功能，就可以对优惠券进行个性化设计。下面对优惠券的设计进行详细讲解。

7.4.1　优惠券的基本概念

发放优惠券是店铺常用的促销方式，也是吸引消费者进行二次消费的策略。优惠券可以起到激发消费者购买欲望、刺激消费者消费的作用。优惠券示例如图7-50所示。

（a）纵向优惠券　　　　　　　　　　　　　　　　（b）横向优惠券

图7-50

7.4.2　优惠券的设计规则

优惠数额一定要突出醒目，而满减条件建议使用黑体小字，能刺激消费者使用优惠券消费。

7.4.3　课堂案例——护肤品优惠券设计

【案例设计要求】
1. 运用 Photoshop 制作护肤品优惠券。
2. 视觉表现应与 7.2.3 节课堂案例的设计风格保持一致。
3. 制作的设计文件应符合电商设计的制作规范与制作标准。

扫码观看
本案例视频

【案例设计理念】在设计过程中，围绕护肤品发挥创意。背景是纯色的。色彩主要选取深灰色、淡紫色和深蓝色，给人舒适、高端和大气的感觉。字体选用黑体，起到呼应主题的作用。整体设计充满特色，契合主题。最终效果查看"云盘 /Ch07/7.4.3 课堂案例——护肤品优惠券设计 / 工程文件 .psd"，如图 7-51 所示。

【案例学习目标】学习使用绘图工具、文字工具制作护肤品优惠券。

【案例知识要点】使用"新建参考线版面"命令建立参考线版面，使用"置入嵌入对象"命令置入图标，使用"横排文字"工具添加文字，使用"矩形"工具、"椭圆"工具、"圆角矩形"工具绘制基本形状，使用"添加图层样式"命令为图像添加效果。

图7-51

（1）按Ctrl+N组合键，弹出"新建文档"对话框，设置"宽度"为1920像素，"高度"为400像素，"分辨率"为72像素/英寸，"背景内容"为白色，如图7-52所示，单击"创建"按钮，新建一个文档。

（2）选择"视图>新建参考线版面"命令，弹出"新建参考线版面"对话框，勾选"列"复选框，设置"数字"为12，"宽度"为56像素，"装订线"为48像素，如图7-53所示。单击"确定"按钮，完成参考线版面的创建。

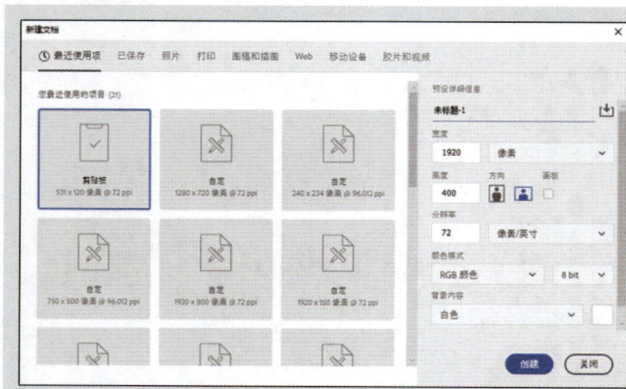

图7-52

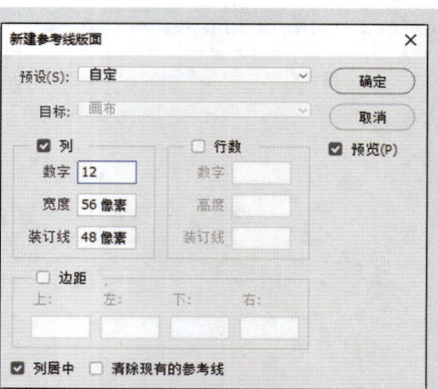

图7-53

（3）选择"矩形"工具 ，在属性栏的"选择工具模式"选项中选择"形状"，将"填充"颜色设为淡紫色（241、242、251），"描边"颜色设为无，在图像窗口中绘制一个与页面大小相等的矩形，效果如图7-54所示。"图层"面板中会生成新的形状图层"矩形1"。

（4）选择"视图>新建参考线"命令，在距离页面顶部56像素的位置新建一条水平参考线，设置如图7-55所示，单击"确定"按钮。使用相同的方法，在距离上一条参考线45像素的位置新建一条水平参考线，设置如图7-56所示，单击"确定"按钮。

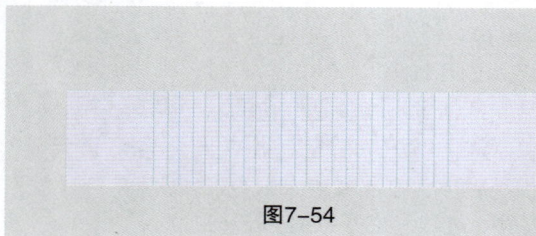

图7-54

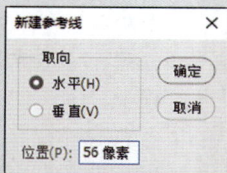

图7-55

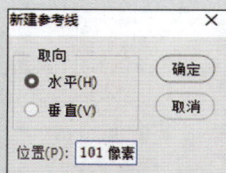

图7-56

（5）选择"横排文字"工具 ，在图像窗口中输入需要的文字并选取文字。选择"窗口>字符"命令，打开"字符"面板，在"字符"面板中将"颜色"设为深灰色（4、5、7），其他选项的设置如图7-57所示。按Enter键确定操作，效果如图7-58所示。"图层"面板中会生成新的文字图层。

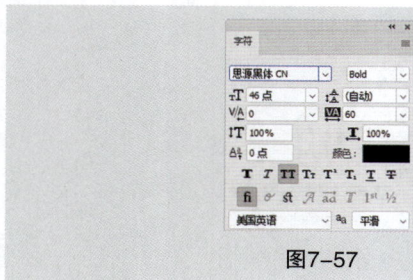

图7-57

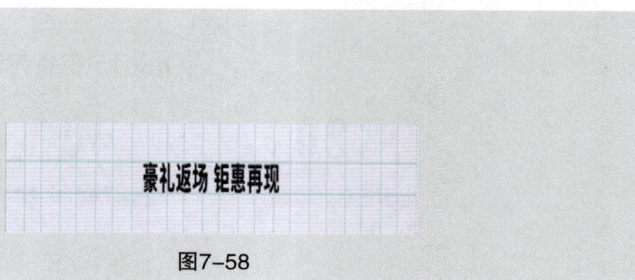

豪礼返场 钜惠再现

图7-58

（6）使用上述方法，分别在距离上一条参考线56像素和244像素的位置新建两条水平参考线。

选择"圆角矩形"工具 ，在图像窗口中适当的位置绘制一个圆角矩形，"图层"面板中会生成新的形状图层"圆角矩形1"。在"属性"面板中将"填充"颜色设为白色，"描边"颜色设为无，其他选项的设置如图7-59所示，效果如图7-60所示。

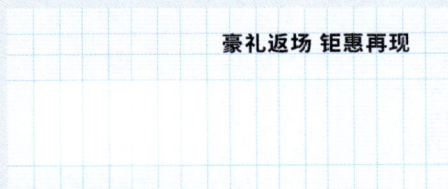

图7-59　　　　　　　　　　　　　　图7-60

（7）选择"椭圆"工具 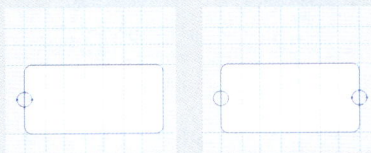，按住Alt键的同时，在图像窗口中拖曳鼠标指针绘制一个椭圆形，按住鼠标左键不放，按住Shift键，使其变成圆形，效果如图7-61所示。选择"路径选择"工具 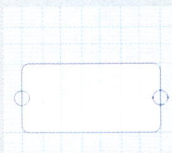，按住Alt+Shift组合键的同时，水平向右复制形状到适当的位置，效果如图7-62所示。

（8）单击"图层"面板下方的"添加图层样式"按钮 *fx.*，在弹出的菜单中选择"内发光"命令。在弹出的对话框中进行设置，如图7-63所示。

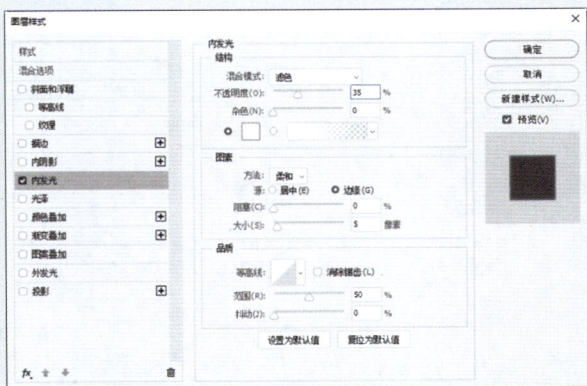

图7-61　　　　　图7-62　　　　　　　　　　　　图7-63

（9）选择对话框左侧的"渐变叠加"选项，切换到相应的界面，单击"点按可编辑渐变"按钮，弹出"渐变编辑器"对话框，设置3个位置点颜色的RGB值分别为0（234、192、137）、50（254、245、215）、100（234、192、137），如图7-64所示。单击"确定"按钮，返回"图层样式"对话框，其他选项的设置如图7-65所示。单击"确定"按钮。

（10）按Ctrl+J组合键，复制图层，"图层"面板中会生成新的形状图层"圆角矩形1拷贝"。按Ctrl+T组合键，图像周围会出现变换框，按住Alt+Shift组合键的同时，向内拖曳右上角的控制手柄到适当的位置，按Enter键确定操作，效果如图7-66所示。

（11）单击"图层"面板下方的"添加图层样式"按钮 *fx.*，在弹出的菜单中选择"内阴影"命令。在弹出的对话框中进行设置，如图7-67所示。取消勾选对话框左

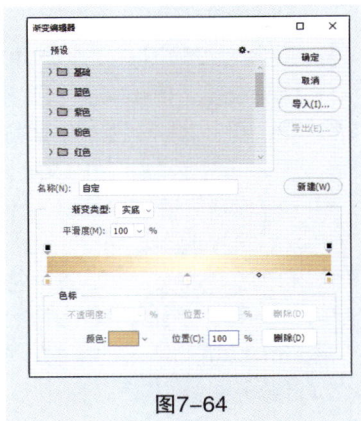

图7-64

侧"内发光"选项前的复选框，取消内发光效果的应用。单击"确定"按钮，效果如图7-68所示。

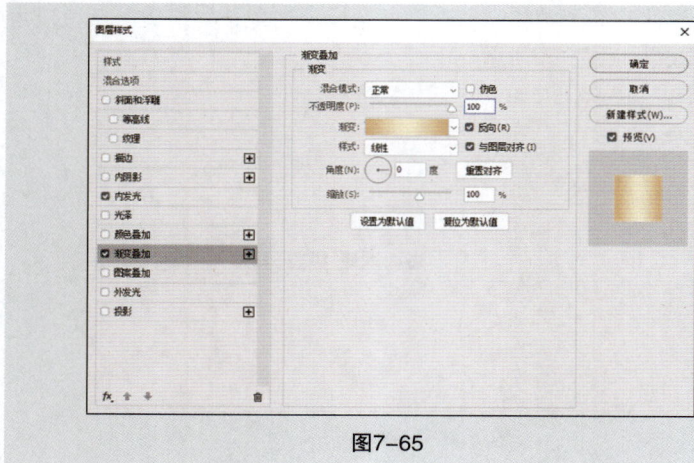

图7-65

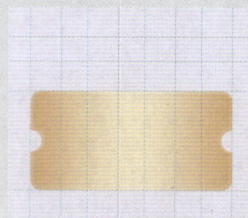

图7-66

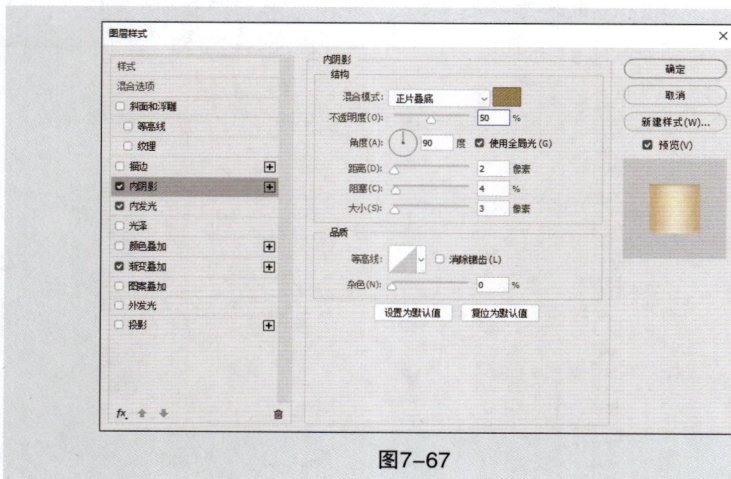

图7-67

图7-68

（12）选择"横排文字"工具 T，在图像窗口中分别输入需要的文字并选取文字。在"字符"面板中将"颜色"设为深蓝色（31、30、46）和深灰色（4、5、7），并设置合适的字体和字号。按Enter键确定操作，效果如图7-69所示。"图层"面板中会分别生成新的文字图层。

（13）选择"圆角矩形"工具 ，在图像窗口中适当的位置绘制一个圆角矩形，"图层"面板中会生成新的形状图层"圆角矩形2"。在"属性"面板中将"填充"颜色设为深灰色（4、5、7），"描边"颜色设为无，其他选项的设置如图7-70所示，效果如图7-71所示。

（14）选择"横排文字"工具 T，在图像窗口中输入需要的文字并选取文字。在"字符"面板中将"颜色"设为白色，并设置合适的字体和字号。按Enter键确定操作，效果如图7-72所示。"图层"面板中会生成新的文字图层。

（15）选择"文件>置入嵌入对象"命令，弹出"置入嵌入的对象"对话框，选择云盘中的"Ch07>7.4.3课堂案例——护肤品优惠券设计>素材>01"文件。单击"置入"按钮，将图标置入图像窗口中，将"01"图片拖曳到适当的位置并调整大小。按Enter键确定操作，效果如图7-73所示。"图层"面板中会生成新的图层，将其命名为"向右"。

（16）按住Shift键的同时，单击"圆角矩形 1"图层，将需要的图层同时选取，按Ctrl+G组合键，群组图层并将其命名为"券 1"，如图7-74所示。使用上述的方法制作"券 2"和"券 3"图层组，效果如图7-75所示。按住Shift键的同时，单击"矩形 1"图层，将需要的图层同时选取，按Ctrl+G组合键，群组图层并将其命名为"优惠券"。护肤品优惠券制作完成。

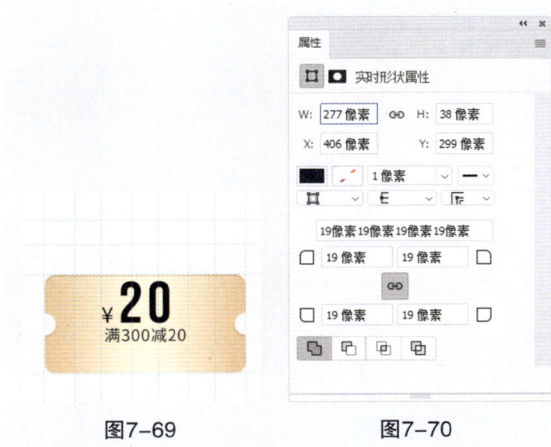

图7-69

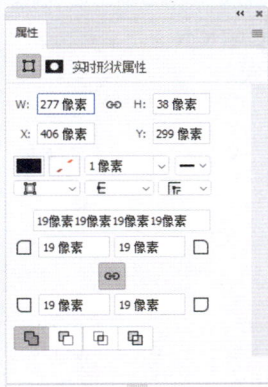

图7-70

图7-71

图7-72

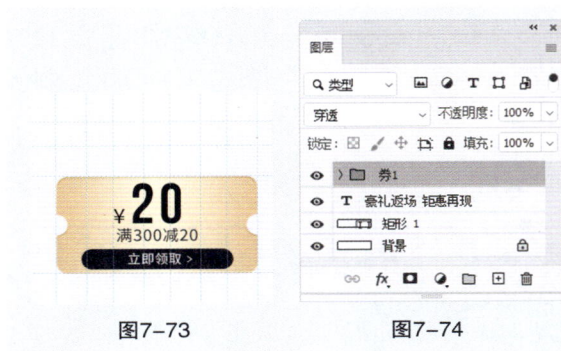

图7-73

图7-74

图7-75

7.5 分类导航设计

分类导航位于轮播海报或优惠券下方，后台装修的分类导航只能以纯文本形式显示，视觉效果比较单一，因此电商设计师可以根据店铺风格制作出美观的分类导航。下面对分类导航的设计进行详细讲解。

7.5.1 分类导航的基本概念

分类导航即展示店铺商品类别的模块，通常用于引导消费者购买商品。优秀的分类导航可以起到提高购买效率、改善消费者购物体验的作用。分类导航示例如图7-76所示。

图7-76

CLASSIFICATION

产品分类

| 沙发 | 茶几 | 客厅 | 椅子 | 软床 | 餐桌 |
| 斗柜 | 电视柜 | 主人椅 | 书桌 | 客人凳 | 更多产品 |

图7-76（续）

7.5.2　分类导航的设计规则

　　分类导航的设计需要符合店铺的整体装修风格。字体为黑体或粗宋，图标风格需要统一。如果是横向分类的，图片的宽度应该控制在950像素以内；如果是纵向分类的，图片的高度应该控制在150像素以内。另外，图标、图片与文案应该相互呼应。

7.5.3　课堂案例——护肤品分类导航设计

　　【案例设计要求】
　　1. 运用 Photoshop 制作护肤品分类导航。
　　2. 视觉表现应与 7.2.3 节课堂案例的设计风格保持一致。
　　3. 制作的设计文件应符合电商设计的制作规范与制作标准。
　　【案例设计理念】在设计过程中，围绕主体物护肤品发挥创意。背景为纯色与图片相结合的形式，营造出时尚的氛围。色彩主要选取槿紫色和深蓝色，给人高端和大气的感觉。字体选用黑体，起到了呼应主题的作用。整体设计充满特色，契合主题。最终效果查看"云盘 /Ch07/7.5.3 课堂案例——护肤品分类导航设计 / 工程文件 .psd"，如图 7-77 所示。
　　【案例学习目标】学习使用绘图工具、文字工具制作护肤品分类导航。
　　【案例知识要点】使用"新建参考线版面"命令建立参考线版面，使用"置入嵌入对象"命令置入图片，使用"横排文字"工具添加文字，使用"矩形"工具、"直线"工具和"圆角矩形"工具绘制基本形状，使用"创建剪贴蒙版"命令调整图片显示区域。

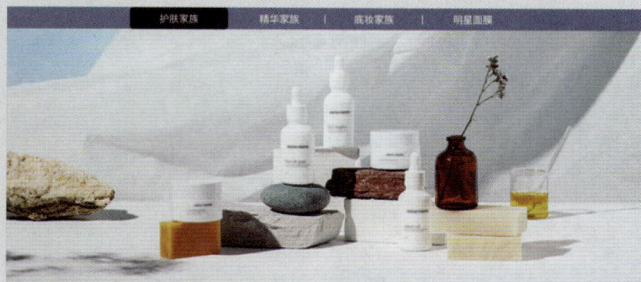

扫码观看
本案例视频1

扫码观看
本案例视频2

图7-77

　　（1）按Ctrl+N组合键，弹出"新建文档"对话框，设置"宽度"为1920像素，"高度"为866像素，"分辨率"为72像素/英寸，"背景内容"为白色，如图7-78所示，单击"创建"按钮，新建一个文档。

（2）选择"视图 > 新建参考线版面"命令，弹出"新建参考线版面"对话框，勾选"列"复选框，设置"数字"为12，"宽度"为56像素，"装订线"为48像素，如图7-79所示。单击"确定"按钮，完成参考线版面的创建。

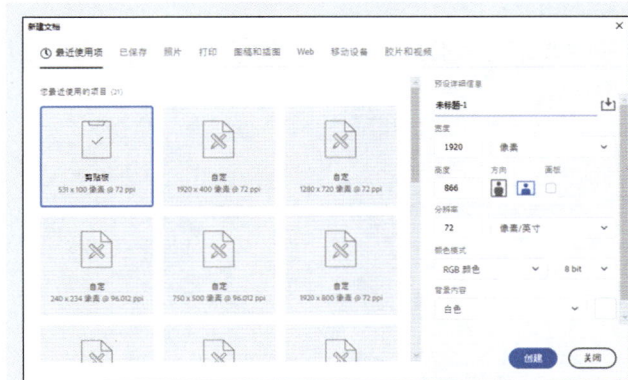

图7-78

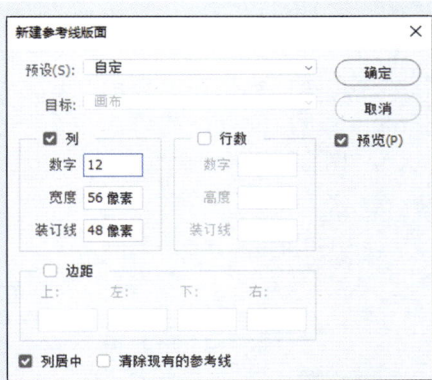

图7-79

（3）选择"视图>新建参考线"命令，在距离页面顶部66像素的位置新建一条水平参考线，设置如图7-80所示，单击"确定"按钮。选择"矩形"工具 □，在属性栏的"选择工具模式"选项中选择"形状"，将"填充"颜色设为槿紫色（110、122、164），"描边"颜色设为无。在图像窗口中适当的位置绘制一个矩形，效果如图7-81所示。"图层"面板中会生成新的形状图层"矩形1"。

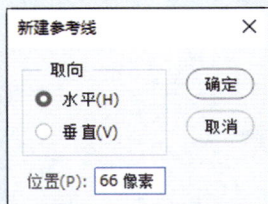

图7-80

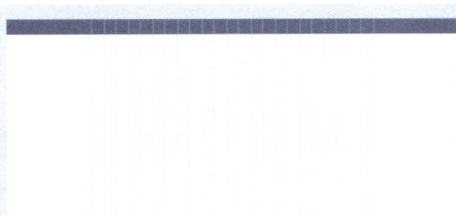

图7-81

（4）选择"圆角矩形"工具 □，在图像窗口中适当的位置绘制一个圆角矩形，"图层"面板中会生成新的形状图层"圆角矩形1"。在"属性"面板中将"填充"颜色设为深蓝色（31、30、46），"描边"颜色设为无，其他选项的设置如图7-82所示，效果如图7-83所示。

图7-82

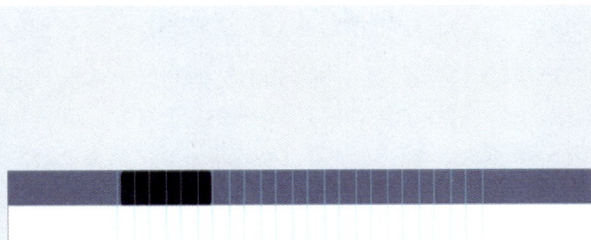

图7-83

（5）选择"横排文字"工具 T，在图像窗口中分别输入需要的文字并选取文字。选择"窗口 > 字符"命令，打开"字符"面板，在"字符"面板中将"颜色"设为白色，并设置合适的字体和字号，按Enter键确定操作，效果如图7-84所示。"图层"面板中会分别生成新的文字图层。

（6）选择"直线"工具 ╱，在属性栏中将"填充"颜色设为白色，"描边"颜色设为无，"粗细"设为2像素。按住Shift键的同时，在图像窗口中适当的位置绘制一条直线，效果如图7-85所示。"图层"面板中会生成新的形状图层"形状1"。

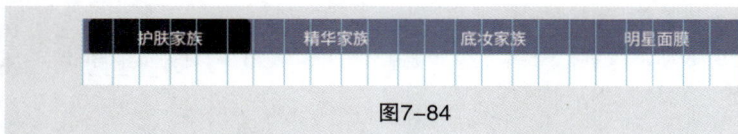
图7-84

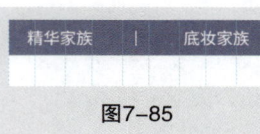
图7-85

（7）选择"移动"工具 ⊕，按住Alt+Shift组合键的同时，水平向右复制刚才绘制的直线到适当的位置，效果如图7-86所示。选择"背景"图层，选择"矩形"工具 ▭，在属性栏中将"填充"颜色设为白色，"描边"颜色设为无。在图像窗口中适当的位置绘制一个矩形，效果如图7-87所示。"图层"面板中会生成新的形状图层"矩形2"。

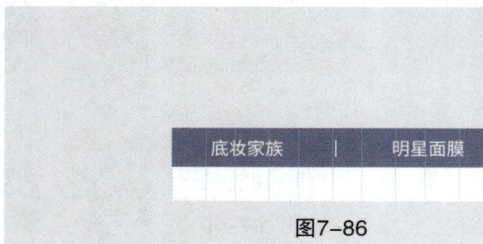
图7-86

图7-87

（8）选择"文件>置入嵌入对象"命令，弹出"置入嵌入的对象"对话框，选择云盘中的"Ch07>7.5.3课堂案例——护肤品分类导航设计>素材>01"文件。单击"置入"按钮，将图片置入图像窗口中，拖曳图片到适当的位置并调整大小，按Enter键确定操作，"图层"面板中会生成新的图层，将其命名为"护肤"。按Ctrl+Alt+G组合键，为图层创建剪贴蒙版，效果如图7-88所示。

（9）单击"图层"面板下方的"创建新的填充或调整图层"按钮 ◐，在弹出的菜单中选择"亮度/对比度"命令，"图层"面板中会生成"亮度/对比度1"图层，同时在弹出的面板中进行设置，如图7-89所示。

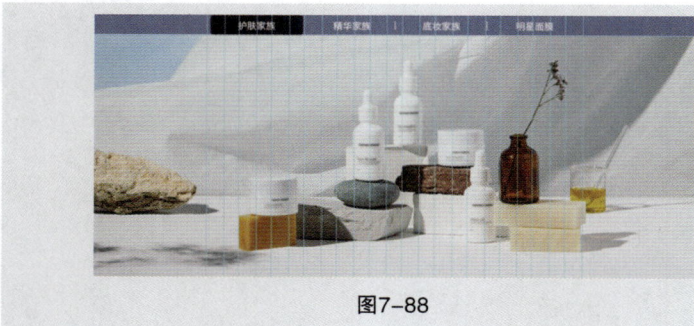
图7-88

图7-89

（10）选择"形状1拷贝"图层，按住Shift键的同时，单击"矩形2"图层，将需要的图层同时选取，按Ctrl+G组合键，群组图层并将其命名为"分类"，如图7-90所示，效具如图7-91所示。护肤品分类导航制作完成。

图7-90

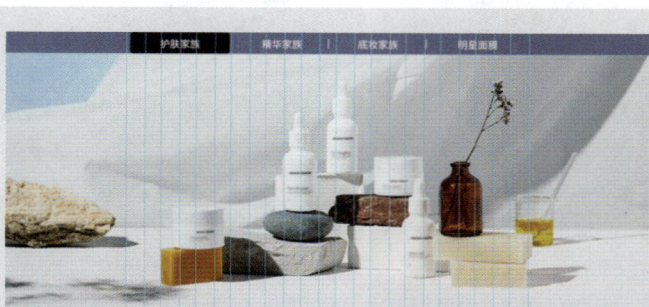
图7-91

7.6 商品展示设计

商品展示位于优惠券或分类导航下方，可以向消费者直接展示店铺想要推荐的商品。下面对商品展示的设计进行详细讲解。

7.6.1 商品展示的基本概念

商品展示即商品的展示区域，通常用于向消费者展示"爆款"商品、新上架商品和推荐商品等。优秀的商品展示可以起到引导消费者购买、促进商品销售的作用。商品展示示例如图7-92所示。

图7-92

7.6.2 商品展示的设计规则

商品展示中，标题的设计形式通常有图形形式、图片形式或文案形式，如图7-93所示。商品展示区域的商品可以是店铺中美观且有代表性的商品，除此之外，还可以是临近下架的商品，以此获得优先展示的机会。关联的素材和整体背景需要相互搭配，并且要符合店铺的风格。

图7-93

　　另外，商品展示的布局方式通常分为整体模块布局、主次模块布局和自由模块布局，如图7-94所示。

（a）整体模块布局　　　　　　（b）主次模块布局　　　　　　（c）自由模块布局

图7-94

7.6.3　课堂案例——护肤品商品展示设计

【案例设计要求】
1. 运用 Photoshop 制作护肤品商品展示。
2. 视觉表现应与 7.2.3 节课堂案例的设计风格保持一致。
3. 制作的设计文件应符合电商设计的制作规范与制作标准。

【案例设计理念】在设计过程中，围绕主体物护肤品发挥创意。背景为纯色，确保内容易读。色彩主要选取深灰色、淡紫色和深蓝色，给人舒适、高端和大气的感觉。字体选用黑体，起到呼应主题的作用。整体设计充满特色，契合主题。最终效果查看"云盘 /Ch07/7.6.3 课堂案例——护肤品商品展示设计 / 工程文件 .psd"，如图 7-95 所示。

扫码观看
本案例视频

【案例学习目标】学习使用绘图工具、文字工具制作护肤品商品展示。
【案例知识要点】使用"新建参考线版面"命令建立参考线版面，使用"置入嵌入对象"命令置入图片，使用"横排文字"工具添加文字，使用"矩形"工具、"多边形"工具和"圆角矩形"工具绘制基本形状，使用"创建剪贴蒙版"命令调整图片显示区域。

图7-95

（1）按Ctrl+N组合键，弹出"新建文档"对话框，设置"宽度"为1920像素，"高度"为4358像素，"分辨率"为72像素/英寸，"背景内容"为白色，如图7-96所示，单击"创建"按钮，新建一个文档。

（2）选择"视图>新建参考线版面"命令，弹出"新建参考线版面"对话框，勾选"列"复选框，设置"数字"为12，"宽度"为56像素，"装订线"为48像素，如图7-97所示。单击"确定"按钮，完成参考线版面的创建。

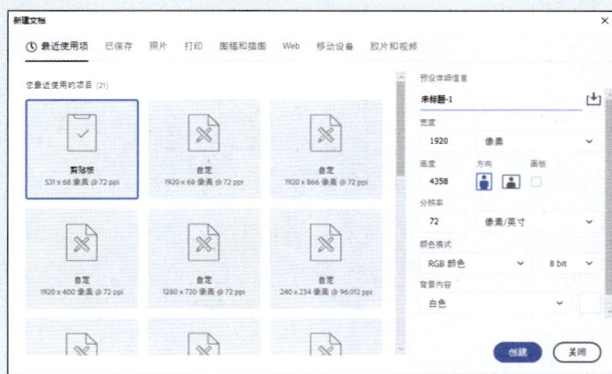

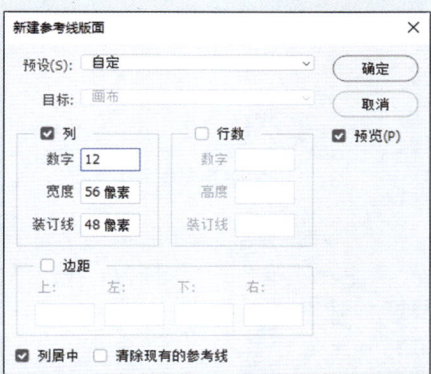

图7-96	图7-97

（3）选择"视图>新建参考线"命令，在距离页面顶部1664像素的位置新建一条水平参考线，设置如图7-98所示，单击"确定"按钮。

（4）选择"矩形"工具 ▢，在属性栏的"选择工具模式"选项中选择"形状"，将"填充"颜色设为淡紫色（241、242、251），"描边"颜色设为无。在图像窗口中适当的位置绘制一个矩形，效果如图7-99所示。"图层"面板中会生成新的形状图层"矩形1"。

（5）选择"视图>新建参考线"命令，分别在距离页面顶部56像素和166像素的位置新建两条水平参考线。选择"圆角矩形"工具 ▢，在图像窗口中适当的位置绘制一个圆角矩形，"图层"面板中会生成新的形状图层"圆角矩形1"。在"属性"面板中进行设置，如图7-100所示。

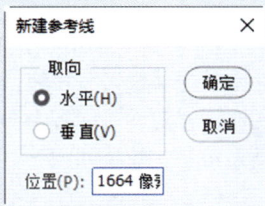

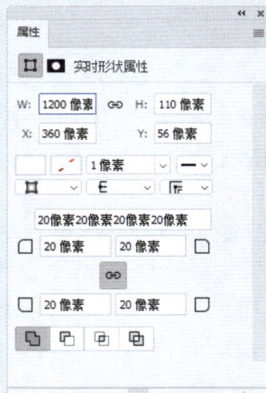

图7-98	图7-99	图7-100

（6）单击"图层"面板下方的"添加图层样式"按钮 _fx_，在弹出的菜单中选择"渐变叠加"命令。在弹出的对话框中单击"点按可编辑渐变"按钮 ▮▮▮ ，弹出"渐变编辑器"对话框，分别设置3个位置点颜色的RGB值分别为0（234、192、137）、50（254、245、215）、100（234、192、137），如图7-101所示。单击"确定"按钮，返回"图层样式"对话框，其他选项的设置如图7-102所示。单击"确定"按钮，为形状添加渐变效果。

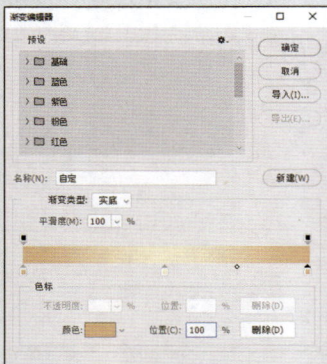

图7-101

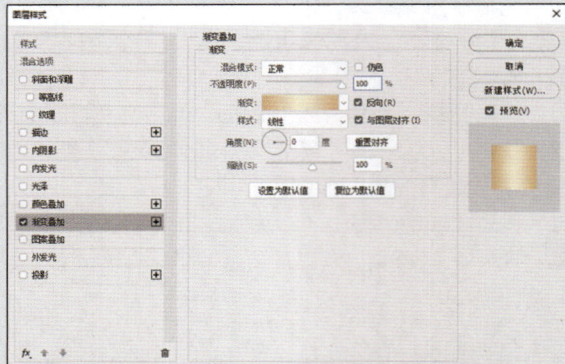

图7-102

（7）选择"横排文字"工具 T.，在图像窗口中输入需要的文字并选取文字。选择"窗口 > 字符"命令，打开"字符"面板，在"字符"面板中将"颜色"设为深灰色（4、5、7），并设置合适的字体和字号，按Enter键确定操作，效果如图7-103所示。"图层"面板中会生成新的文字图层。

（8）使用上述方法分别在距离上一条参考线56像素和702像素的位置新建两条水平参考线。选择"圆角矩形"工具 ，在属性栏中将"填充"颜色设为白色，"描边"颜色设为灰色（191、191、191），"描边"粗细设为4像素，"半径"设为20像素。在图像窗口中适当的位置绘制一个圆角矩形，效果如图7-104所示。"图层"面板中会生成新的形状图层"圆角矩形2"。

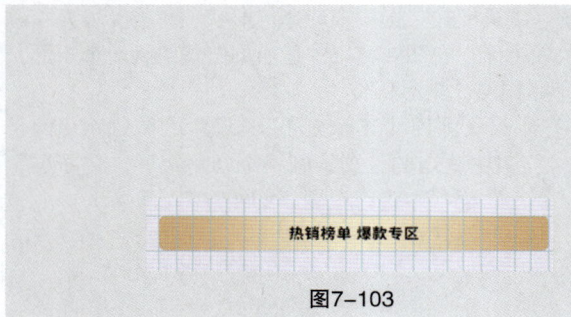

图7-103

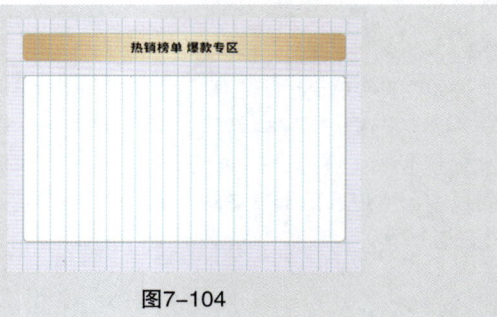

图7-104

（9）选择"矩形"工具 ，在属性栏中将"填充"颜色设为白色，"描边"颜色设为无。在图像窗口中适当的位置绘制一个矩形，效果如图7-105所示。"图层"面板中会生成新的形状图层"矩形2"。

（10）选择"文件>置入嵌入对象"命令，弹出"置入嵌入的对象"对话框，选择云盘中的"Ch07>7.6.3课堂案例——护肤品商品展示设计>素材>01"文件，单击"置入"按钮，将图片置入图像窗口中。将"01"图片拖曳到适当的位置，按Enter键确定操作，"图层"面板中会生成新的图层，将其命名为"洗面奶"。按Ctrl+Alt+G组合键，为图层创建剪贴蒙版，效果如图7-106所示。

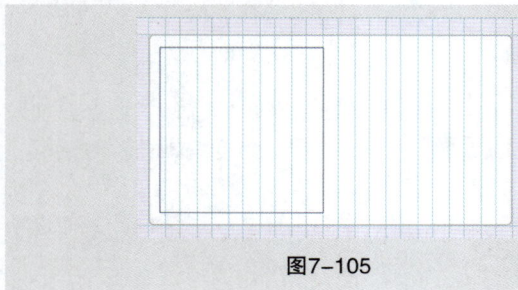

图7-105

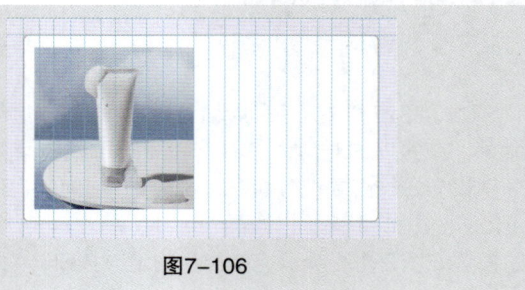

图7-106

（11）单击"图层"面板下方的"创建新的填充或调整图层"按钮 ◉.，在弹出的菜单中选择"亮度/对比度"命令，"图层"面板中会生成"亮度/对比度1"图层，同时在弹出的面板中进行设置，如图7-107所示。按Enter键确定操作，效果如图7-108所示。

（12）选择"横排文字"工具 T.，在图像窗口中分别输入需要的文字并选取文字。在"字符"面板中将"颜色"分别设为槿紫色（110、122、164）、深蓝色（31、30、46）和深灰色（4、5、7），并分别设置合适的字体和字号，按Enter键确定操作，效果如图7-109所示。"图层"面板中会分别生成新的文字图层。

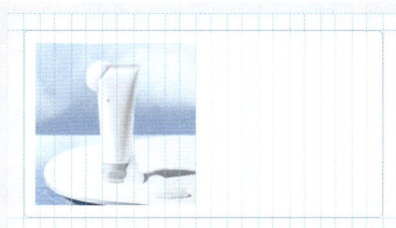
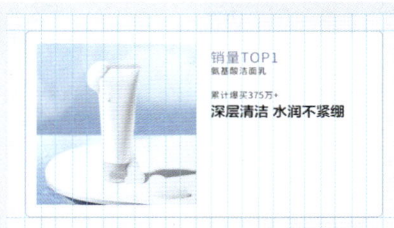

图7-107　　　　　　　　图7-108　　　　　　　　图7-109

（13）选择"多边形"工具 ◉.，在属性栏中将"边数"设为6，单击"设置其他形状和路径选项"按钮 ✿.，在弹出的面板中进行设置，如图7-110所示。按住Shift键的同时，在图像窗口中适当的位置绘制一个多边形，"图层"面板中会生成新的形状图层"多边形1"。在属性栏中将"填充"颜色设为槿紫色（110、122、164），效果如图7-111所示。

（14）选择"横排文字"工具 T.，在图像窗口中分别输入需要的文字并选取文字。在"字符"面板中将"颜色"分别设为白色、深蓝色（31、30、46）和深灰色（4、5、7），并分别设置合适的字体和字号，按Enter键确定操作，效果如图7-112所示。"图层"面板中会分别生成新的文字图层。

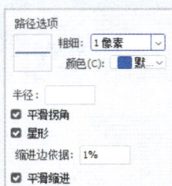

图7-110　　　　　　　　图7-111　　　　　　　　图7-112

（15）使用上述方法绘制形状、输入文字并置入图片，效果如图7-113所示。按住Shift键的同时，单击"圆角矩形2"图层，将需要的图层同时选取。按Ctrl+G组合键，群组图层并将其命名为"TOP1"，如图7-114所示。

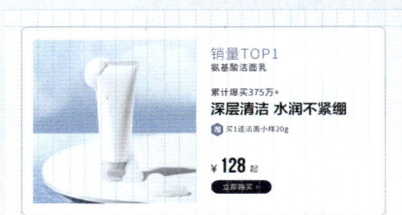

图7-113　　　　　　　　　　图7-114

（16）使用上述方法制作"TOP2"和"TOP3"图层组，效果如图7-115所示。按住Shift键的同时，单击"矩形1"图层，将需要的图层和图层组同时选取。按Ctrl+G组合键，群组图层和图层组并将其命名为"热销榜单"，如图7-116所示。

（17）使用上述方法制作"新品上市"图层组，效果如图7-117所示。按住Shift键的同时，单击"热销榜单"图层组，将需要的图层组同时选取。按Ctrl+G组合键，群组图层组并将其命名为"商品展示"，如图7-118所示。护肤品商品展示制作完成。

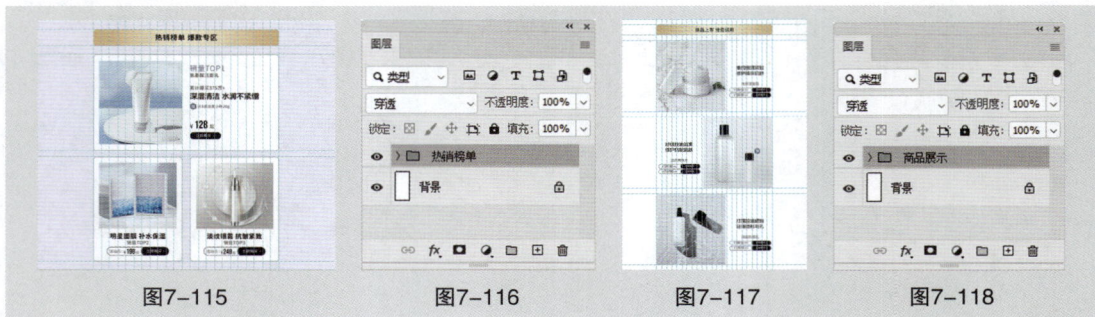

| 图7-115 | 图7-116 | 图7-117 | 图7-118 |

7.7 底部信息设计

底部信息虽然位于店铺首页的底部，但是店铺首页不可缺少的部分。下面对底部信息的设计进行详细讲解。

7.7.1 底部信息的基本概念

底部信息即展示其他信息的模块，通常用于展示店铺品牌故事、购物须知和店铺公告等信息。优秀的底部信息可以起到补充说明、挽留消费者的作用。底部信息示例如图7-119所示。

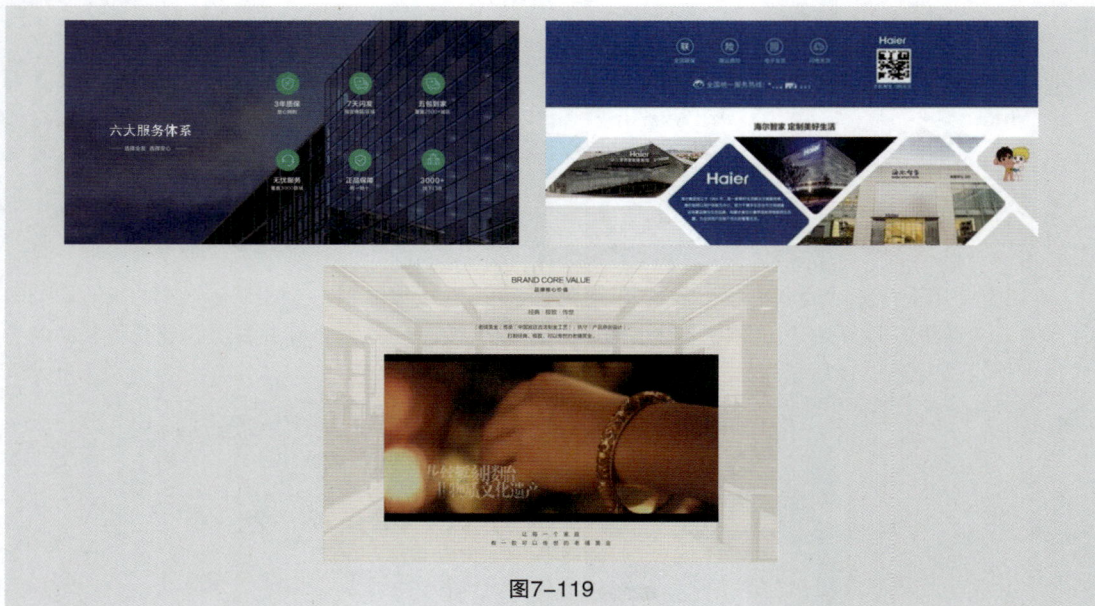

图7-119

7.7.2 底部信息的设计规则

底部信息的主要功能是在为消费者提供方便的同时体现店铺的优质服务。店铺首页的底部信息整体布局应简洁明确，须使用简短的文字和具有代表性的图片来传递相关的信息。

7.7.3　课堂案例——护肤品底部信息设计及模块合并

扫码观看
本案例视频

图7-120

1. 制作护肤品底部信息

（1）按Ctrl+N组合键，弹出"新建文档"对话框，设置"宽度"为1920像素，"高度"为663像素，"分辨率"为72像素/英寸，"背景内容"为白色，如图7-121所示，单击"创建"按钮，新建一个文档。

（2）选择"视图>新建参考线版面"命令，弹出"新建参考线版面"对话框，勾选"列"复选框，设置"数字"为12，"宽度"为56像素，"装订线"为48像素，如图7-122所示。单击"确定"按钮，完成参考线版面的创建。

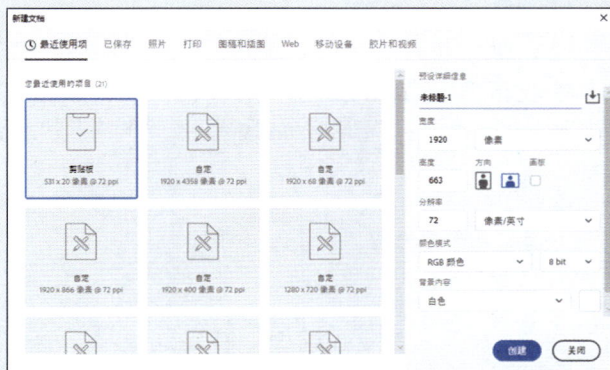

图7-121

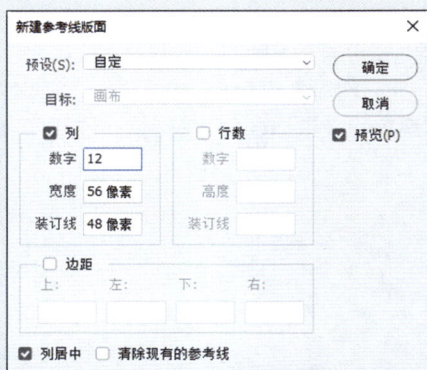

图7-122

（3）选择"视图 > 新建参考线"命令，在距离页面底部581像素的位置新建一条水平参考线，设置如图7-123所示，单击"确定"按钮。

（4）选择"矩形"工具 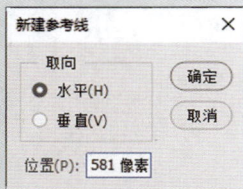，在属性栏的"选择工具模式"选项中选择"形状"，将"填充"颜色设为白色，"描边"颜色设为无。在图像窗口中适当的位置绘制一个矩形，如图7-124所示。"图层"面板中会生成新的形状图层"矩形1"。

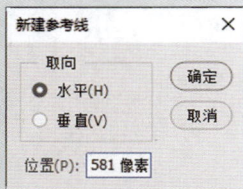

图7-123

图7-124

（5）单击"图层"面板下方的"添加图层样式"按钮 fx，在弹出的菜单中选择"渐变叠加"命令。在弹出的对话框中单击"点按可编辑渐变"按钮 ，弹出"渐变编辑器"对话框，分别设置3个位置点颜色的RGB值分别为0（234、192、137）、50（254、245、215）、100（234、192、137），如图7-125所示。单击"确定"按钮，返回"图层样式"对话框，其他选项的设置如图7-126所示。单击"确定"按钮，为形状添加渐变效果。

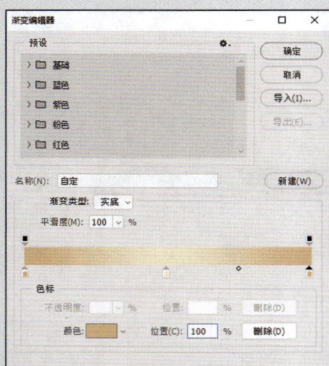

图7-125

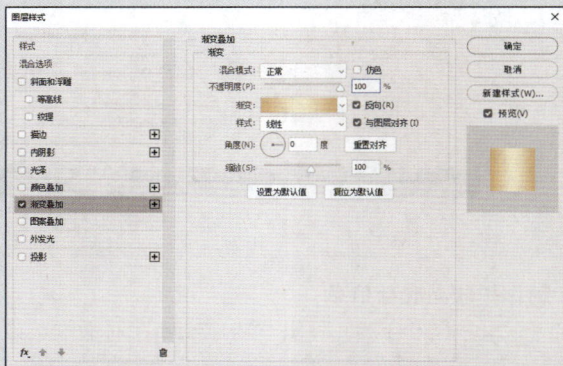

图7-126

（6）选择"视图>新建参考线"命令，分别在距离页面顶部56像素和114像素的位置新建两条水平参考线。选择"横排文字"工具 T，在图像窗口中分别输入需要的文字并选取文字。选择"窗口>字符"命令，打开"字符"面板，在"字符"面板中将"颜色"设为深灰色（4、5、7），并分别设置合适的字体和字号，按Enter键确定操作，效果如图7-127所示。"图层"面板中会分别生成新的文字图层。

（7）选择"矩形"工具 ，在属性栏中将"填充"颜色设为白色，"描边"颜色设为无。在图像窗口中适当的位置绘制一个矩形，效果如图7-128所示。"图层"面板中会生成新的形状图层"矩形2"。

图7-127

图7-128

（8）选择"文件>置入嵌入对象"命令，弹出"置入嵌入的对象"对话框，选择云盘中的"Ch07>7.7.3课堂案例——护肤品底部信息设计>素材>01"文件，单击"置入"按钮，将图片置入图像窗口中。将"01"图片拖曳到适当的位置，按Enter键确定操作，"图层"面板中会生成新的图层，将其命名为"元素"。按Ctrl+Alt+G组合键，为图层创建剪贴蒙版，效果如图7-129所示。

（9）选择"横排文字"工具 **T.**，在图像窗口中拖曳鼠标指针生成文本框，输入需要的文字并选取文字。在"字符"面板中将"颜色"设为深灰色（4、5、7），并设置合适的字体和字号，按Enter键确定操作，效果如图7-130所示。"图层"面板中会生成新的文字图层。

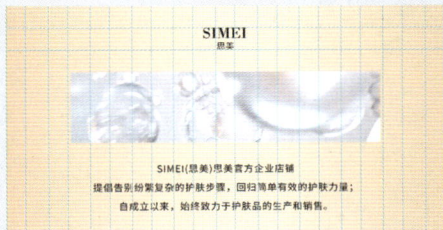

图7-129　　　　　　　　　　　　　　图7-130

（10）选择"矩形"工具 **□.**，在属性栏中将"填充"颜色设为深蓝色（31、30、46），"描边"颜色设为无。在图像窗口中适当的位置绘制一个矩形，如图7-131所示。"图层"面板中会生成新的形状图层"矩形3"。

（11）选择"圆角矩形"工具 **□.**，在属性栏中将"填充"颜色设为白色，"描边"颜色设为无，"半径"设为17像素。在图像窗口中适当的位置绘制一个圆角矩形，"图层"面板中会生成新的形状图层"圆角矩形1"，效果如图7-132所示。使用上述方法为形状添加渐变叠加效果并输入文字，效果如图7-133所示。

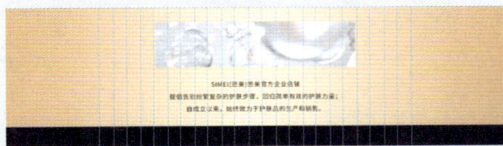

图7-131　　　　　　　　　图7-132　　　　　　　　　图7-133

（12）按住Shift键的同时，单击"矩形1"图层，将需要的图层同时选取。按Ctrl+G组合键，群组图层并将其命名为"底部信息"，如图7-134所示，效果如图7-135所示。护肤品底部信息制作完成。

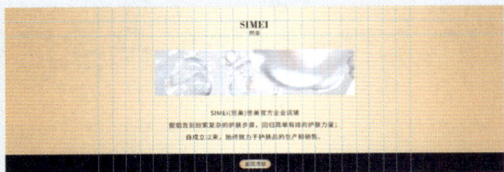

图7-134　　　　　　　　　　　　　　图7-135

2. 模块合并

（1）按Ctrl+N组合键，弹出"新建文档"对话框，设置"宽度"为1920像素，"高度"为7238像素，"分辨率"为72像素/英寸，"颜色模式"为RGB颜色，"背景内容"为白色，如图7-136所示，单击"创建"按钮，新建一个文档。

（2）按Ctrl+O组合键，弹出"打开文件"对话框，选择云盘中的"Ch07>7.2.3课堂案例——护肤品店招导航设计>工程文件.psd"文件，单击"打开"按钮，打开文件。拖曳文件中的"店招导航"图层组到新建的图像窗口中的适当位置。使用相同的方法，分别将上述制作完成的模块拖曳到新建的图像窗口中，效果如图7-137所示，"图层"面板中各图层组的顺序如图7-138所示。

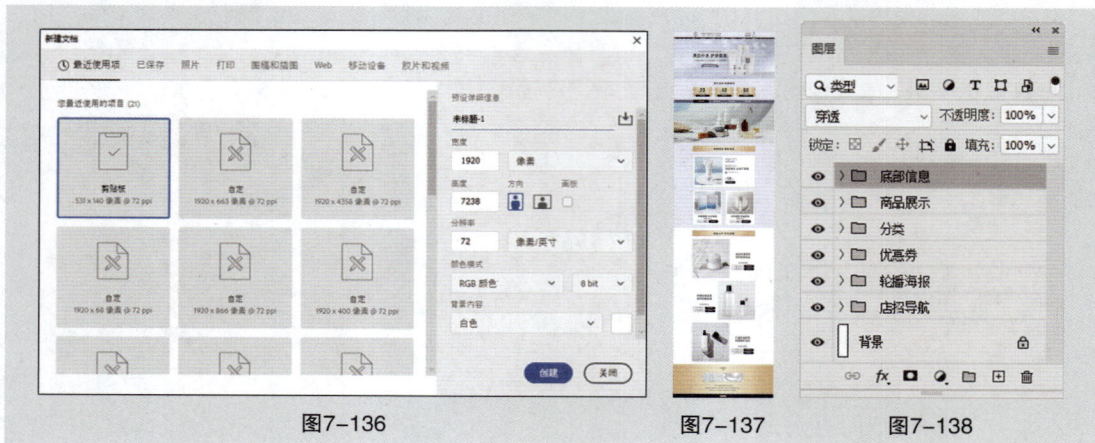

图7-136　　　　　　　　　图7-137　　　　　　图7-138

（3）选择"文件>导出>存储为Web所用格式（旧版）"命令，在弹出的对话框中进行设置，如图7-139所示，单击"存储"按钮，导出效果图。PC端护肤品店铺首页制作完成。

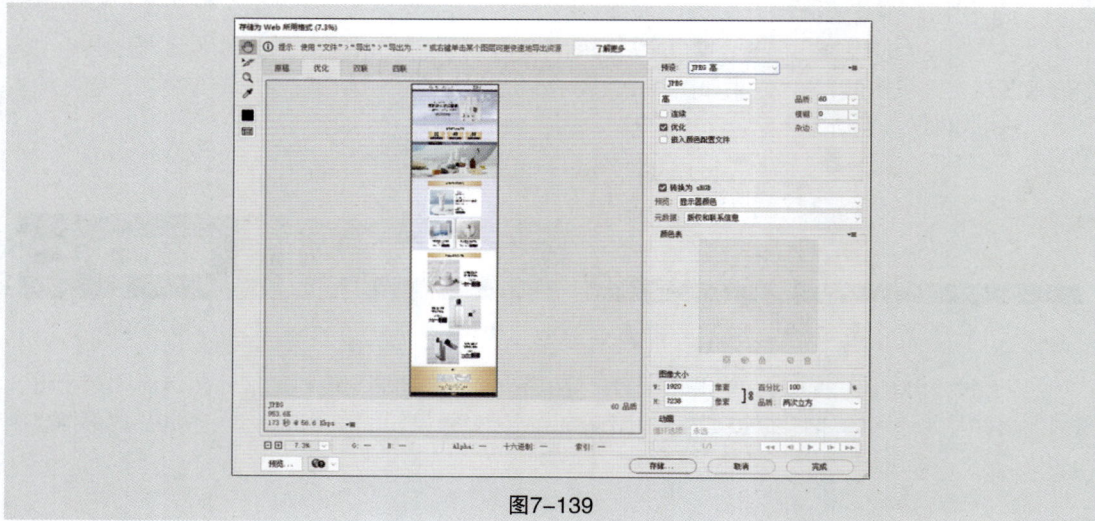

图7-139

7.8　课堂练习——数码产品店铺首页设计

【案例设计要求】
1. 运用 Photoshop 制作数码产品店铺首页。
2. 视觉表现应体现出数码产品的设计风格，契合数码产品的设计主题。
3. 制作的设计文件应符合电商设计的制作规范与制作标准。
【案例学习目标】学习使用绘图工具、文字工具制作数码产品店铺首页，最终效果如图 7-140 所示。

图7-140

7.9　课后习题——新中式家具店铺首页设计

【案例设计要求】

1. 运用 Photoshop 制作新中式家具店铺首页。
2. 视觉表现应体现出新中式家具的设计风格，契合新中式家具的设计主题。
3. 制作的设计文件应符合电商设计的制作规范与制作标准。

【案例学习目标】学习使用绘图工具、文字工具制作新中式家具店铺首页，最终效果如图 7-141 所示。

图7-141

扫码观看
本案例视频1

扫码观看
本案例视频2

扫码观看
本案例视频3

扫码观看
本案例视频4

扫码观看
本案例视频5

扫码观看
本案例视频6

第8章

08 移动端店铺首页设计

▶ **本章介绍**

　　随着移动互联网的快速发展，消费者在移动端电商平台进行网购已经成为主流现象。因此，移动端店铺首页的设计对于所有商家而言都至关重要，是电商设计中的核心工作。本章针对移动端店铺首页设计的基础知识进行系统讲解，同时针对流行风格与典型行业的移动端店铺首页进行设计演示。通过对本章的学习，读者可以对移动端店铺首页的设计有一个系统的认识，并快速掌握移动端店铺首页的设计规范和制作方法，成功制作出能够激发消费者购买欲望的移动端店铺首页。

知识目标

1. 了解移动端店铺的概况
2. 明确移动端店铺首页的模块结构

能力目标

1. 明确移动端店铺首页的设计思路
2. 掌握移动端店铺首页的制作方法

素养目标

1. 培养良好的移动端店铺首页设计习惯
2. 培养对移动端店铺首页的审美鉴赏能力
3. 培养对移动端店铺首页的创意设计能力

慕课视频

移动端店铺
首页设计

8.1 移动端店铺概述

移动端网购的便利性和普遍性，促使着各大商家大力发展移动端店铺。如今消费者在移动端店铺购物已经成为主流现象。下面分别从移动端店铺设计的必要性、移动端店铺与PC端店铺的区别和移动端店铺的设计关键点3个方面进行讲解，帮助读者了解移动端店铺。

8.1.1 移动端店铺设计的必要性

随着移动互联网的快速发展，大众使用移动设备上网的时间远远超过使用计算机。淘宝、京东、一条等各大电商平台适应时代趋势，相继开发App以便于广大消费者使用移动设备进行购物。移动设备有着方便灵活的特点，极大地满足了消费者可以随时随地进行购物的需求。如今，通过移动设备进行购物的消费者数量不断增多，甚至在重大节假日，通过移动设备进行购物的消费者数量已经远超通过计算机进行购物的消费者。因此，手机作为最常用的移动设备之一，移动端店铺的设计对所有商家而言都至关重要。图8-1所示为设计精美的移动端店铺示例。

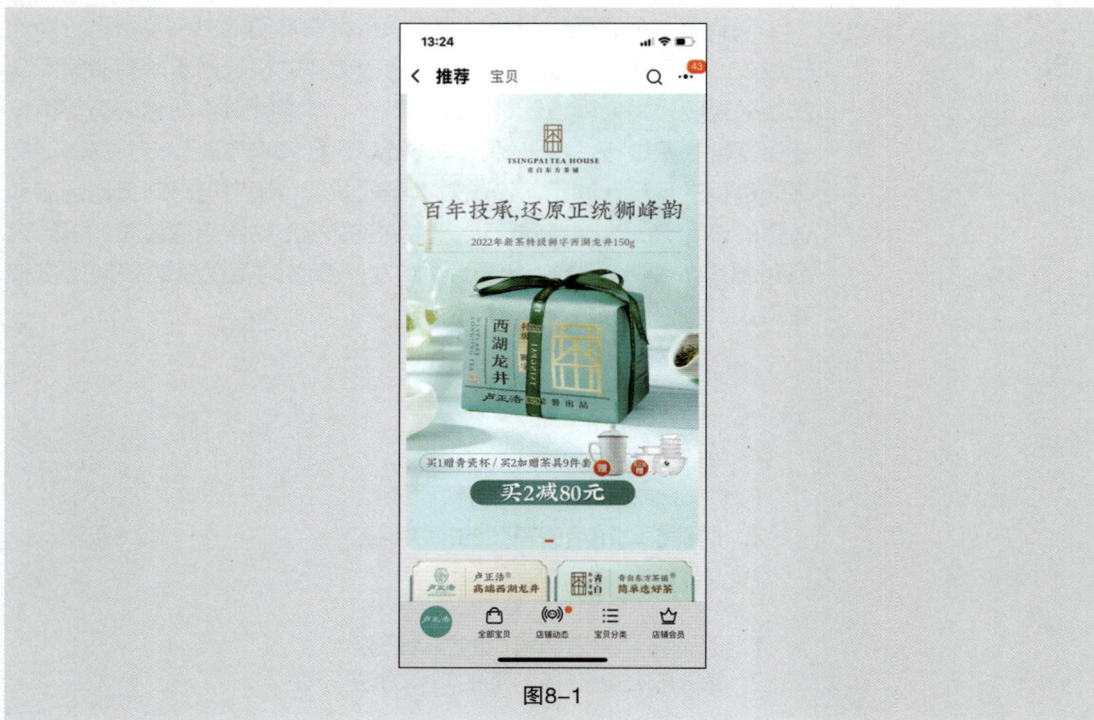

图8-1

8.1.2 移动端店铺与PC端店铺的区别

在设计过程中，部分电商设计师会把PC端店铺的图片直接运用到移动端店铺中，这会产生图片尺寸不合适和呈现效果不理想等问题。移动端店铺的设计看似简单，实则大有名堂，对最终的商品成交起着关键作用。下面对移动端店铺和PC端店铺的区别进行介绍。

1. 设计尺寸不同

移动端店铺和PC端店铺的设计尺寸不同，电商设计师不能将设计好的PC端店铺图片直接照搬到移动端店铺，否则会引发界面混乱、显示不全和效果不佳等问题。以店铺首页为例，移动端店铺首页的宽度通常为1200像素，而PC端店铺首页的宽度一般为1920像素，如图8-2所示。

（a）移动端店铺首页　　　　　　（b）PC端店铺首页

图8-2

2. 页面布局不同

由于设计尺寸的不同，移动端店铺与PC端店铺的页面布局也要有所区别，以此改善移动端店铺的浏览体验。例如，在PC端店铺为左右布局的横版海报，在移动端店铺则需要设计成上下布局的竖版海报，如图8-3所示。

（a）PC端店铺首页　　　　　　（b）移动端店铺首页

图8-3

3. 构成模块不同

移动端店铺的构成模块划分清晰，并且电商设计师会根据移动端特点添加一些更能吸引消费者的模块。以店铺首页为例，移动端的店招下方通常会有文字标题、店铺热搜和会员福利等模块，较PC端更加丰富，如图8-4所示。

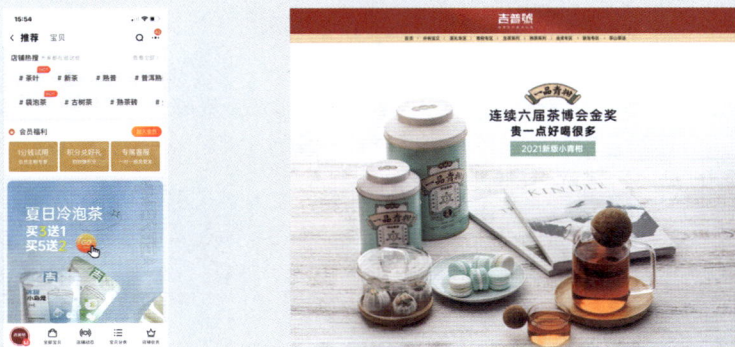

（a）移动端店铺首页　　　　　　（b）PC端店铺首页

图8-4

4. 信息内容不同

由于尺寸缩小，移动端店铺需要在有限的空间内进行设计。因此相较于PC端店铺，移动端店铺无法通过比较详细的文字说明商品，只会展示更为重要的文案内容，并且电商设计师会对价格进行字体、字号或颜色等方面的调整以做强调，令其更适合在移动端展示。移动端店铺首页与PC端店铺首页的同一模块中的信息内容如图8-5所示。

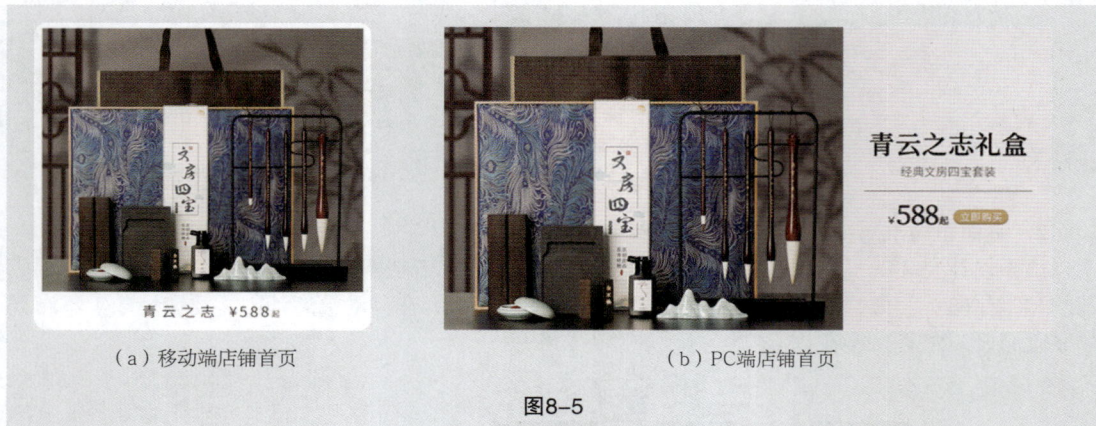

（a）移动端店铺首页　　　　　　　　　　　　　　（b）PC端店铺首页

图8-5

8.1.3　移动端店铺的设计关键点

电商设计师在设计移动端店铺时面临着诸多挑战，因此只有掌握移动端店铺的设计关键点，才能事半功倍。下面讲解移动端店铺的4个设计关键点。

1. 符合浏览规范

为了保证消费者在移动端购物的浏览体验，电商设计师在设计移动端店铺时需要保证其符合移动端的浏览规范。如设计尺寸、字号大小、色彩搭配等都要按照移动端浏览的规范进行确定，避免出现浏览问题，降低消费者的购物欲望。

2. 统一视觉效果

设计移动端店铺虽然要根据移动端的特点进行调整，但也要注意与PC端店铺的视觉效果进行统一，不能令消费者有进入了两个不同的店铺的感觉。因此电商设计师在设计时应保留相通的视觉元素，以提升品牌关联性。

3. 进行页面统一

除了进行移动端与PC端之间的视觉效果的统一，电商设计师还需要保证页面本身以及页面之间的视觉效果的统一。单个页面要与整个页面和谐统一，并且各个页面之间应相互衔接，以促成交易。

4. 合理运用模块

电商设计师在设计移动端店铺时不要为了丰富内容而加入大量模块，应根据店铺特点和活动要求，合理运用模块。整体信息量要合适，如店铺首页多控制在6屏以内，这样不会显得烦琐杂乱，可以令消费者愉悦轻松地进行浏览。

8.2　移动端店铺首页设计

移动端店铺首页的宽度一般为1200像素，高度不限，电商设计师可以根据商家的不同需要对后台装修模块进行组合运用。移动端店铺首页的核心模块通常由店招、文字标题、店铺热搜、轮播海报、优惠券、分类导航、商品展示、底部信息、排行榜和逛逛更多宝贝构成，如图8-6所示。

图8-6

8.2.1 轮播海报设计

　　移动端店铺首页的轮播海报是电商设计师需要重点设计的模块，其宽度为1200像素，高度为120～2000像素，支持.jpg或.png格式，大小不超过2MB。轮播海报设计示例如图8-7所示。

图8-7

8.2.2　优惠券设计

移动端店铺首页的优惠券可以依据7.4节中PC端店铺首页优惠券的相关内容进行设计。需要注意的是，设计尺寸、字号大小和色彩搭配等要符合移动的端浏览规范。优惠券设计示例如图8-8所示。

图8-8

8.2.3　分类导航设计

在移动端店铺中，消费者进行浏览的方式是上下滑动，因此在设计时会尽量避免消费者进行不必要的点击交互，且分类导航通常在商品类型丰富的店铺中得到保留。移动端店铺首页的分类导航可以依据7.5节中PC端店铺首页分类导航的相关内容进行设计。需要注意的是，移动端店铺首页的分类导航设计有时会进行简化处理，以节约版面，如图8-9所示。

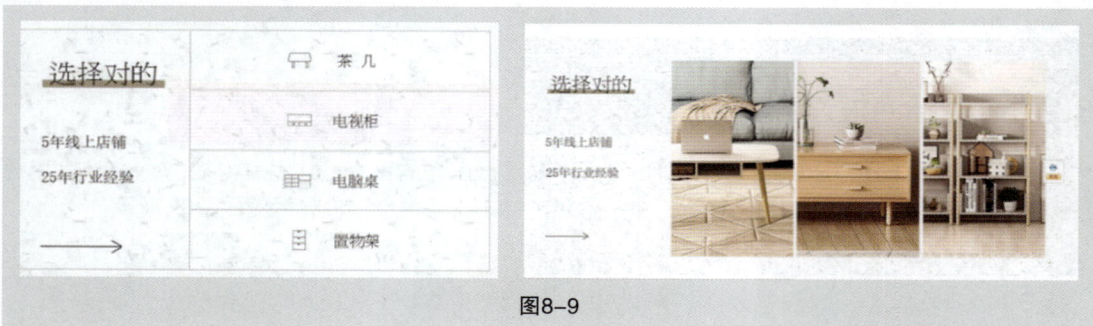

图8-9

8.2.4　商品展示设计

移动端店铺首页的商品展示可以依据7.6节中PC端店铺首页商品展示的相关内容进行设计。但由于页面尺寸有限，移动端店铺首页的商品展示无法像PC端那样以1行4列的形式展示商品，通常会以1行1列、1行2列或1行3列的形式进行展示，如图8-10所示。当以1行1列的形式展示商品时，商品展示可以做成单图海报，其宽度为1200像素，高度为120~2000像素；当以1行2列或1行3列的形式展示商品时，商品展示的顶部可添加Banner来提升美感，Banner的宽度为1200像素，高度为376像素或591像素，支持.jpg和.png格式，大小不超过2MB。

图8-10

8.2.5　底部信息设计

　　底部信息由于位于店铺首页底部，消费者在浏览时容易产生视觉疲劳。因此，大部分移动端店铺首页中没有底部信息。在个别保留底部信息的移动端店铺首页中，电商设计师会通过将PC端店铺首页的底部信息做元素简化或颜色变化等处理来进行设计，以减轻消费者的浏览负担、吸引消费者持续观看，如图8-11所示。

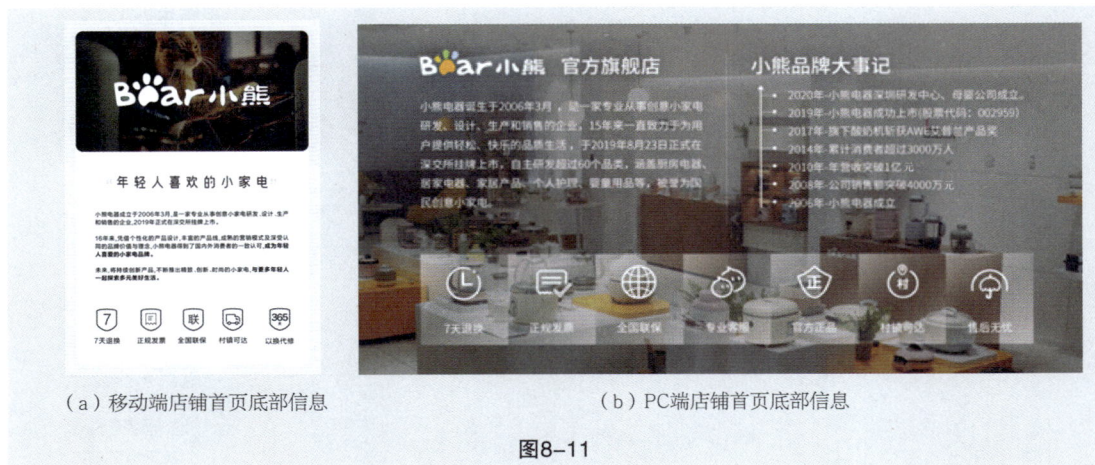

（a）移动端店铺首页底部信息　　　　　　　（b）PC端店铺首页底部信息

图8-11

8.2.6　课堂案例——护肤品店铺首页设计

【案例设计要求】
1. 运用 Photoshop 制作移动端的护肤品店铺首页。
2. 视觉表现应体现出护肤品相应的设计风格，契合护肤品相应的设计主题。
3. 制作的设计文件应符合电商设计的制作规范与制作标准。

【案例设计理念】 在设计过程中，围绕主体物护肤品发挥创意。背景为渐变色、纯色与图片相结合的形式，营造出时尚的氛围。色彩主要选取深灰色、淡紫色和深蓝色，给人舒适、高端和大气的感觉。字体选用黑体，起到呼应主题的作用。整体设计充满特色，契合主题。最终效果查看"云盘 /Ch08/8.2.6 课堂案例——护肤品店铺首页设计 / 工程文件 .psd"，如图 8-12 所示。

【案例学习目标】学习使用绘图工具、文字工具制作移动端的护肤品店铺首页。

【案例知识要点】使用"新建参考线版面"命令建立参考线版面，使用"置入嵌入对象"命令置入图片，使用"横排文字"工具添加文字，使用"矩形"工具、"直线"工具、"椭圆"工具、"多边形"工具和"圆角矩形"工具绘制基本形状，使用"添加图层样式"命令为图像添加效果，使用"创建剪贴蒙版"命令调整图片显示区域。

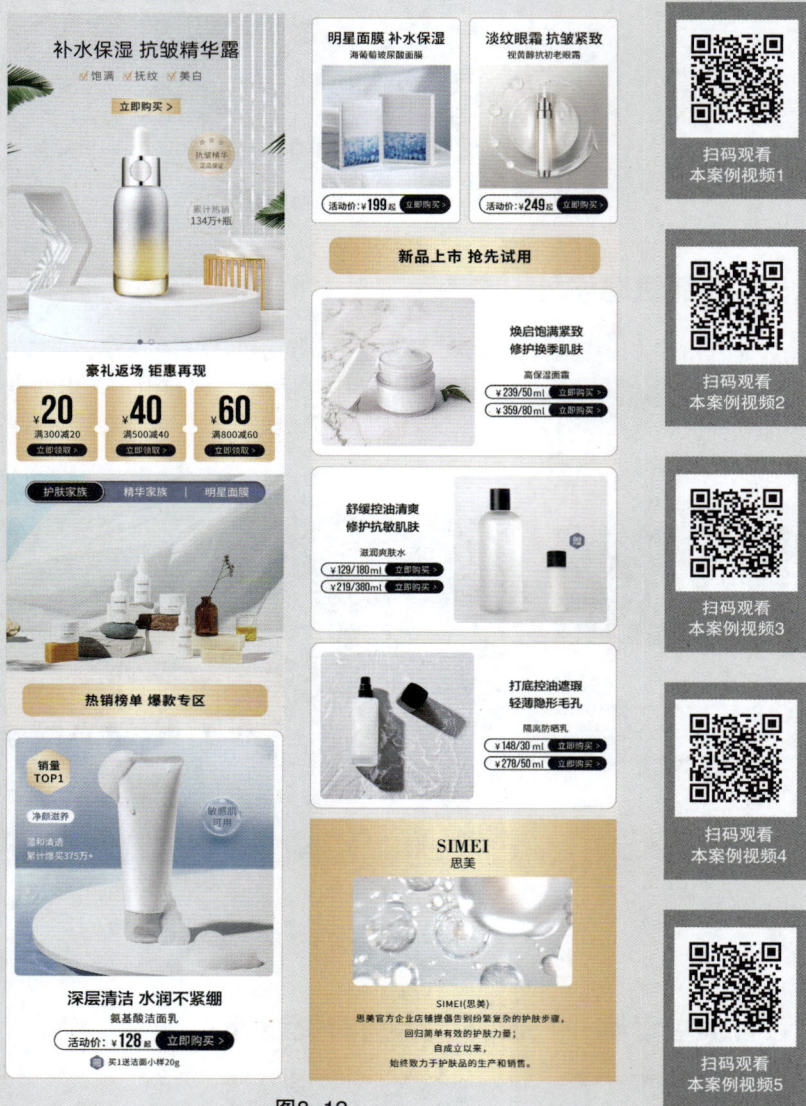

图8-12

1. 制作轮播海报

（1）按Ctrl+N组合键，弹出"新建文档"对话框，设置"宽度"为1200像素，"高度"为9143像素，"分辨率"为72像素/英寸，"颜色模式"为RGB颜色，"背景内容"为白色，如图8-13所示，单击"创建"按钮，新建一个文档。

（2）选择"视图>新建参考线版面"命令，弹出"新建参考线版面"对话框，勾选"列"复选框，设置"数字"为2，"宽度"为560像素，如图8-14所示。单击"确定"按钮，完成参考线版面的创建。

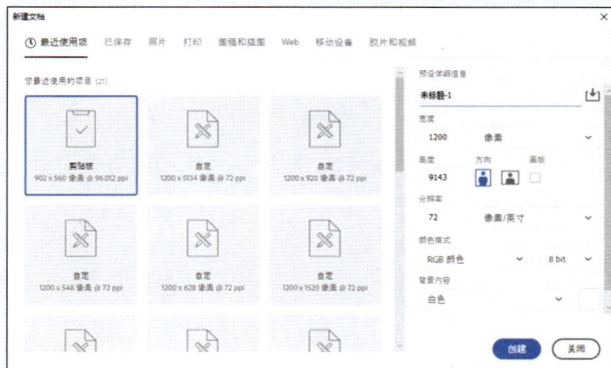

图8-13

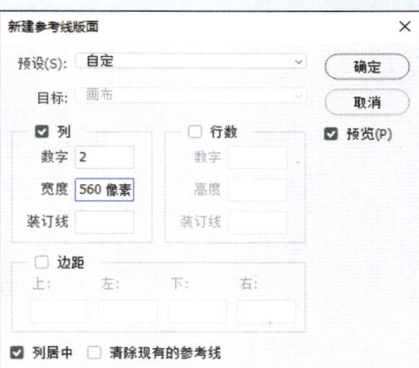

图8-14

（3）选择"视图>新建参考线"命令，在距离页面顶部1520像素的位置新建一条水平参考线，设置如图8-15所示，单击"确定"按钮。

（4）选择"矩形"工具 □，在属性栏的"选择工具模式"选项中选择"形状"，将"填充"颜色设为白色，"描边"颜色设为无。在图像窗口中适当的位置绘制一个矩形，效果如图8-16所示。"图层"面板中会生成新的形状图层"矩形1"。

（5）选择"文件>置入嵌入对象"命令，弹出"置入嵌入的对象"对话框，选择云盘中的"Ch08 > 8.2.6课堂案例——护肤品店铺首页设计>素材>01"文件。单击"置入"按钮，将图片置入图像窗口中，将"01"图片拖曳到适当的位置并调整大小。按Enter键确定操作，"图层"面板中会生成新的图层，将其命名为"背景"。按Ctrl+Alt+G组合键，为图层创建剪贴蒙版，效果如图8-17所示。

（6）使用上述方法置入"02"文件并调整大小，按Enter键确定操作，效果如图8-18所示。"图层"面板中会生成新的图层，将其命名为"叶子"。

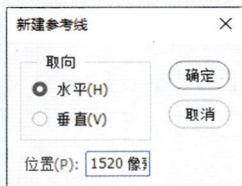

图8-15

图8-16

图8-17

图8-18

（7）按Ctrl+J组合键，复制图层，"图层"面板中会生成新的图层"叶子 拷贝"。按Ctrl+T组合键，图像周围会出现变换框，将其移动到适当的位置，将鼠标指针放在变换框的控制手柄外边，当鼠标指针变为旋转图标 ↱ 时，拖曳鼠标指针将图像旋转到适当的角度，按Enter键确定操作，效果如图8-19所示。

（8）使用上述方法置入"03""04"和"05"文件并调整大小，"图层"面板中会分别生成新的图层，将其分别命名为"累计销量""抗皱精华"和"精华露"，如图8-20所示，效果如图8-21所示。

（9）选择"抗皱精华"图层，选择"椭圆"工具 ○，在属性栏中将"填充"颜色设为浅灰色（223、224、226），"描边"颜色设为无。在图像窗口中绘制一个椭圆形，效果如图8-22所示。"图层"面板中会生成新的形状图层"椭圆 1"。

| 图8-19 | 图8-20 | 图8-21 | 图8-22 |

（10）单击"图层"面板下方的"添加图层样式"按钮 fx，在弹出的菜单中选择"渐变叠加"命令。在弹出的对话框中单击"点按可编辑渐变"按钮 ⬛⬜⬛ ，弹出"渐变编辑器"对话框，分别设置两个位置点颜色的RGB值分别为0（195、197、202）、100（224、225、229），如图8-23所示。单击"确定"按钮，返回"图层样式"对话框，其他选项的设置如图8-24所示。单击"确定"按钮，为形状添加渐变效果。

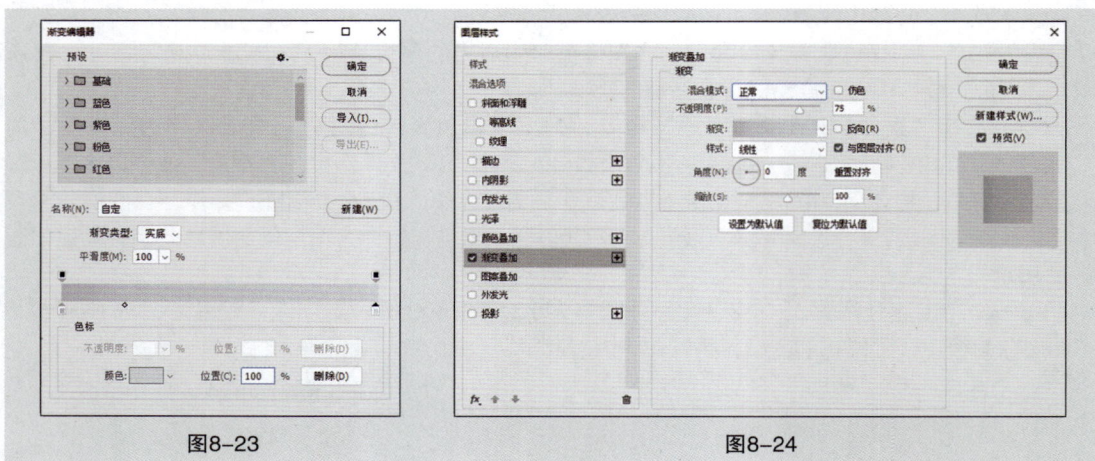

| 图8-23 | 图8-24 |

（11）选择"圆角矩形"工具 ⬛，在图像窗口中适当的位置绘制一个圆角矩形，"图层"面板中会生成新的形状图层"圆角矩形1"。在"属性"面板中进行设置，如图8-25所示。按住Shift键的同时，在图像窗口中适当的位置再次绘制一个圆角矩形，在"属性"面板中进行设置，如图8-26所示，效果如图8-27所示。

（12）选择"椭圆"工具 ⬛，在图像窗口中适当的位置绘制一个椭圆形，在属性栏中将"填充"颜色设为白色，"描边"颜色设为无，效果如图8-28所示。"图层"面板中会生成新的形状图层"椭圆 2"。

| 图8-25 | 图8-26 | 图8-27 | 图8-28 |

（13）单击"图层"面板下方的"添加图层样式"按钮 *fx*，在弹出的菜单中选择"渐变叠加"命令。在弹出的对话框中单击"点按可编辑渐变"按钮 ，弹出"渐变编辑器"对话框，分别设置两个位置点颜色的RGB值分别为0（30、32、34）、100（215、216、219），如图8-29所示。单击"确定"按钮，返回"图层样式"对话框，其他选项的设置如图8-30所示。单击"确定"按钮，为形状添加渐变效果。

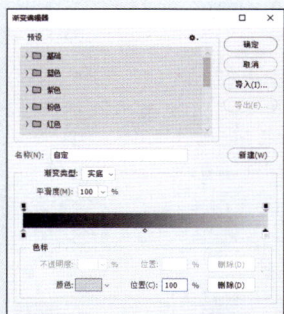 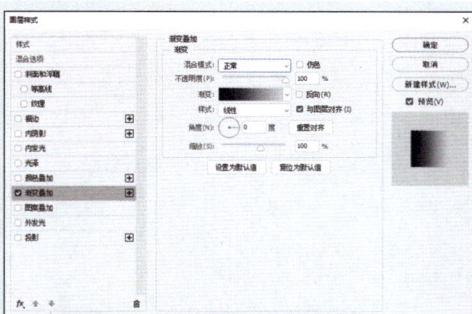

图8-29　　　　　　　　　　　　　　　图8-30

（14）在"属性"面板中，单击"蒙版"选项，切换到相应的界面进行设置，如图8-31所示，效果如图8-32所示。按住Shift键的同时，单击"椭圆 1"图层，将需要的图层同时选取，按Ctrl+G组合键，群组图层并将其命名为"阴影"，如图8-33所示。

图8-31　　　　　　　图8-32　　　　　　　图8-33

（15）选择"精华露"图层，单击"图层"面板下方的"创建新的填充或调整图层"按钮 ，在弹出的菜单中选择"亮度/对比度"命令，"图层"面板中会生成"亮度/对比度1"图层，同时在弹出的面板中进行设置，如图8-34所示。按Enter键确定操作，效果如图8-35所示。

（16）选择"横排文字"工具 *T*，在图像窗口中输入需要的文字并选取文字。选择"窗口 > 字符"命令，打开"字符"面板，在"字符"面板中将"颜色"设为深灰色（4、5、7），并设置合适的字体和字号，按Enter键确定操作，效果如图8-36所示。"图层"面板中会生成新的文字图层。

（17）选择"矩形"工具 ，在属性栏中将"填充"颜色设为无，"描边"颜色设为中黄色（213、148、92），"描边"粗细设为2像素。在图像窗口中适当的位置绘制一个矩形，效果如图8-37所示。"图层"面板中会生成新的形状图层"矩形2"。

   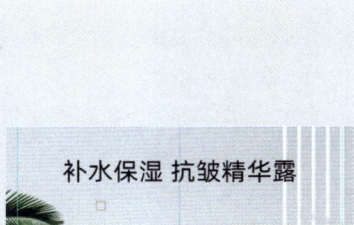

图8-34　　　　　图8-35　　　　　图8-36　　　　　　图8-37

（18）选择"文件>置入嵌入对象"命令，弹出"置入嵌入的对象"对话框，选择云盘中的"Ch08 > 8.2.6课堂案例——护肤品店铺首页设计>素材>06"文件。单击"置入"按钮，将图片置入图像窗口中，将图片拖曳到适当的位置并调整大小。按Enter键确定操作，"图层"面板中会生成新的图层，将其命名为"对号"，效果如图8-38所示。

（19）选择"横排文字"工具 T.，在图像窗口中输入需要的文字并选取文字。在"字符"面板中将"颜色"设为灰色（89、89、89），并设置合适的字体和字号，按Enter键确定操作，效果如图8-39所示。"图层"面板中会生成新的文字图层。

（20）使用上述方法绘制形状、置入图片并输入文字，效果如图8-40所示。按住Shift键的同时，单击文字图层，将需要的图层同时选取。按Ctrl+G组合键，群组图层并将其命名为"文字"，如图8-41所示。

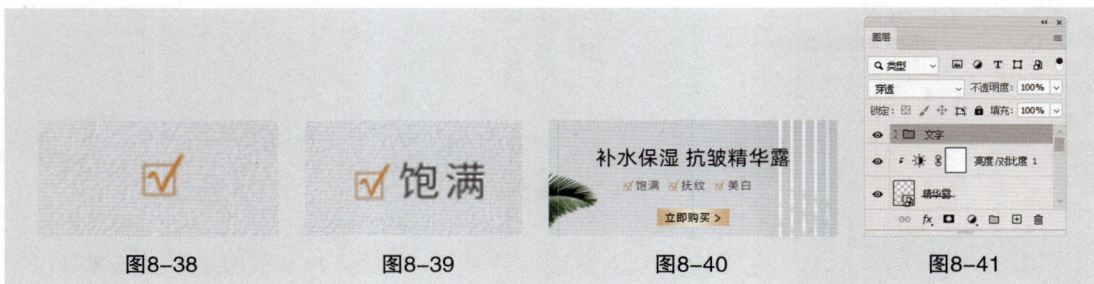

图8-38　　　　　图8-39　　　　　图8-40　　　　　图8-41

（21）选择"椭圆"工具 ○.，在属性栏中将"填充"颜色设为槿紫色（110、122、164），"描边"颜色设为无。按住Shift键的同时，在图像窗口中绘制一个圆形，效果如图8-42所示。"图层"面板中会生成新的形状图层"椭圆3"。

（22）按住Alt+Shift组合键的同时，水平向右复制圆形到适当的位置，"图层"面板中会生成新的形状图层"椭圆3 拷贝"。在属性栏中将"填充"颜色设为无，"描边"颜色设为槿紫色（110、122、164），效果如图8-43所示。

（23）按住Shift键的同时，单击"矩形1"图层，将需要的图层同时选取，按Ctrl+G组合键，群组图层并将其命名为"轮播海报1"，如图8-44所示，效果如图8-45所示。

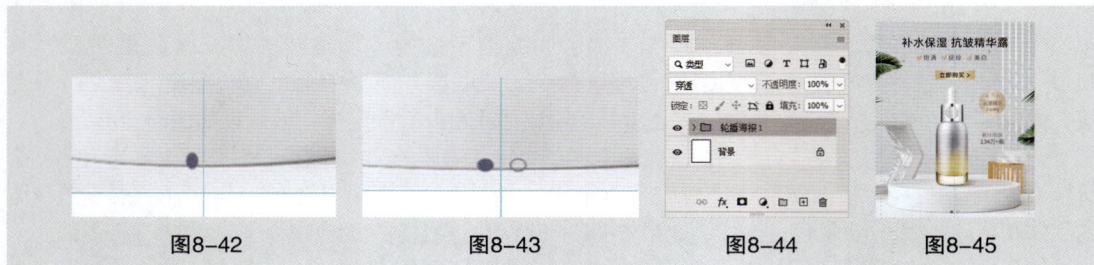

图8-42　　　　　图8-43　　　　　图8-44　　　　　图8-45

（24）使用上述方法，制作"轮播海报 2"图层组，效果如图8-46所示。按住Shift键的同时，单击"轮播海报1"图层组，将需要的图层组同时选取，按Ctrl+G组合键，群组图层组并将其命名为"轮播海报"，如图8-47所示。

2．制作优惠券

（1）选择"视图>新建参考线版面"命令，弹出"新建参考线版面"对话框，勾选"列"复选框，设置"数字"为6，"宽度"为160像素，"装订线"为32像素，如图8-48所示。单击"确定"按钮，完成参考线版面的创建。

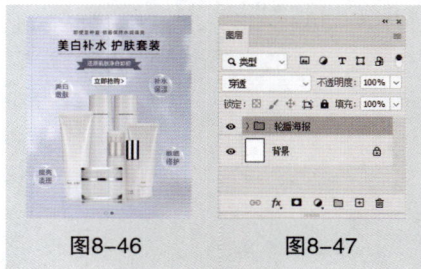

图8-46　　　　　图8-47

（2）选择"视图>新建参考线"命令，在距离上方参考线544像素的位置新建一条水平参考线，设置如图8-49所示，单击"确定"按钮。

（3）选择"矩形"工具 □，在属性栏中将"填充"颜色设为白色，"描边"颜色设为无，在图像窗口中适当的位置绘制一个矩形，效果如图8-50所示。"图层"面板中会生成新的形状图层"矩形7"。

图8-48

图8-49

图8-50

（4）选择"视图>新建参考线"命令，分别在距离上一条参考线56像素和114像素的位置新建两条水平参考线，单击"确定"按钮。

（5）选择"横排文字"工具 T，在图像窗口中输入需要的文字并选取文字。在"字符"面板中将"颜色"设为深灰色（4、5、7），其他选项的设置如图8-51所示。按Enter键确定操作，效果如图8-52所示。"图层"面板中会生成新的文字图层。

（6）使用上述的方法，分别在距离上一条参考线40像素和378像素的位置新建两条水平参考线。选择"圆角矩形"工具 □，在图像窗口中适当的位置绘制一个圆角矩形，"图层"面板中会生成新的形状图层"圆角矩形3"。在"属性"面板中将"填充"颜色设为白色，"描边"颜色设为无，其他选项的设置如图8-53所示，效果如图8-54所示。

图8-51　　　　　　　图8-52

图8-53　　　　　　图8-54

（7）选择"椭圆"工具，按住Alt键的同时，在图像窗口中拖曳鼠标指针绘制一个椭圆形，按住鼠标左键不放，按住Shift键，使其变成圆形，效果如图8-55所示。选择"路径选择"工具 ▶，按住Alt+Shift组合键的同时，水平向右复制圆形到适当的位置，效果如图8-56所示。

（8）单击"图层"面板下方的"添加图层样式"按钮 fx，在弹出的菜单中选择"内发光"命令。在弹出的对话框中进行设置，如图8-57所示。

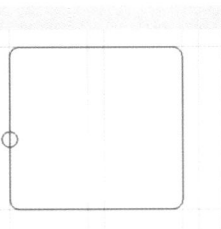
图8-55

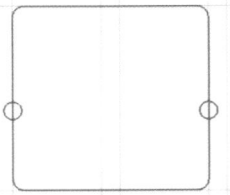
图8-56

（9）选择对话框左侧的"渐变叠加"选项，切换到相应的界面，单击"点按可编辑渐变"按钮 ▦，弹出"渐变编辑器"对话框，设置3个位置点颜色的RGB值分别为0（234、192、137）、50（254、245、215）、100（234、192、137），如图8-58所示。单击"确定"按钮，返回"图层样式"对话框，其他选项的设置如图8-59所示。单击"确定"按钮。

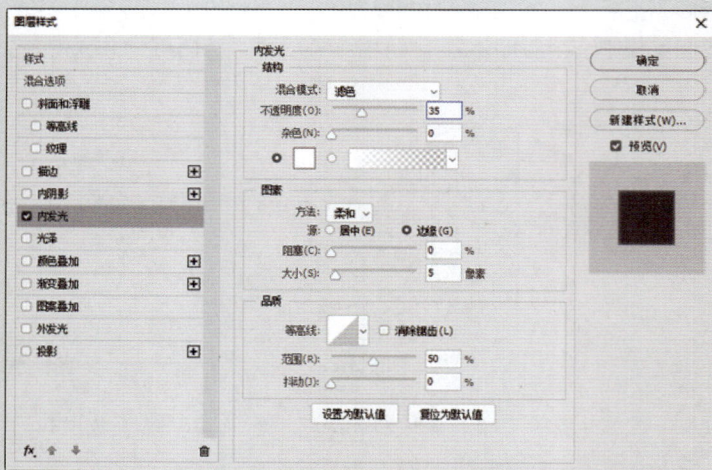

图8-57

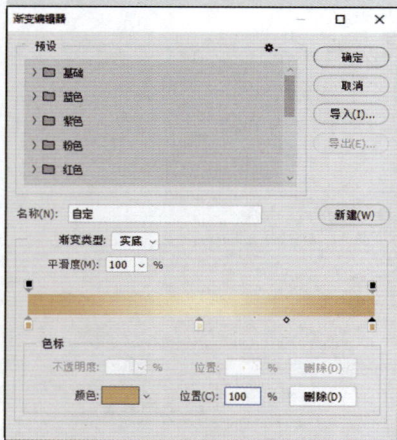

图8-58

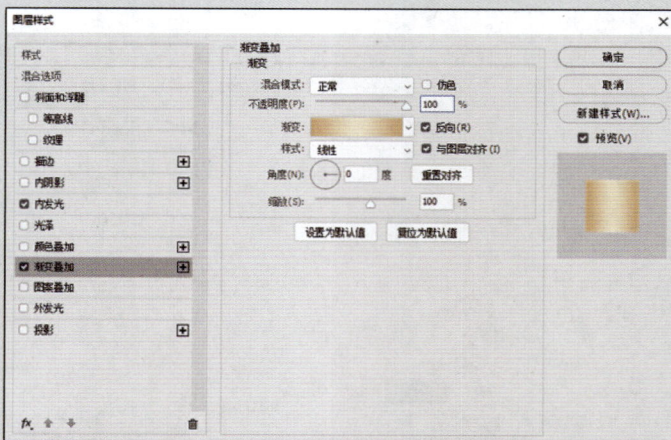

图8-59

（10）按Ctrl+J组合键，复制图层，"图层"面板中会生成新的形状图层"圆角矩形3拷贝"。按Ctrl+T组合键，图像周围会出现变换框，按住Alt+Shift组合键的同时，向内拖曳右上角的控制手柄到适当的位置，按Enter键确定操作，效果如图8-60所示。

（11）单击"图层"面板下方的"添加图层样式"按钮 fx，在弹出的菜单中选择"内阴影"命令。在弹出的对话框中进行设置，如图8-61所示。取消勾选对话框左侧"内发光"选项前的复选框，取消内发光效果的应用。单击"确定"按钮，效果如图8-62所示。

（12）选择"横排文字"工具 T.，在图像窗口中分别输入需要的文字并选取文字。在"字符"面板中将"颜色"设为深灰色（4、5、7），并设置合适的字体和字号。按Enter键确定操作，效果如图8-63所示。"图层"面板中会分别生成新的文字图层。

（13）选择"圆角矩形"工具 ◻.，在图像窗口中适当的位置绘制一个圆角矩形，"图层"面板中会生成新的形状图层"圆角矩形4"。在"属性"面板中将"填充"颜色设为深灰色（4、5、7），"描边"颜色设为无，其他选项的设置如图8-64所示，效果如图8-65所示。

（14）选择"横排文字"工具 T.，在图像窗口中输入需要的文字并选取文字。在"字符"面板中将"颜色"设为淡黄色（254、245、214），并设置合适的字体和字号。按Enter键确定操作，效果如图8-66所示。"图层"面板中会生成新的文字图层。

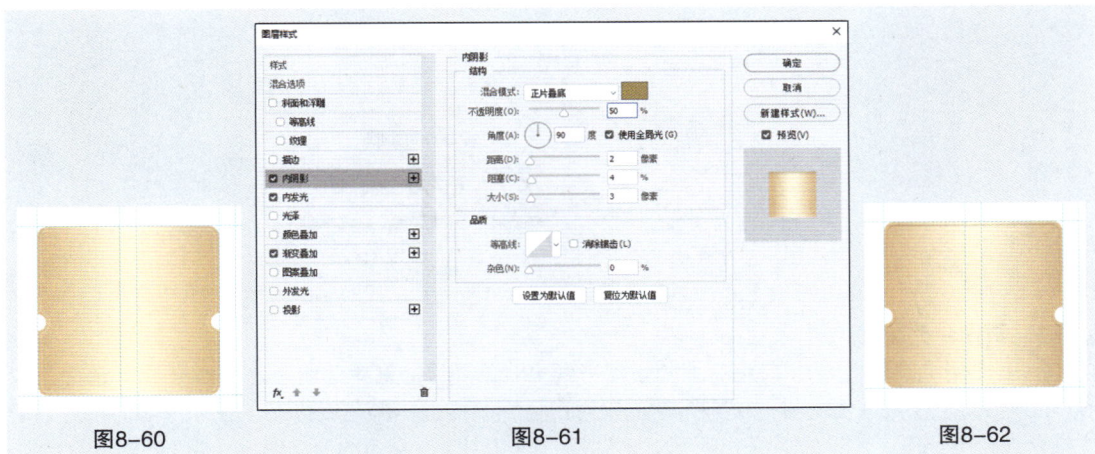

图8-60   图8-61   图8-62

图8-63   图8-64   图8-65   图8-66

（15）选择"文件>置入嵌入对象"命令，弹出"置入嵌入的对象"对话框，选择云盘中的"Ch08>8.2.6课堂案例——护肤品店铺首页设计>素材>06"文件。单击"置入"按钮，将图片置入图像窗口中，将"06"图片拖曳到适当的位置并调整大小。按Enter键确定操作，"图层"面板中会生成新的图层，将其命名为"向右"。

（16）单击"图层"面板下方的"添加图层样式"按钮 *fx.*，在弹出的菜单中选择"颜色叠加"命令，弹出对话框，将叠加颜色设为淡黄色（254、245、214），其他选项的设置如图8-67所示。单击"确定"按钮，效果如图8-68所示。

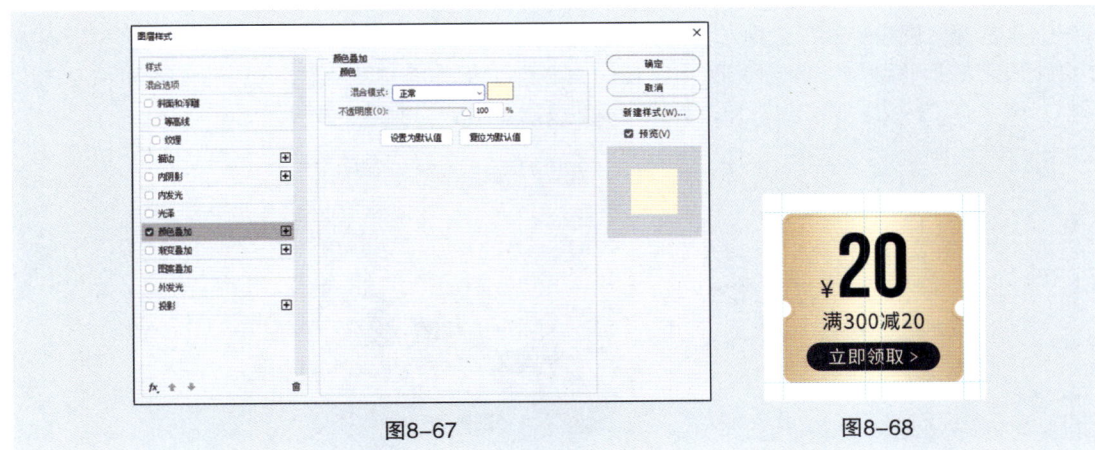

图8-67   图8-68

（17）按住Shift键的同时，单击"圆角矩形3"图层，将需要的图层同时选取，按Ctrl+G组合键，群组图层并将其命名为"券1"，如图8-69所示。使用上述方法制作"券2"和"券3"图层组，效果如图8-70所示。按住Shift键的同时，单击"矩形7"图层，将需要的图层和图层组同时选取，按Ctrl+G组合键，群组图层和图层组并将其命名为"优惠券"。

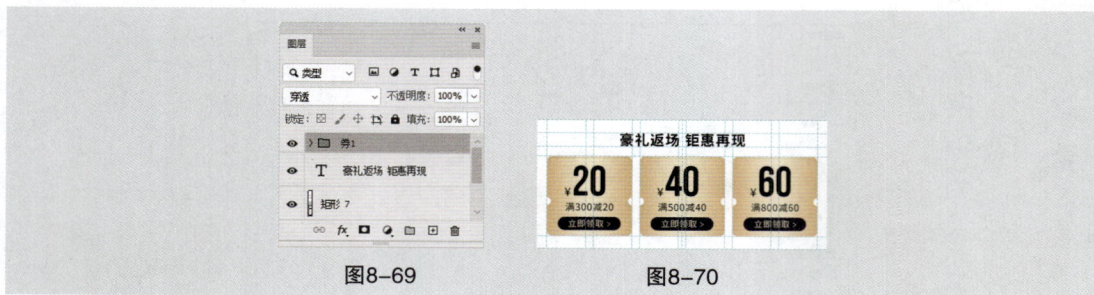

图8-69

图8-70

3. 制作分类导航

（1）使用上述的方法，在距离上一条参考线920像素的位置新建一条水平参考线。选择"矩形"工具 ▢，在属性栏中将"填充"颜色设为白色，"描边"颜色设为无。在图像窗口中适当的位置绘制一个矩形，效果如图8-71所示。"图层"面板中会生成新的形状图层"矩形8"。

（2）选择"文件>置入嵌入对象"命令，弹出"置入嵌入的对象"对话框，选择云盘中的"Ch08 > 8.2.6课堂案例——护肤品店铺首页设计>素材>10"文件。单击"置入"按钮，将图片置入图像窗口中，拖曳图片到适当的位置并调整大小，按Enter键确定操作，"图层"面板中会生成新的图层，将其命名为"护肤"。按Ctrl+Alt+G组合键，为图层创建剪贴蒙版，效果如图8-72所示。

（3）单击"图层"面板下方的"创建新的填充或调整图层"按钮 ◑，在弹出的菜单中选择"亮度/对比度"命令，"图层"面板中会生成"亮度/对比度3"图层，同时在弹出的面板中进行设置，如图8-73所示。

图8-71

图8-72

图8-73

（4）选择"圆角矩形"工具 ▢，在图像窗口中适当的位置绘制一个圆角矩形，"图层"面板中会生成新的形状图层"圆角矩形5"。在"属性"面板中将"填充"颜色设为槿紫色（110、122、164），"描边"颜色设为无，其他选项的设置如图8-74所示，效果如图8-75所示。

图8-74

图8-75

（5）单击"图层"面板下方的"添加图层样式"按钮 fx，在弹出的菜单中选择"内阴影"命令。在弹出的对话框中进行设置，如图8-76所示。单击"确定"按钮，效果如图8-77所示。

（6）选择"圆角矩形"工具 ▢，在图像窗口中适当的位置绘制一个圆角矩形，"图层"面板中会生成新的形状图层"圆角矩形6"。在"属性"面板中将"填充"颜色设为深蓝色（31、30、46），"描边"颜色设为无，其他选项的设置如图8-78所示，效果如图8-79所示。

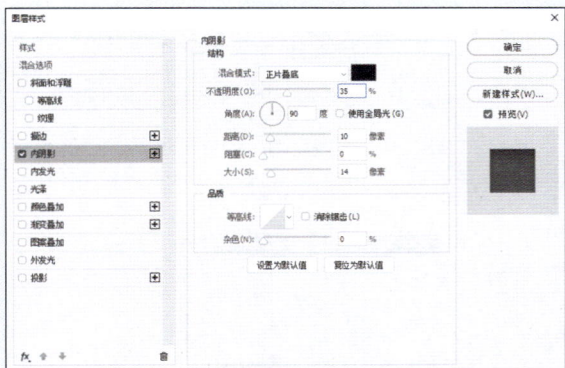
图8-76

图8-77

图8-78

图8-79

（7）单击"图层"面板下方的"添加图层样式"按钮 f_x ，在弹出的菜单中选择"描边"命令。在弹出的对话框中进行设置，如图8-80所示。选择对话框左侧的"投影"选项，切换到相应的界面，进行设置，如图8-81所示，单击"确定"按钮。

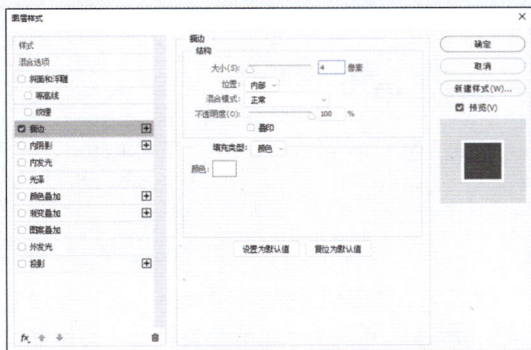
图8-80

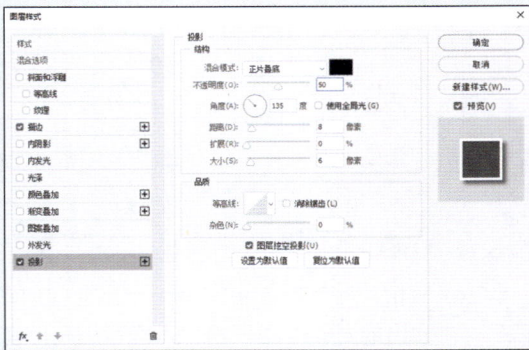
图8-81

（8）选择"横排文字"工具 T ，在图像窗口中分别输入需要的文字并选取文字。选择"窗口>字符"命令，打开"字符"面板，在"字符"面板中将"颜色"设为白色，并设置合适的字体和字号。按Enter键确定操作，效果如图8-82所示。"图层"面板中会分别生成新的文字图层。

（9）选择"直线"工具 $\diagup$ ，在属性栏中将"填充"颜色设为白色，"描边"颜色设为无，"粗细"设为2像素。按住Shift键的同时，在图像窗口中适当的位置绘制一条直线，效果如图8-83所示。"图层"面板中会生成新的形状图层"形状1"。

图8-82

图8-83

（10）按住Shift键的同时，单击"矩形 8"图层，将需要的图层同时选取，按Ctrl+G组合键，群组图层并将其命名为"分类"，如图8-84所示，效果如图8-85所示。分类导航制作完成。

图8-84

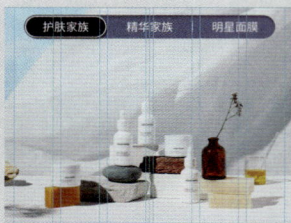

图8-85

4．制作商品展示

（1）使用上述方法，在距离上一条参考线5134像素的位置新建一条水平参考线。选择"矩形"工具 ▢，在属性栏的"选择工具模式"选项中选择"形状"，将"填充"颜色设为浅灰色（240、240、240），"描边"颜色设为无。在图像窗口中适当的位置绘制一个矩形，效果如图8-86所示。"图层"面板中会生成新的形状图层"矩形9"。

（2）使用上述方法，分别在距离上一条参考线56像素和206像素的位置新建两条水平参考线。选择"圆角矩形"工具 ▢，在图像窗口中适当的位置绘制一个圆角矩形，"图层"面板中会生成新的形状图层"圆角矩形7"。在"属性"面板中将"填充"颜色设为白色，"描边"颜色设为无，其他选项的设置如图8-87所示，效果如图8-88所示。

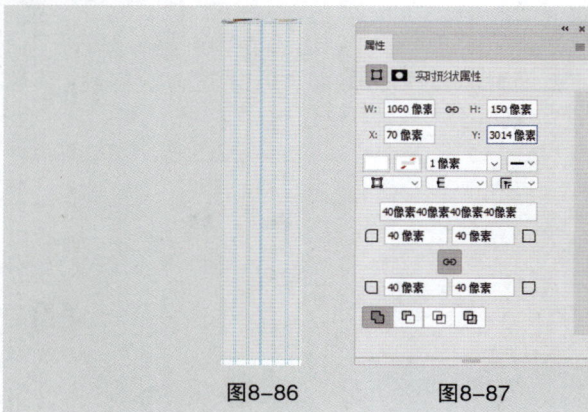

图8-86

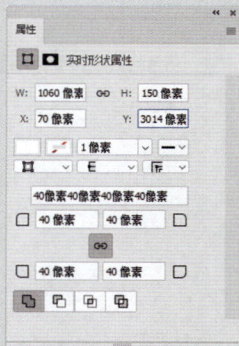

图8-87

图8-88

（3）单击"图层"面板下方的"添加图层样式"按钮 fx，在弹出的菜单中选择"渐变叠加"命令。在弹出的对话框中单击"点按可编辑渐变"按钮 ▭，弹出"渐变编辑器"对话框，分别设置3个位置点颜色的RGB值分别为0（234、192、137）、50（254、245、215）、100（234、192、137），如图8-89所示。单击"确定"按钮，返回"图层样式"对话框，其他选项的设置如图8-90所示。单击"确定"按钮，为形状添加渐变效果。

（4）选择"横排文字"工具 T，在图像窗口中输入需要的文字并选取文字。选择"窗口 > 字符"命令，打开"字符"面板，在"字符"面板中将"颜色"设为深灰色（4、5、7），其他选项的设置如图8-91所示。按Enter键确定操作，效果如图8-92所示。"图层"面板中会生成新的文字图层。

（5）选择"视图 > 新建参考线"命令，分别在距离上一条参考线56像素和1614像素的位置新建两条水平参考线，单击"确定"按钮。

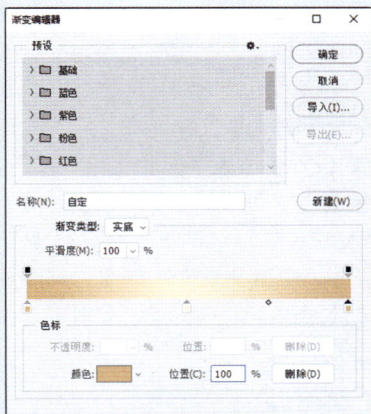
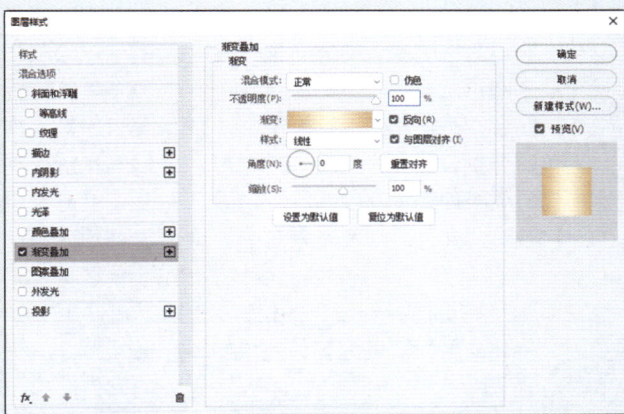

图8-89 图8-90

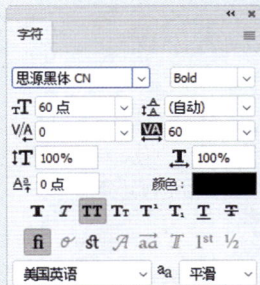

图8-91 图8-92

（6）选择"圆角矩形"工具 ⬜，在属性栏中将"填充"颜色设为白色，"描边"颜色设为灰色（191、191、191），"描边"粗细设为4像素，"半径"设为40像素。在图像窗口中适当的位置绘制一个圆角矩形，"图层"面板中会生成新的形状图层"圆角矩形8"，效果如图8-93所示。

（7）再次选择"圆角矩形"工具 ⬜，在图像窗口中适当的位置绘制一个圆角矩形，"图层"面板中会生成新的形状图层"圆角矩形9"。在"属性"面板中将"填充"颜色设为浅灰色（238、238、238），"描边"颜色设为无，其他选项的设置如图8-94所示，效果如图8-95所示。

（8）选择"文件>置入嵌入对象"命令，弹出"置入嵌入的对象"对话框，选择云盘中的"Ch08>8.2.6课堂案例——护肤品店铺首页设计>素材>11"文件，单击"置入"按钮，将图片置入图像窗口中。拖曳图片到适当的位置并调整大小，按Enter键确定操作，"图层"面板中会生成新的图层，将其命名为"洗面奶"。按Ctrl+Alt+G组合键，为图层创建剪贴蒙版，效果如图8-96所示。

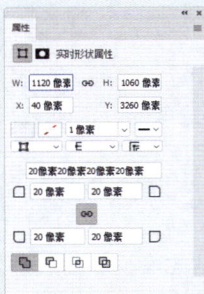

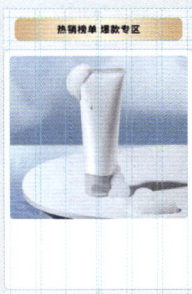

图8-93 图8-94 图8-95 图8-96

（9）选择"圆角矩形"工具 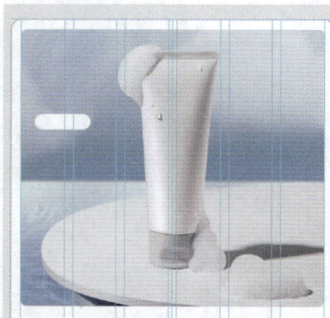，在属性栏中将"填充"颜色设为白色，"描边"颜色设为无，"半径"设为30像素。在图像窗口中适当的位置绘制一个圆角矩形，"图层"面板中会生成新的形状图层"圆角矩形10"，效果如图8-97所示。

（10）选择"横排文字"工具 **T.**，在图像窗口中输入需要的文字并选取文字。在"字符"面板中将"颜色"分别设为湖蓝色（41、109、164）和白色，并分别设置合适的字体和字号，按Enter键确定操作，效果如图8-98所示。"图层"面板中会分别生成新的文字图层。

（11）选择"文件>置入嵌入对象"命令，弹出"置入嵌入的对象"对话框，选择云盘中的"Ch08>8.2.6课堂案例——护肤品店铺首页设计>素材>12"文件，单击"置入"按钮，将图片置入图像窗口中。拖曳图片到适当的位置并调整大小，按Enter键确定操作，"图层"面板中会生成新的图层，将其命名为"气泡"，效果如图8-99所示。

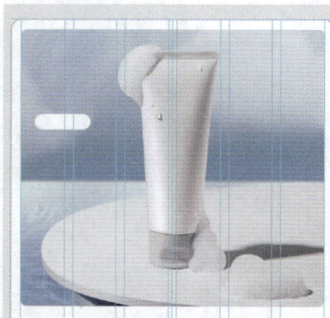
图8-97

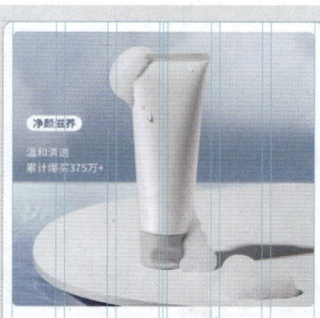
图8-98

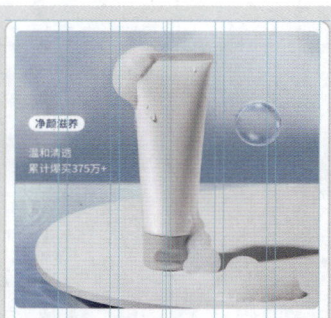
图8-99

（12）单击"图层"面板下方的"添加图层样式"按钮 **fx.**，在弹出的菜单中选择"外发光"命令。在弹出的对话框中将发光颜色设为鹅黄色（244、241、190），其他选项的设置如图8-100所示。选择对话框左侧的"投影"选项，切换到相应的界面，将投影颜色设为黑色，其他选项的设置如图8-101所示，单击"确定"按钮。

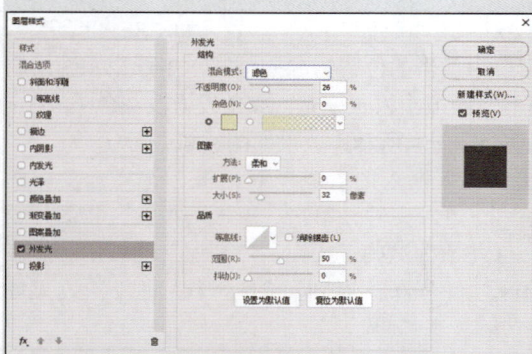
图8-100

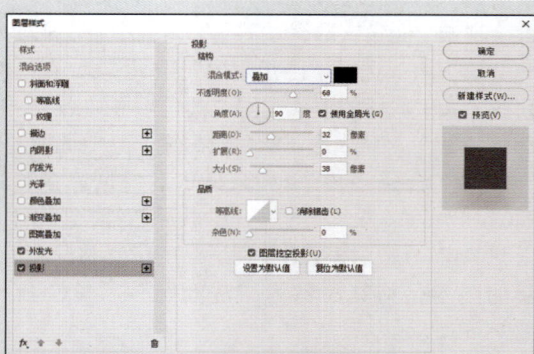
图8-101

（13）选择"横排文字"工具 **T.**，在图像窗口中输入需要的文字并选取文字。在"字符"面板中将"颜色"设为湖蓝色（41、109、164），其他选项的设置如图8-102所示，按Enter键确定操作，效果如图8-103所示。"图层"面板中会生成新的文字图层。

（14）选择"多边形"工具 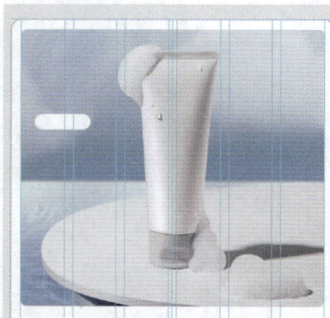，在属性栏中将"边数"设为6，单击"设置其他形状和路径选项"按钮 **⚙.**，在弹出的面板中进行设置，如图8-104所示。按住Shift键的同时，在图像窗口中适当的位置绘制一个多边形，"图层"面板中会生成新的形状图层"多边形 1"。在属性栏中将"填充"颜色设为白色，效果如图8-105所示。

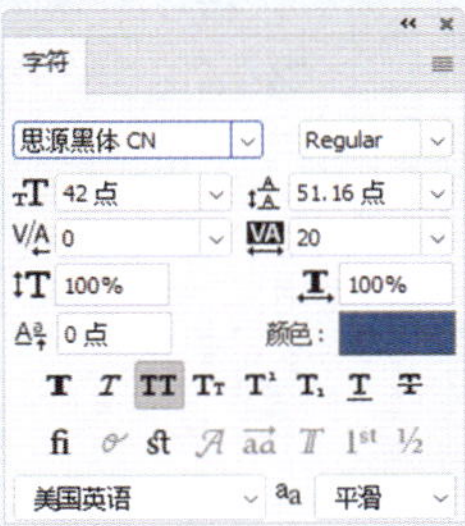

图8-102

图8-103

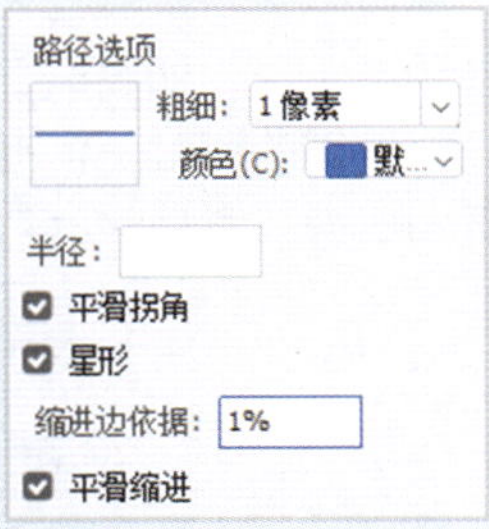

图8-104

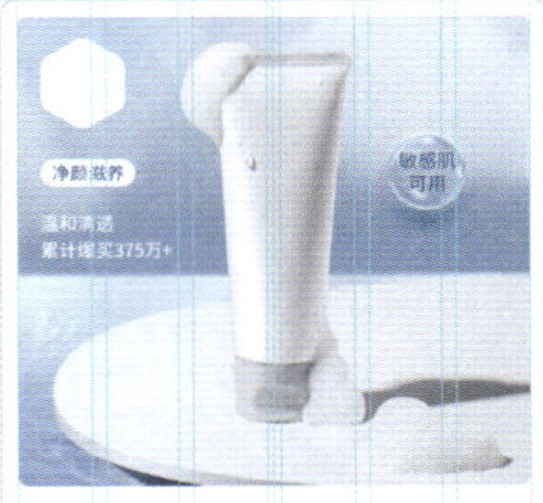

图8-105

（15）单击“图层”面板下方的“添加图层样式”按钮fx，在弹出的菜单中选择“渐变叠加”命令。在弹出的对话框中单击“点按可编辑渐变”按钮，弹出“渐变编辑器”对话框，分别设置3个位置点颜色的RGB值分别为0（234、192、137）、50（254、245、215）、100（234、192、137），如图8-106所示。单击“确定”按钮，返回“图层样式”对话框，其他选项的设置如图8-107所示。单击“确定”按钮，为形状添加渐变效果。

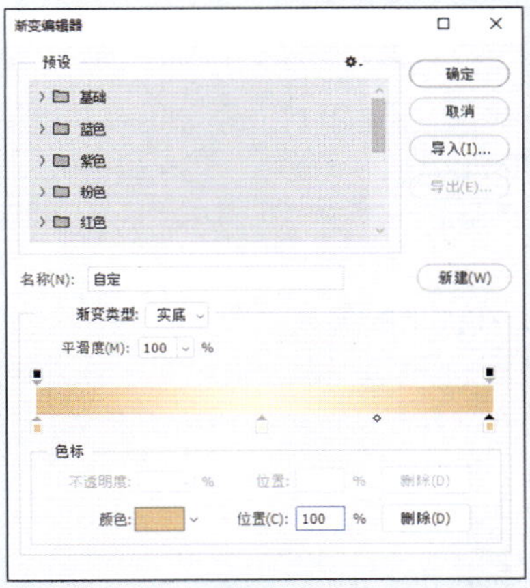

图8-106

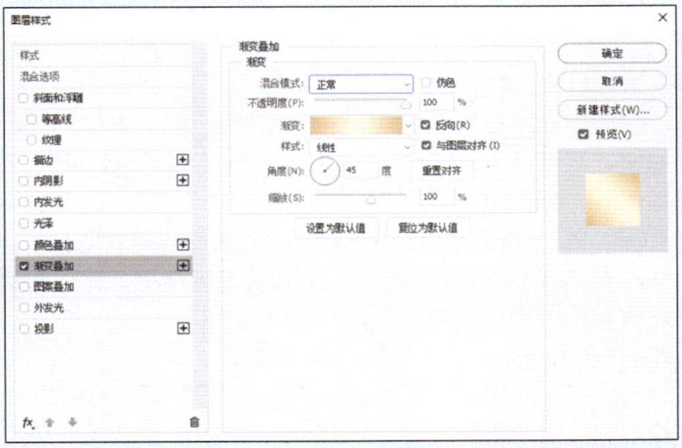

图8-107

（16）选择“横排文字”工具T，在图像窗口中分别输入需要的文字并选取文字。在“字符”面板中将“颜色”设为深灰色（4、5、7），并分别设置合适的字体和字号，按Enter键确定操作，效果如图8-108所示。“图层”面板中会分别生成新的文字图层。

（17）使用上述方法，绘制形状、输入文字并置入图片，效果如图8-109所示。按住Shift键的同时，单击“圆角矩形8”图层，将需要的图层同时选取，按Ctrl+G组合键，群组图层并将其命名为“TOP1”，如图8-110所示。使用上述方法制作“TOP2”和“TOP3”图层组，效果如图8-111所示。

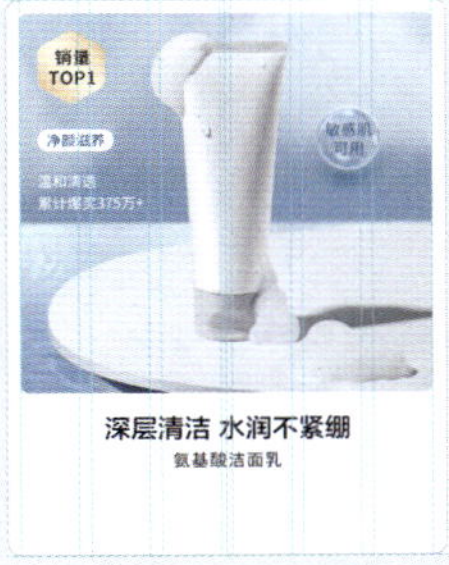

图8-108

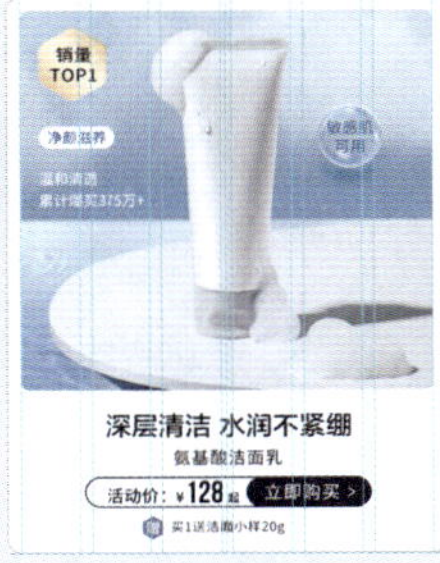

图8-109

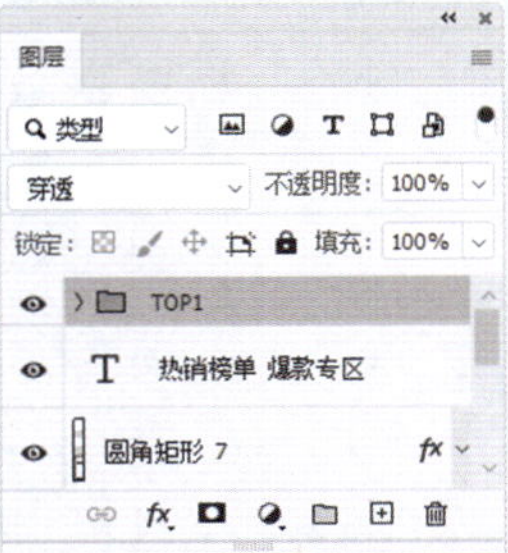

图8-110

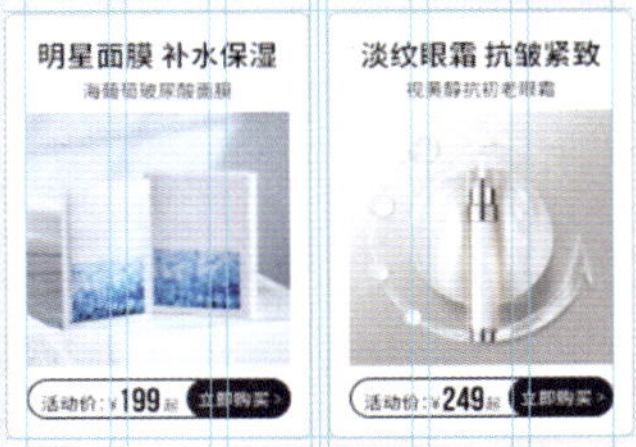

图8-111

（18）按住Shift键的同时，单击"圆角矩形7"图层，将需要的图层同时选取，按Ctrl+G组合键，群组图层并将其命名为"热销榜单"，如图8-112所示。使用上述方法制作"新品上市"图层组，效果如图8-113所示。按住Shift键的同时，单击"矩形 8"图层，将需要的图层同时选取，按Ctrl+G组合键，群组图层并将其命名为"商品展示"，如图8-114所示。

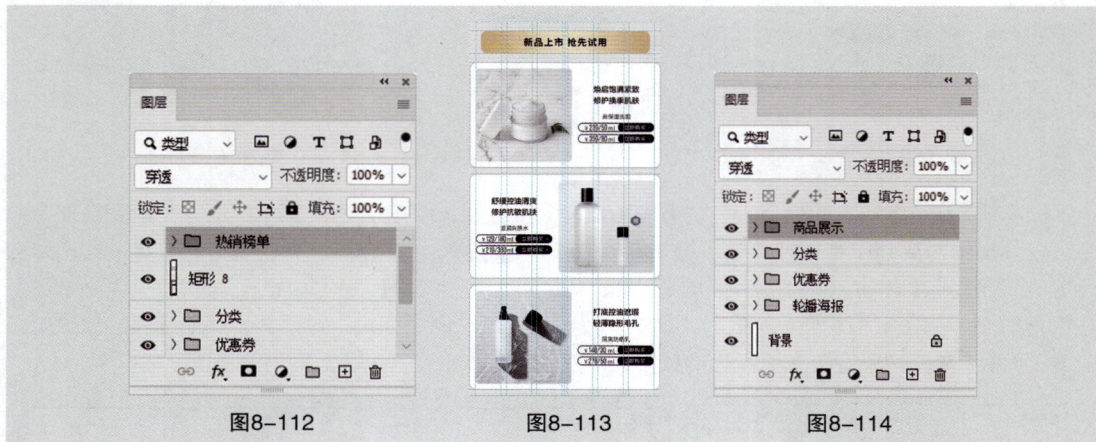

图8-112　　　　　　　　図8-113　　　　　　　　图8-114

5. 制作底部信息

（1）选择"矩形"工具，在属性栏中将"填充"颜色设为白色，"描边"颜色设为无。在图像窗口中绘制一个与页面大小几乎相等的矩形，效果如图8-115所示 "图层"面板中会生成新的形状图层"矩形10"。

（2）单击"图层"面板下方的"添加图层样式"按钮，在弹出的菜单中选择"渐变叠加"命令。在弹出的对话框中单击"点按可编辑渐变"按钮，弹出"渐变编辑器"对话框，分别设置3个位置点颜色的RGB值分别为0（234、192、137）、50（254、245、215）、100（234、192、137），如图8-116所示。

（3）单击"确定"按钮，返回"图层样式"对话框，其他选项的设置如图8-117所示。单击"确定"按钮，效果如图8-118所示。选择"圆角矩形"工具，在属性栏中将"填充"颜色设为白色，"描边"颜色设为无，"半径"设为20像素。在图像窗口中适当的位置绘制一个圆角矩形，"图层"面板中会生成新的形状图层"圆角矩形17"，效果如图8-119所示。

（4）选择"文件>置入嵌入对象"命令，弹出"置入嵌入的对象"对话框，选择云盘中的"Ch08> 8.2.6课堂案例——护肤品店铺首页设计>素材>18"文件，单击"置入"按钮，将图片置入图像窗口中。拖曳图片到适当的位置，按Enter键确定操作，"图层"面板中会生成新的图层，将其命名为"元素"。按Ctrl+Alt+G组合键，为图层创建剪贴蒙版，效果如图8-120所示。

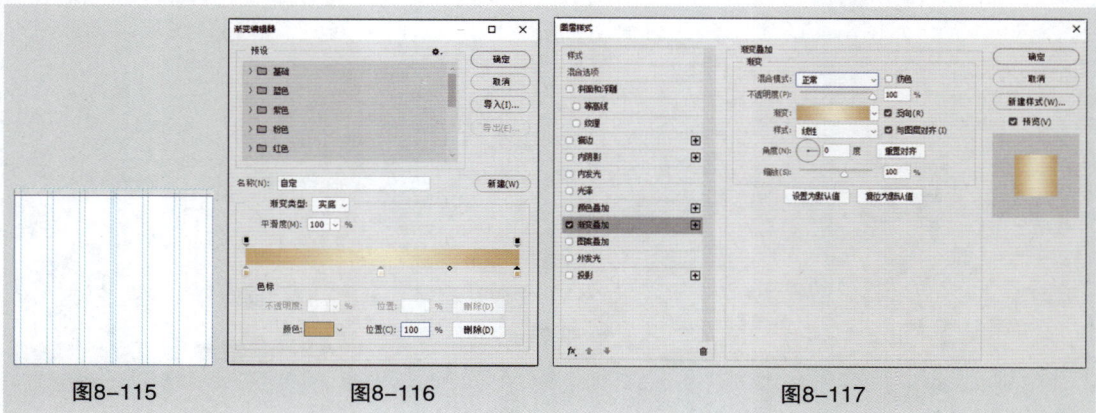

图8-115　　　　　　　图8-116　　　　　　　　　　図8-117

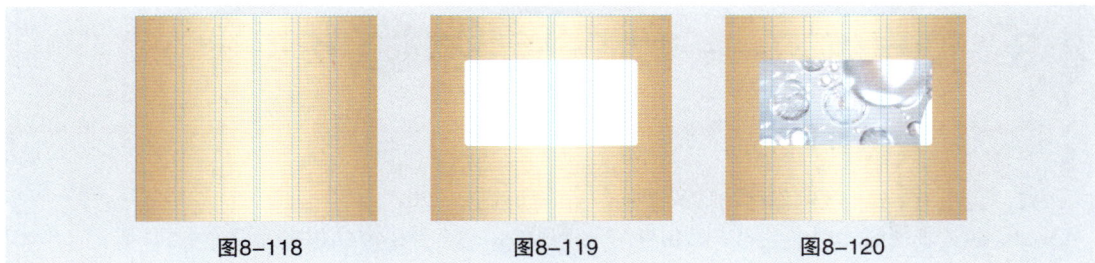

图8-118　　　　　　　　　图8-119　　　　　　　　　图8-120

（5）选择"横排文字"工具 **T.**，在图像窗口中分别输入需要的文字并选取文字。在"字符"面板中将"颜色"设为深灰色（4、5、7），并分别设置合适的字体和字号，按Enter键确定操作，效果如图8-121所示。"图层"面板中会分别生成新的文字图层。

（6）再次选择"横排文字"工具 **T.**，在图像窗口中拖曳鼠标指针生成文本框，输入需要的文字并选取文字。在"字符"面板中将"颜色"设为深灰色（4、5、7），其他选项的设置如图8-122所示，按Enter键确定操作，效果如图8-123所示。"图层"面板中会生成新的文字图层。

（7）按住Shift键的同时，单击"矩形10"图层，将需要的图层同时选取，按Ctrl+G组合键，群组图层并将其命名为"底部信息"，如图8-124所示。

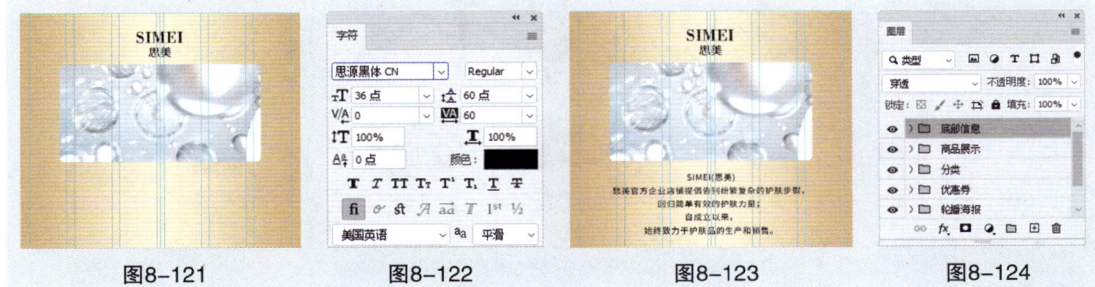

图8-121　　　　　　　　　图8-122　　　　　　　　　图8-123　　　　　　　　　图8-124

（8）选择"文件>导出>存储为Web所用格式（旧版）"命令，在弹出的对话框中进行设置，如图8-125所示，单击"存储"按钮，导出效果图。移动端护肤品店铺首页制作完成。

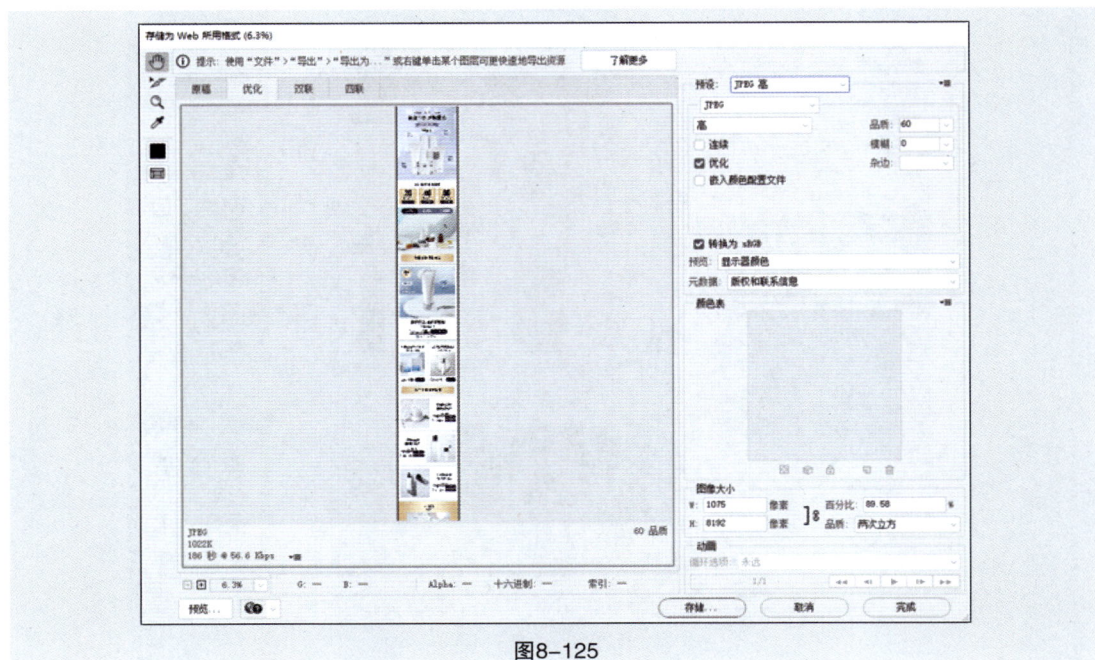

图8-125

【案例设计要求】

1. 运用 Photoshop 制作移动端的数码产品店铺首页。
2. 视觉表现应体现出数码产品相应的设计风格，契合数码产品相应的设计主题。
3. 制作的设计文件应符合电商设计的制作规范与制作标准。

【案例学习目标】学习使用绘图工具、文字工具制作移动端的数码产品店铺首页，最终效果如图 8-126 所示。

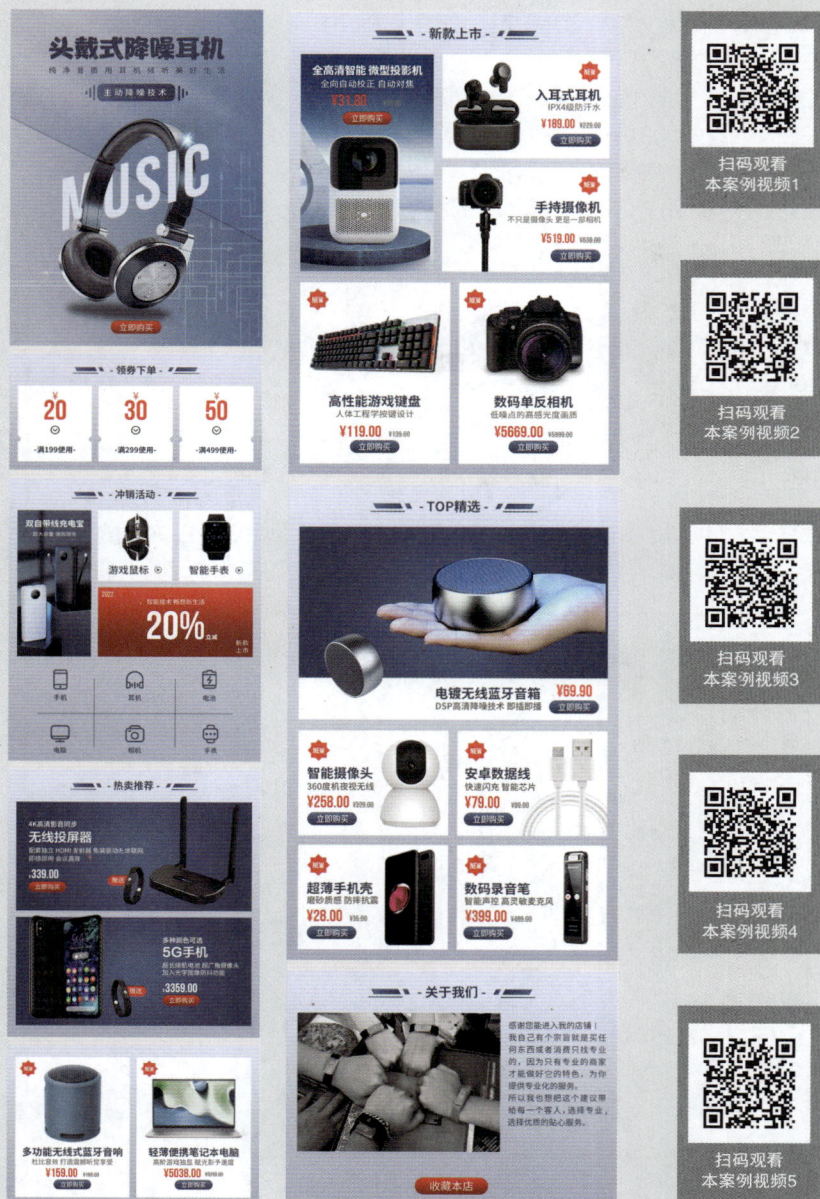

图8-126

【案例设计要求】

1. 运用 Photoshop 制作移动端的新中式家具店铺首页。
2. 视觉表现应体现出新中式家具的设计风格，契合新中式家具的设计主题。
3. 制作的设计文件应符合电商设计的制作规范与制作标准。

【案例学习目标】学习使用绘图工具、文字工具制作移动端的新中式家具店铺首页，最终效果如图 8-127 所示。

图8-127

09

第9章

PC 端活动专题页设计

▶ **本章介绍**

　　PC端活动专题页设计是电商设计中具备一定难度的综合型工作任务，精心设计的PC端活动专题页能够营造出活动的欢庆氛围，促使消费者活动感兴趣。本章针对PC端活动专题页的基本类型、表现形式以及板块设计等基础知识进行系统讲解，并针对流行风格与典型行业的PC端活动专题页进行设计演示。通过对本章的学习，读者可以对PC端活动专题页的设计有一个系统的认识，并快速掌握PC端活动专题页的设计规范和制作方法，成功制作出精彩的PC端活动专题页。

知识目标

1. 了解 PC 端活动专题页的基本类型
2. 熟悉 PC 端活动专题页的表现形式
3. 熟悉 PC 端活动专题页的板块设计

能力目标

1. 明确 PC 端平台活动专题页的设计思路
2. 掌握 PC 端平台活动专题页的制作方法
3. 明确 PC 端店铺活动专题页的设计思路
4. 掌握 PC 端店铺活动专题页的制作方法

素养目标

1. 培养良好的 PC 端活动专题页设计习惯
2. 培养对 PC 端活动专题页的审美鉴赏能力
3. 培养对 PC 端活动专题页的创意设计能力

慕课视频

PC端活动
专题页设计

9.1 PC端活动专题页的基本类型

活动专题页是指在各种活动主题下，进行商品促销的电商页面。根据服务对象，PC端活动专题页可以分为PC端平台活动专题页和PC端店铺活动专题页，如图9-1所示。

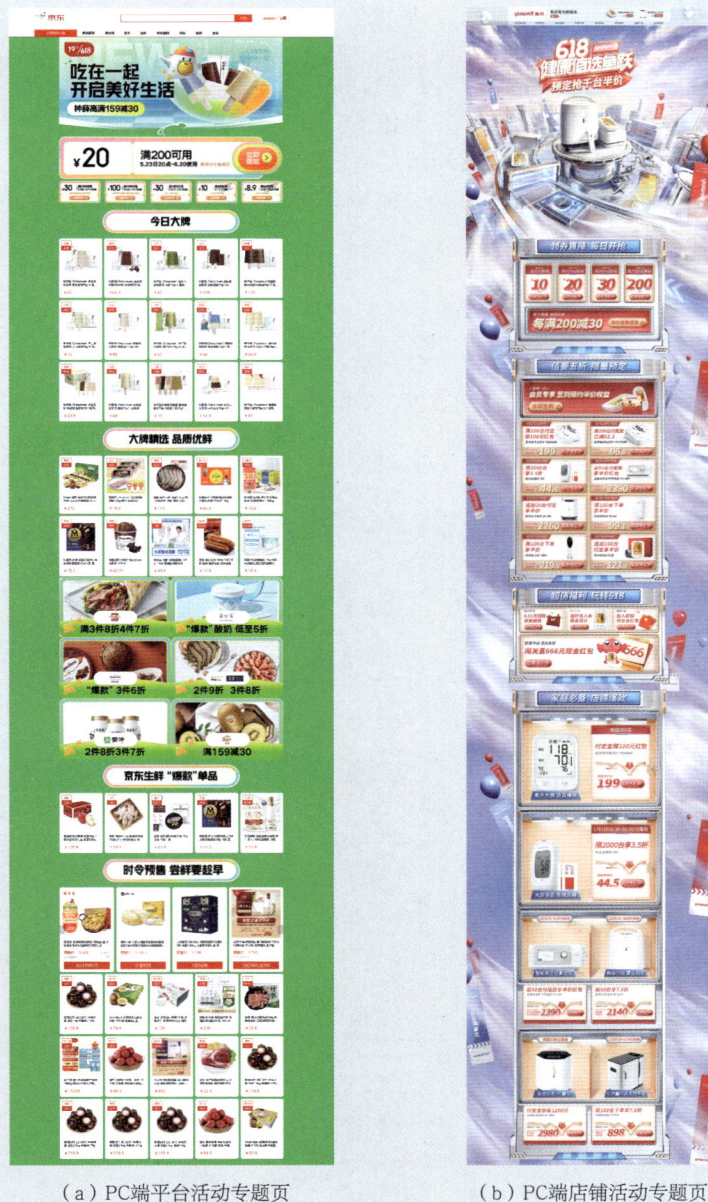

（a）PC端平台活动专题页　　　　（b）PC端店铺活动专题页

图9-1

PC端平台活动专题页通常涉及大量的类目、品牌以及商品，因此整体布局较为紧凑，其头部Banner常设计为高度较小的小尺寸类型，以便能在首屏展示更多信息。而PC端店铺活动专题页只需要呈现单一类目或单一品牌下的少量商品，因此整体布局较为宽松，其头部Banner常设计为高度较大的大尺寸类型，以便能更好地体现主题和营造氛围。

9.2　PC端活动专题页的表现形式

　　根据PC端活动专题页的信息呈现和商品陈列方式，PC端活动专题页通常有矩形排列和场景展示两种表现形式。

9.2.1　矩形排列

　　矩形排列即用矩形的形式将PC端活动专题页的内容按照一定规则进行排列。这种表现形式能够清晰地展示信息内容，令画面整齐耐看。根据不同的设计风格，矩形排列又可以细分为扁平化矩形和拟物化矩形，如图9-2所示。扁平化矩形是将矩形刻画成轻量化的视觉元素，从而更好地凸显商品和信息。拟物化矩形则是将矩形刻画成立体感的视觉元素，使矩形成为画面亮点，让画面颇具美感。

9.2.2　场景展示

　　场景展示即用场景化的形式呈现页面中的内容。这种表现形式能够突出主题氛围，使信息和商品巧妙地融入场景，设计极具连贯性与创意度，如图9-3所示。

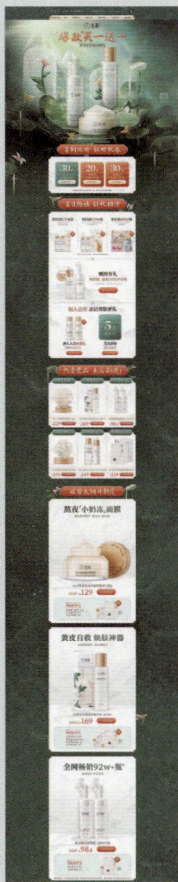

（a）扁平化矩形　　　　（b）拟物化矩形

图9-2

图9-3

9.3 PC端活动专题页的板块设计

尽管PC端活动专题页的设计形式丰富多样，但依然有规律可循。下面分别从PC端活动专题页的设计尺寸、页面结构以及设计要点这3个方面进行讲解，帮助读者掌握PC端活动专题页的设计思路。

9.3.1 PC端活动专题页的设计尺寸

PC端活动专题页的设计尺寸可以参考第7章"PC端店铺首页设计"的相关内容进行设置。通常情况下，PC端活动专题页的宽度设置为1920像素，若是重要的信息和商品，建议将宽度设置在1200像素以内，高度不限。电商设计师可以根据商家的不同需要对设计尺寸进行灵活调整。

9.3.2 PC端活动专题页的页面结构

PC端活动专题页通常由店招与导航Banner、活动促销区以及商品陈列区组成，如图9-4所示。根据1.5.3节"栅格系统"的相关内容以及主流PC端活动专题页的设计尺寸，PC端活动专题页的页面结构分为紧凑型和宽松型两种，如图9-5所示。紧凑型中，模块排列紧凑、占屏较小，适合展示文字较少或版面紧张的内容；宽松型中，模块排列宽松、占屏较大，适合展示文字较多或需要着重呈现的内容。模块的高度可以根据商品和信息的内容灵活变化，设计时建议参考图9-5所示的比例，不然容易令板块在结构上失衡。

图9-4

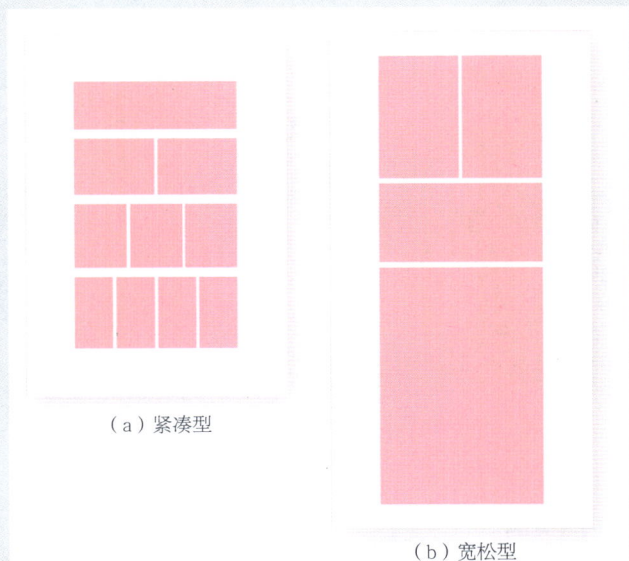

（a）紧凑型

（b）宽松型

图9-5

9.3.3 PC端活动专题页的设计要点

1. 商品陈列

PC端活动专题页中的商品展示占据了页面的大部分，在同一模块中建议使用统一的形式和规则进行设计，以达到井然有序的陈列效果，帮助消费者快速找到需要的商品。想要设计出规整的PC端活动专题页，电商设计师需要在商品展示形式和商品展示角度两个方面进行统一。

（1）商品展示形式

常用的商品展示形式有摄影图片、背景设计和台面设计3种，这3种商品展示形式各有所长，适用于大多数品类商品的展示。摄影图片即拍摄一套调性统一的商品图片进行商品展示，如图9-6所示。这种展示形式的运用难度较高，但可以令商品看起来更加生动、更具质感。背景设计是将商品本身的背景更换为白色等其他扁平化背景进行商品展示，如图9-7所示。这种展示形式需保证背景的风格一致，以使商品清晰明了。台面设计即利用桌面或方盒承载商品进行商品展示，如图9-8所示。采用这种展示形式时，电商设计师需要具有较高的台面刻画能力，以表现商品的立体感和透气性。

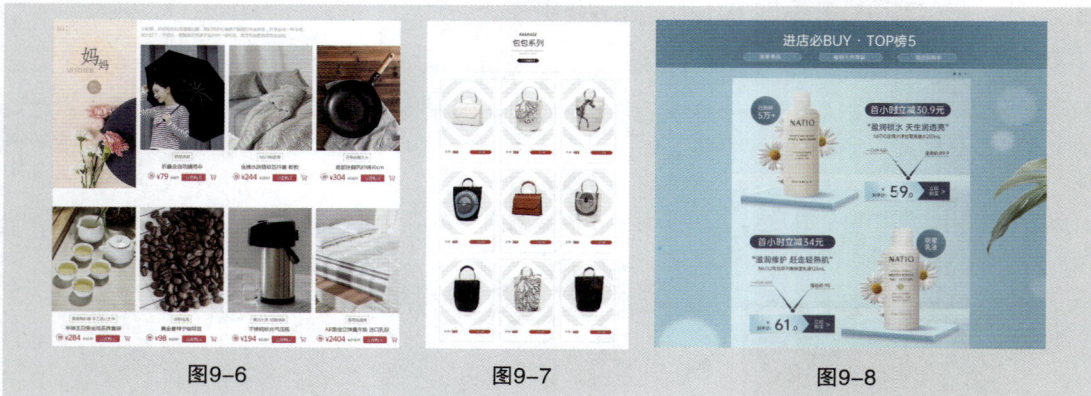

| 图9-6 | 图9-7 | 图9-8 |

（2）商品展示角度

商品展示角度有平视、仰视和俯视3种，不同的视角可以给人带来不同的感受，具体内容可以查看2.2.2节"合成的透视知识"。其中平视和俯视角度会令商品展示更为自然，因此被广泛使用，如图9-9所示。仰视角度会给人带来刻意的感受，使商品的真实感和亲切感不足，因此较少被使用。

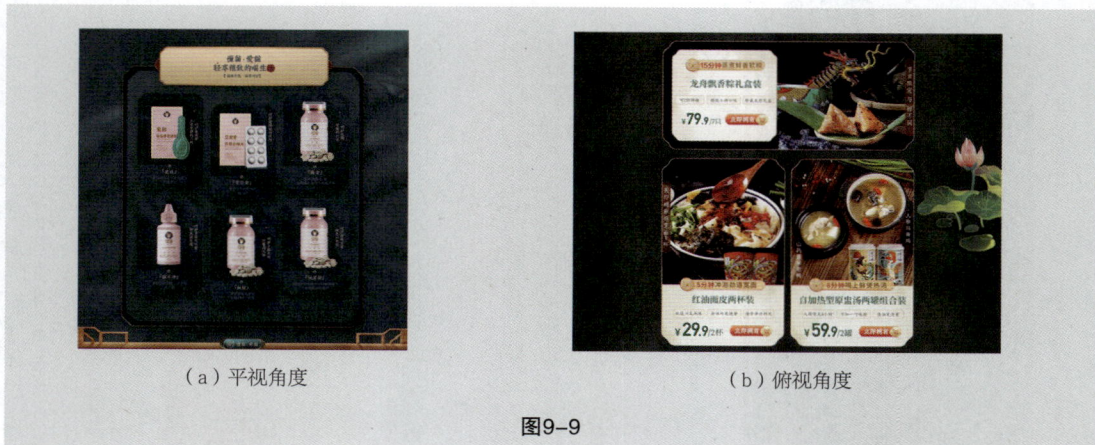

（a）平视角度　　　　　　　　　　　　　（b）俯视角度

图9-9

2. 内容分隔

PC端活动专题页中的内容展示区包含活动促销区和商品陈列区，这些区域在设计时应有明确的分隔，以保证消费者快速区分不同的内容，加强信息传达。内容分隔主要包括板块分隔和模块分隔。

电商设计（全彩慕课版）（第2版）

（1）板块分隔

板块分隔即对PC端活动专题页中不同的专区进行区分，常见的专区有活动促销区和商品陈列区。板块分隔的设计通常包含分隔栏、颜色和表现形式3个方面。分隔栏能够直接明了地区分出不同板块，并能保持视觉的连贯性，如图9-10所示。将不同的板块设计成不同的颜色是一种快速区分板块的方法，操作简单并且效果明显，如图9-11所示。板块分隔常用的表现形式有矩形排列和场景展示，通过不同的表现形式区分板块的设计难度较大，但呈现效果十分理想，如图9-12所示。

图9-10

图9-11

图9-12

（2）模块分隔

模块分隔即对PC端活动专题页同一板块中的不同模块进行区分，以实现每个模块都是一个相对独立的视觉单元。根据表现形式的不同，模块分隔有矩形分隔和场景分隔两类。矩形分隔使模块区分明确，设计时需要注意将单个商品有关的所有内容都置于一个矩形内，保证模块的完整性，如图9-13所示。场景分隔使模块区分自然（利用场景中的视觉元素形成模块的边界），设计时与矩形分隔一样，需要注意模块的完整性，如图9-14所示。

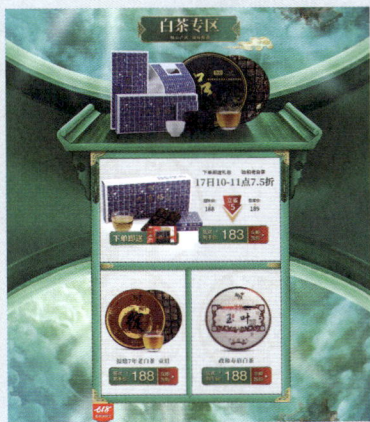
图9-13

图9-14

9.3.4　课堂案例——品质家电平台专题页设计

【案例设计要求】
1. 运用 Photoshop 制作品质家电平台专题页。

2. 视觉表现应体现出家电相应的设计风格，契合家电相应的设计主题。

3. 制作的设计文件应符合电商设计的制作规范与制作标准。

【案例设计理念】在设计过程中，围绕家电发挥创意。背景为渐变色与图片相结合的形式，营造出科技感的氛围。色彩主要选取白色、紫色和蓝色，给人舒适、高端和梦幻的感觉。字体选用黑体，起到呼应主题的作用。整体设计充满特色，契合主题。最终效果查看"云盘 /Ch09/9.3.4 课堂案例——品质家电平台专题页设计 / 工程文件 .psd"，如图 9-15 所示。

【案例学习目标】学习使用绘图工具、文字工具制作品质家电平台专题页。

【案例知识要点】使用"新建参考线版面"命令建立参考线版面，使用"置入嵌入对象"命令置入图片，使用"横排文字"工具添加文字，使用"矩形"工具、"直线"工具、"椭圆"工具和"圆角矩形"工具绘制基本形状，使用"添加图层样式"命令为图像添加效果，使用"创建剪贴蒙版"命令调整图片显示区域。

图9-15

1. 制作商品海报

（1）按Ctrl+N组合键，弹出"新建文档"对话框，设置"宽度"为1920像素，"高度"为9474像素，"分辨率"为72像素/英寸，"背景内容"为白色，如图9-16所示，单击"创建"按钮，新建一个文档。

（2）选择"视图>新建参考线"命令，在距离页面顶部900像素的位置新建一条水平参考线，设置如图9-17所示，单击"确定"按钮。

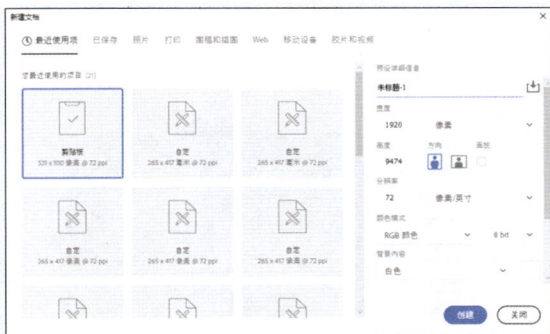

图9-16

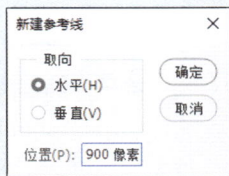

图9-17

（3）选择"矩形"工具 ▢ ，在属性栏中将"填充"颜色设为浅灰色（241、241、241），"描边"颜色设为无。在图像窗口中适当的位置绘制一个矩形，效果如图9-18所示。"图层"面板中会生成新的形状图层"矩形1"。

（4）选择"文件>置入嵌入对象"命令，弹出"置入嵌入的对象"对话框，选择云盘中的"Ch09>9.3.4课堂案例——品质家电平台专题页设计>素材>01"文件。单击"置入"按钮，将图片置入图像窗口中，拖曳图片到适当的位置并调整大小。按Enter键确定操作，"图层"面板中会生成新的图层，将其命名为"背景"。按Ctrl+Alt+G组合键，为图层创建剪贴蒙版，效果如图9-19所示。

图9-18

图9-19

（5）使用上述的方法置入"02"文件，将"02"图片拖曳到适当的位置并调整大小。按Enter键确定操作，"图层"面板中会生成新的图层，将其命名为"家电"，效果如图9-20所示。

（6）选择"背景"图层，单击"图层"面板下方的"创建新图层"按钮 ◨ ，"图层"面板中会生成新的图层，将其命名为"阴影"。选择"矩形选框"工具 ▢ ，在图像窗口中绘制一个矩形选区。将前景色设为黑色，按Alt+Delete组合键，用前景色填充选区。按Ctrl+D组合键，取消选区，效果如图9-21所示。

图9-20

图9-21

（7）选择"橡皮擦"工具 ✦，在属性栏中单击"画笔预设"选项右侧的按钮 ，在弹出的面板中进行设置，如图9-22所示。在图像窗口中拖曳鼠标指针擦除不需要的部分，效果如图9-23所示。

（8）选择"家电"图层，单击"图层"面板下方的"创建新图层"按钮 ◨ ，"图层"面板中会生成新的图层，将其命名为"环境色1"。选择"画笔"工具 ✎，在属性栏中单击"画笔预设"选项右侧的按钮 ，在弹出的面板中进行设置，如图9-24所示。将前景色分别设为亮蓝色（55、0、255）和亮紫色（162、0、255），在图像窗口中分别拖曳鼠标指针绘制环境色，效果如图9-25所示。按Ctrl+Alt+G组合键，为图层创建剪贴蒙版，效果如图9-26所示。

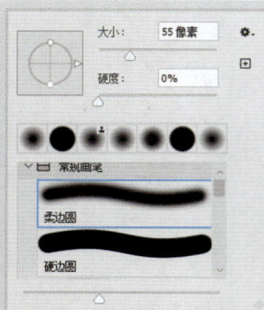

图9-22

图9-23

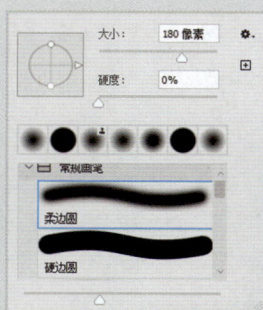

图9-24

图9-25

图9-26

（9）在"图层"面板中将图层混合模式设为"颜色减淡"，"不透明度"设为80%，如图9-27所示，效果如图9-28所示。选择"文件>置入嵌入对象"命令，弹出"置入嵌入的对象"对话框，选择云盘中的"Ch09>9.3.4课堂案例——品质家电平台专题页设计>素材>03"文件。单击"置入"按钮，将图片置入图像窗口中，拖曳图片到适当的位置并调整大小。按Enter键确定操作，"图层"面板中会生成新的图层，将其命名为"机器人1"，效果如图9-29所示。

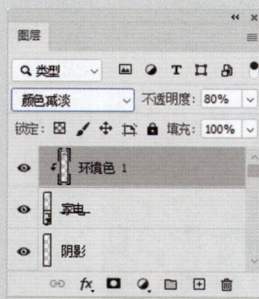

图9-27

图9-28

图9-29

（10）按Ctrl+J组合键，复制图层，"图层"面板中会生成新的图层"机器人1拷贝"。将其拖曳到"机器人1"图层的下方，选择"滤镜>模糊>动感模糊"命令，在弹出的对话框中进行设置，如图9-30所示，效果如图9-31所示。选择"机器人1"图层，使用上述方法制作"环境色2"图层，效果如图9-32所示。

（11）使用上述方法置入图片、复制图层并制作"环境色3"图层，如图9-33所示，效果如图9-34所示。选择"文件>置入嵌入对象"命令，弹出"置入嵌入的对象"对话框，选择云盘中的"Ch09>9.3.4课堂案例——品质家电平台专题页设计>素材>05"文件。单击"置入"按钮，将图片置入图像窗口中，拖曳图片到适当的位置并调整大小。按Enter键确定操作，效果如图9-35所示。"图层"面板中会生成新的图层，将其命名为"标题边框"。

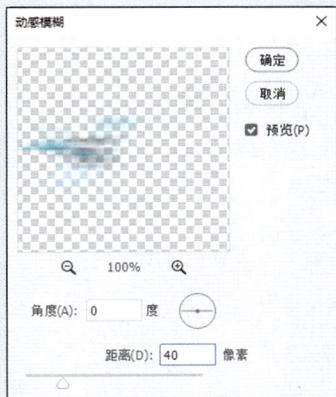

图9-30　　　　　　　　图9-31　　　　　　　　图9-32

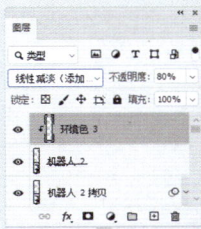

图9-33　　　　　　　　图9-34　　　　　　　　图9-35

（12）使用上述方法置入"06"文件，将"06"图片拖曳到适当的位置并调整大小。按Enter键确定操作，"图层"面板中会生成新的图层，将其命名为"光"。设置图层混合模式为"滤色"，效果如图9-36所示。按Ctrl+J组合键，复制图层，"图层"面板中会生成新的图层"光　拷贝"。将复制的图像拖曳到适当的位置，效果如图9-37所示。

图9-36　　　　　　　　　　　　　　　图9-37

（13）选择"横排文字"工具 **T.**，在图像窗口中输入需要的文字并选取文字。在"字符"面板中将"颜色"设为白色，其他选项的设置如图9-38所示，按Enter键确定操作，效果如图9-39所示。"图层"面板中会生成新的文字图层。

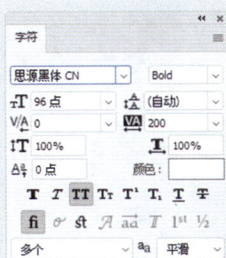

图9-38　　　　　　　　　图9-39

（14）单击"图层"面板下方的"添加图层样式"按钮 *fx.*，在弹出的菜单中选择"描边"命令。弹出"图层样式"对话框，将描边颜色设为淡紫色（146、145、252），其他选项的设置如图9-40所示。选择对话框左侧的"投影"选项，切换到相应的界面，将投影颜色设为淡蓝色（69、180、255），其他选项的设置如图9-41所示。

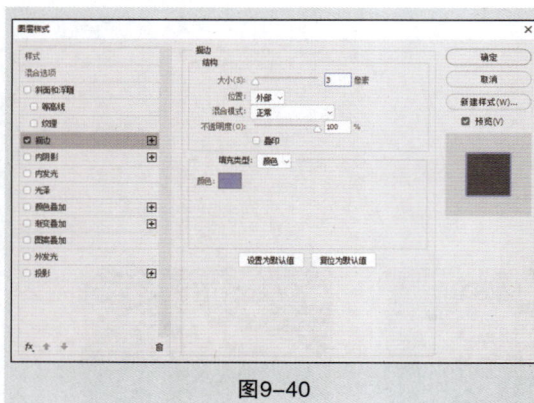

图9-40

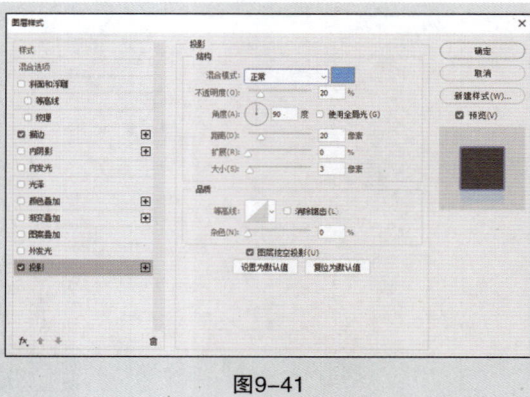

图9-41

（15）单击"投影"选项右侧的按钮 ⊞ ，在新增的"投影"界面中将投影颜色设为淡蓝色
（69、180、255），其他选项的设置如图9-42所示。单击"确定"按钮，效果如图9-43所示。

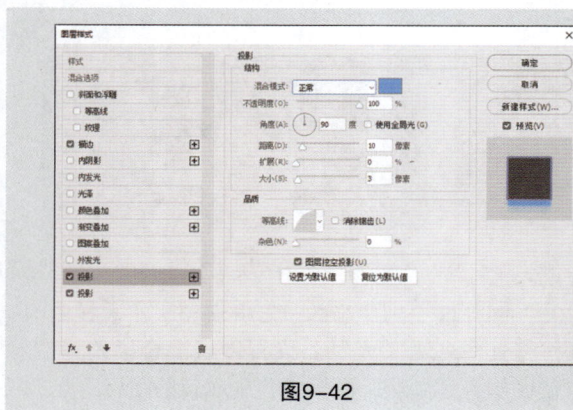

图9-42

图9-43

（16）选择"矩形"工具 ⬜ ，在属性栏中将"填充"颜色设为白色，"描边"颜色设为无。在
图像窗口中适当的位置绘制一个矩形，效果如图9-44所示。"图层"面板中会生成新的形状图层
"矩形2"。

（17）单击"图层"面板下方的"添加图层样式"按钮 *fx*，在弹出的菜单中选择"斜面和浮
雕"命令。弹出"图层样式"对话框，将高光颜色设为白色，阴影颜色设为亮紫色（205、27、
241），其他选项的设置如图9-45所示。

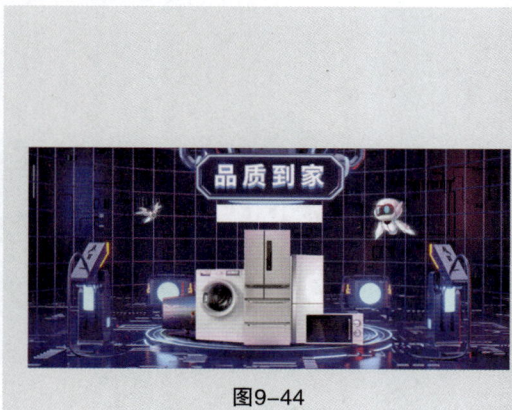

图9-44

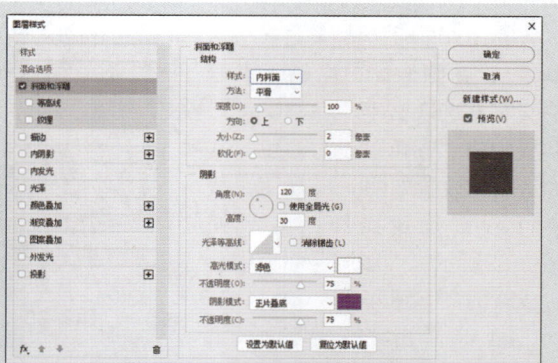

图9-45

（18）选择对话框左侧的"描边"选项，切换到相应的界面，将"填充类型"设为"渐变"，
单击"点按可编辑渐变"按钮 ▉▬▬ ，弹出"渐变编辑器"对话框，设置两个位置点颜色的

RGB值分别为0（119、118、228）、100（42、182、248），如图9-46所示。单击"确定"按钮，返回"图层样式"对话框，其他选项的设置如图9-47所示。

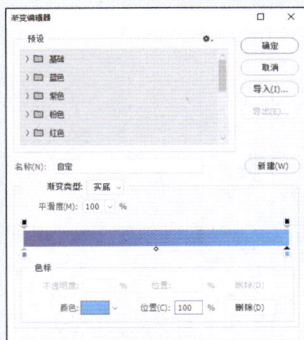

图9-46

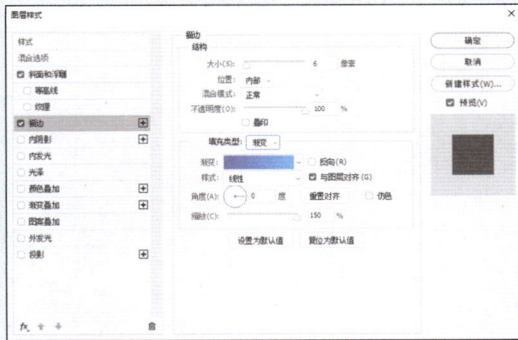

图9-47

（19）选择对话框左侧的"渐变叠加"选项，切换到相应的界面，单击"点按可编辑渐变"按钮，弹出"渐变编辑器"对话框，设置两个位置点颜色的RGB值分别为0（49、56、121）、100（26、30、81），如图9-48所示。单击"确定"按钮，返回"图层样式"对话框，其他选项的设置如图9-49所示，单击"确定"按钮。

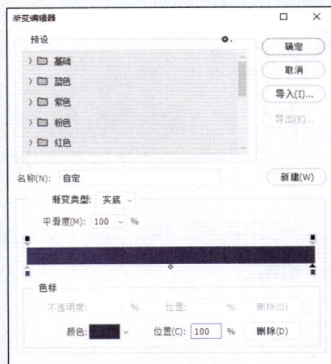

图9-48

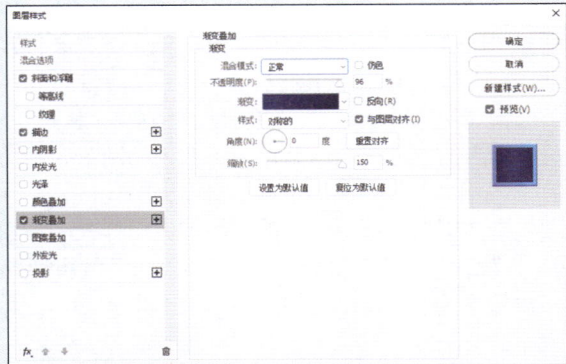

图9-49

（20）使用上述方法绘制形状并添加描边效果，效果如图9-50所示。选择"横排文字"工具 T.，在图像窗口中输入需要的文字并选取文字。在"字符"面板中将"颜色"设为白色，其他选项的设置如图9-51所示，按Enter键确定操作，效果如图9-52所示。"图层"面板中会生成新的文字图层。

图9-50

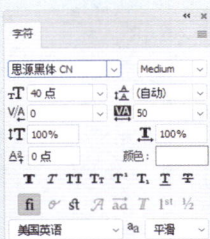

图9-51

图9-52

（21）单击"图层"面板下方的"添加图层样式"按钮 fx，在弹出的菜单中选择"投影"命令。弹出"图层样式"对话框，将投影颜色设为深紫色（39、44、97），其他选项的设置如

图9-53所示。单击"确定"按钮。

（22）按住Shift键的同时，单击"矩形 1"图层，将需要的图层同时选取，按Ctrl+G组合键，群组图层并将其命名为"海报"，如图9-54所示。

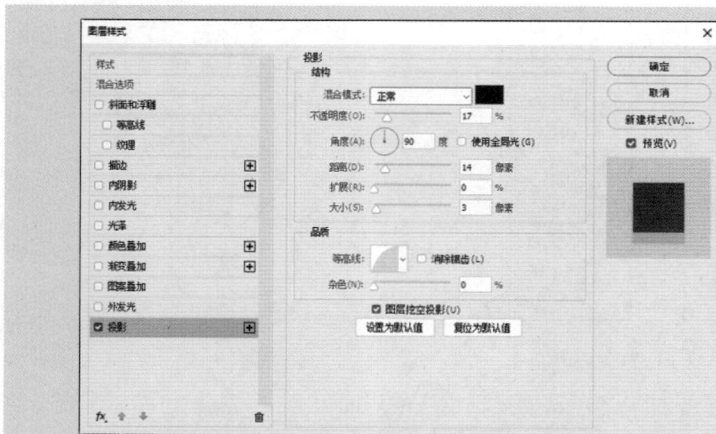

图9-53

图9-54

2. 制作优惠券

（1）选择"视图 > 新建参考线版面"命令，弹出"新建参考线版面"对话框，勾选"列"复选框，设置"数字"为12，"宽度"为56像素，"装订线"为48像素，如图9-55所示。单击"确定"按钮，完成参考线版面的创建。

（2）选择"矩形"工具 □，在属性栏中将"填充"颜色设为白色，"描边"颜色设为无。在图像窗口中适当的位置绘制一个矩形，效果如图9-56所示，"图层"面板中会生成新的形状图层"矩形4"。

（3）单击"图层"面板下方的"添加图层样式"按钮 fx，在弹出的菜单中选择"渐变叠加"命令。弹出"图层样式"对话框，单击"点按可编辑渐变"按钮 ██████ ∨，弹出"渐变编辑器"对话框，设置两个位置点颜色的RGB值分别为0（52、42、125）、100（33、26、90），如图9-57所示。

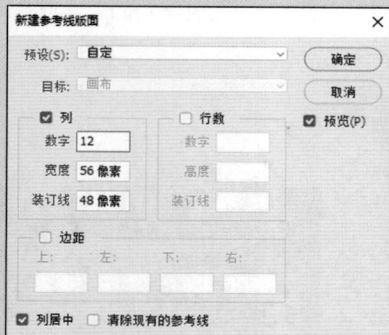

图9-55

图9-56

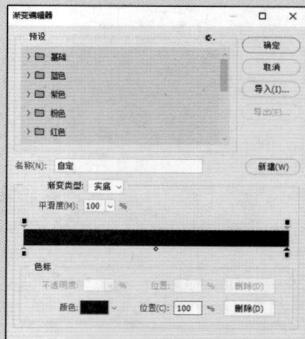

图9-57

（4）单击"确定"按钮，返回"图层样式"对话框，其他选项的设置如图9-58所示，单击"确定"按钮，效果如图9-59所示。

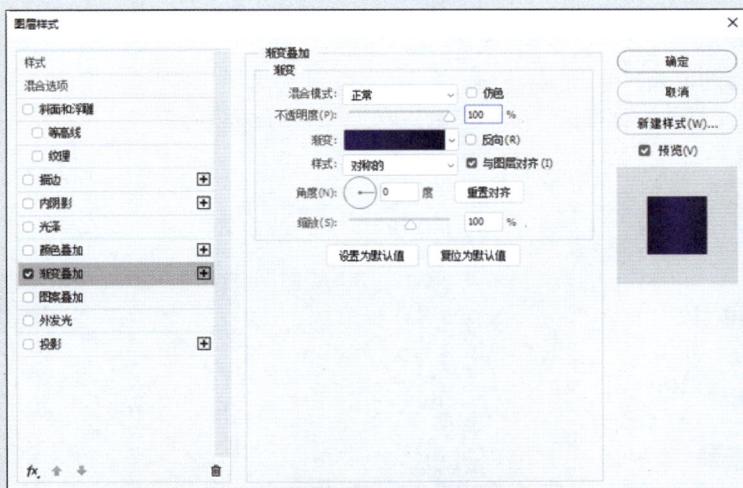

图9-58

图9-59

（5）选择"文件>置入嵌入对象"命令，弹出"置入嵌入的对象"对话框，选择云盘中的"Ch09>9.3.4课堂案例——品质家电平台专题页设计>素材>07"文件。单击"置入"按钮，将图片置入图像窗口中，拖曳图片到适当的位置并调整大小。按Enter键确定操作，"图层"面板中会生成新的图层，将其命名为"星空图"，设置图层混合模式为"滤色"，效果如图9-60所示。

（6）选择"钢笔"工具 ⌀ ，在属性栏的"选择工具模式"选项中选择"形状"，"填充"颜色设为无，"描边"颜色设为淡蓝色（167、188、226），"描边"粗细设为2像素。在图像窗口中绘制路径，"图层"面板中会生成新的形状图层"形状1"。

（7）单击"图层"面板下方的"添加图层样式"按钮 fx ，在弹出的菜单中选择"外发光"命令。弹出"图层样式"对话框，将外发光颜色设为淡蓝色（219、244、255），其他选项的设置如图9-61所示。单击"确定"按钮，效果如图9-62所示。

图9-60

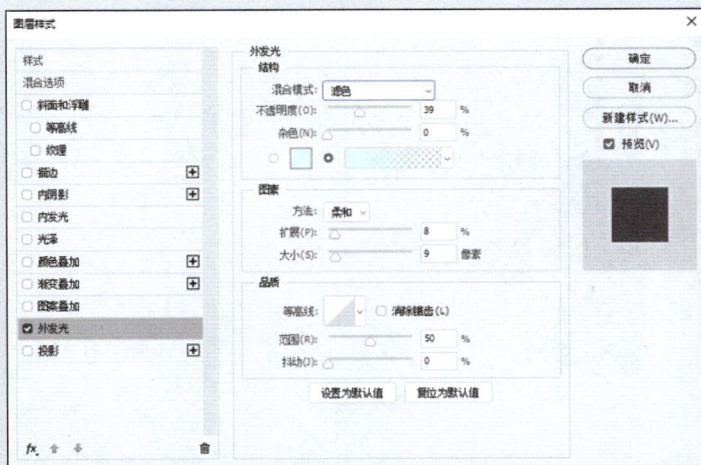

图9-61

图9-62

（8）单击"图层"面板下方的"添加图层蒙版"按钮 ▢ ，为"形状 1"图层添加图层蒙版。选择"画笔"工具 ✐ ，在属性栏中单击"画笔预设"选项右侧的按钮 ，在弹出的面板中进行设置，如图9-63所示。将前景色设为黑色，在图像窗口中拖曳鼠标指针擦除不需要的部分，部分效果如图9-64所示。

（9）选择"文件>置入嵌入对象"命令，弹出"置入嵌入的对象"对话框，选择云盘中的"Ch09>9.3.4课堂案例——品质家电平台专题页设计>素材>08"文件。单击"置入"按钮，将图片置入图像窗口中，拖曳图片到适当的位置，单击鼠标右键，在弹出的菜单中选择"水平翻转"命令。按Enter键确定操作，效果如图9-65所示，"图层"面板中会生成新的图层，将其命名为"星空元素"。

图9-63

图9-64

图9-65

（10）按Ctrl+J组合键，复制图层，"图层"面板中会生成新的图层"星空元素 拷贝"。将复制的图像拖曳到适当的位置，按Ctrl+T组合键，图像周围会出现变换框。单击鼠标右键，在弹出的菜单中选择"水平翻转"命令。按Enter键确定操作，效果如图9-66所示。使用上述方法，复制出更多图像，效果如图9-67所示。

（11）按住Shift键的同时，单击"矩形4"图层，将需要的图层同时选取，按Ctrl+G组合键，群组图层并将其命名为"背景"，如图9-68所示。

（12）选择"视图>新建参考线"命令，在距离上一条参考线597像素的位置新建一条水平参考线，设置如图9-69所示，单击"确定"按钮。

图9-66　　图9-67

图9-68

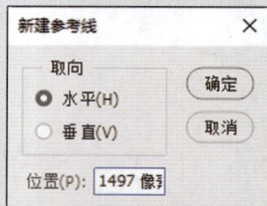
图9-69

（13）选择"横排文字"工具 T.，在图像窗口中输入需要的文字并选取文字。在"字符"面板中将"颜色"设为白色，其他选项的设置如图9-70所示，按Enter键确定操作，效果如图9-71所示。"图层"面板中会生成新的文字图层。

（14）单击"图层"面板下方的"添加图层样式"按钮 fx，在弹出的菜单中选择"描边"命令。弹出"图层样式"对话框，将描边颜色设为淡紫色（146、145、252），其他选项的设置如图9-72所示。选择对话框左侧的"投影"选项，切换到相应的界面，将投影颜色设为淡蓝色（69、180、255），其他选项的设置如图9-73所示。单击"确定"按钮。

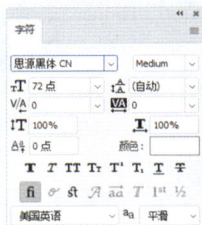
图9-70

图9-71

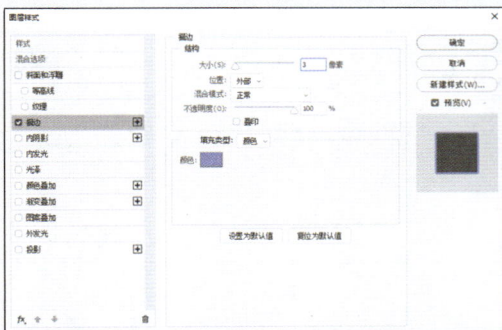
图9-72

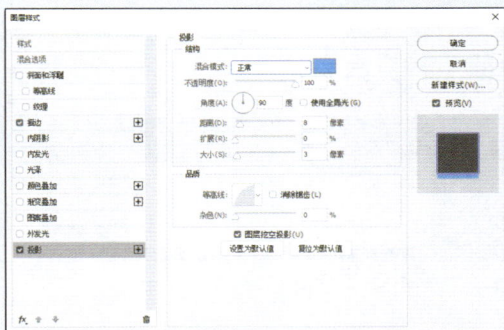
图9-73

（15）选择"文件>置入嵌入对象"命令，弹出"置入嵌入的对象"对话框，选择云盘中的"Ch09>9.3.4课堂案例——品质家电平台专题页设计>素材>09"文件。单击"置入"按钮，将图片置入图像窗口中，拖曳图片到适当的位置。按Enter键确定操作，效果如图9-74所示。"图层"面板中会生成新的图层，将其命名为"标题装饰"。

（16）按Ctrl+J组合键，复制图层，"图层"面板中会生成新的图层"标题装饰 拷贝"。将复制的图像拖曳到适当的位置，按Ctrl+T组合键，图像周围会出现变换框。单击鼠标右键，在弹出的菜单中选择"水平翻转"命令。按Enter键确定操作，效果如图9-75所示。

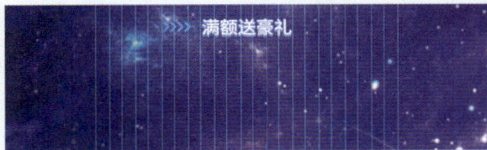
图9-74

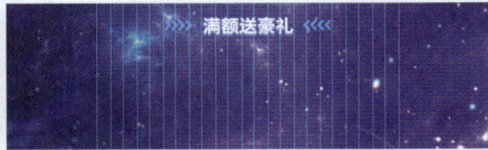
图9-75

（17）按住Shift键的同时，单击文字图层，将需要的图层同时选取，按Ctrl+G组合键，群组图层并将其命名为"标题"，如图9-76所示。选择"矩形"工具 □ ，在属性栏中将"填充"颜色设为白色，"描边"颜色设为无。在图像窗口中适当的位置绘制一个矩形，效果如图9-77所示。"图层"面板中会生成新的形状图层"矩形5"。

图9-76

图9-77

（18）选择"添加锚点"工具 ，在适当的位置分别添加两个锚点。选择"转换点"工具 ，单击所添加的锚点，隐藏手柄。按住Ctrl键的同时，分别拖曳锚点到适当的位置，效果如图9-78所示。单击"图层"面板下方的"添加图层样式"按钮 ，在弹出的菜单中选择"内阴影"命令。弹出"图层样式"对话框，将内阴影颜色设为深蓝色（8、6、47），其他选项的设置如图9-79所示。

图9-78

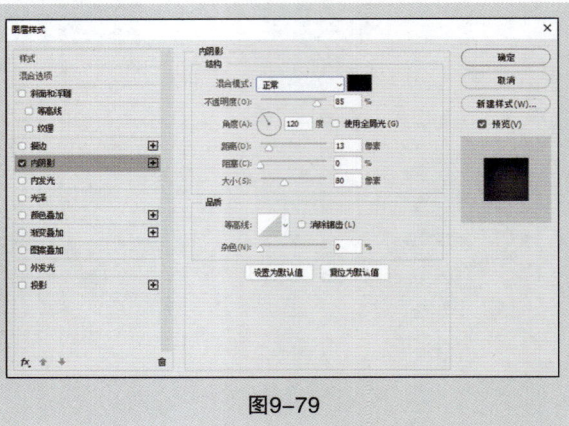
图9-79

（19）选择对话框左侧的"渐变叠加"选项，切换到相应的界面，单击"点按可编辑渐变"按钮 ，弹出"渐变编辑器"对话框，设置两个位置点颜色的RGB值分别为0（54、47、107）、100（78、65、183），如图9-80所示。单击"确定"按钮，返回"图层样式"对话框，其他选项的设置如图9-81所示，单击"确定"按钮。

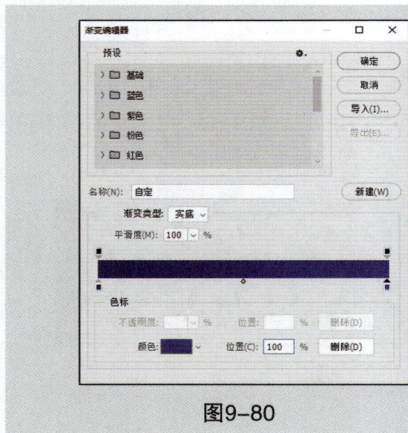
图9-80

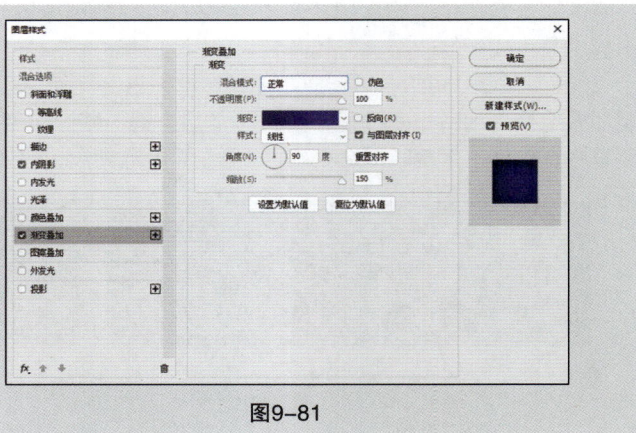
图9-81

（20）按Ctrl+J组合键，复制图层，"图层"面板中会生成新的图层"矩形5拷贝"。在"矩形5拷贝"图层上单击鼠标右键，在弹出的菜单中选择"清除图层样式"命令。选择"矩形"工具 ，在属性栏中将"填充"颜色设为无，"描边"颜色设为白色，"描边"粗细设为20像素。

（21）单击"图层"面板下方的"添加图层样式"按钮 ，在弹出的菜单中选择"斜面和浮雕"命令。弹出"图层样式"对话框，将高光颜色设为白色，阴影颜色设为亮紫色（205、27、241），其他选项的设置如图9-82所示。

（22）选择对话框左侧的"渐变叠加"选项，切换到相应的界面，单击"点按可编辑渐变"按钮 ，弹出"渐变编辑器"对话框，设置两个位置点颜色的RGB值分别为0（77、67、235）、100（173、81、247），如图9-83所示。

（23）单击"确定"按钮，返回"图层样式"对话框，其他选项的设置如图9-84所示，单击"确定"按钮，效果如图9-85所示。

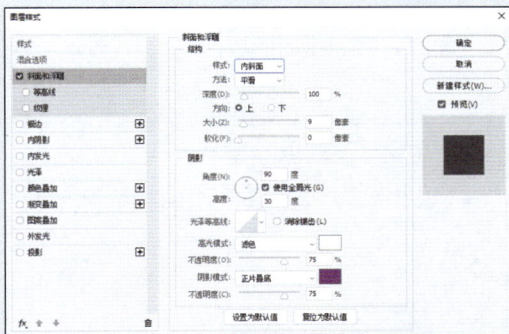
图9-82

图9-83

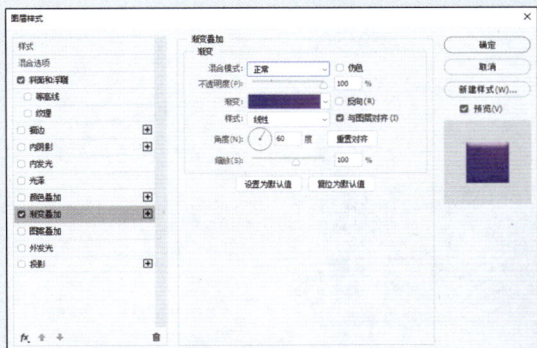
图9-84

图9-85

（24）选择"横排文字"工具 **T.**，在图像窗口中分别输入需要的文字并选取文字。在"字符"面板中将"颜色"设为白色，并设置合适的字体和字号，按Enter键确定操作，效果如图9-86所示。"图层"面板中会分别生成新的文字图层。

（25）选择"圆角矩形"工具 **▢.**，在图像窗口中适当的位置绘制一个圆角矩形，"图层"面板中会生成新的形状图层"圆角矩形1"。在"属性"面板中将"填充"颜色设为白色，"描边"颜色设为无，其他选项的设置如图9-87所示，效果如图9-88所示。

图9-86

图9-87

图9-88

（26）单击"图层"面板下方的"添加图层样式"按钮 **fx.**，在弹出的菜单中选择"渐变叠加"命令。弹出"图层样式"对话框，单击"点按可编辑渐变"按钮![渐变],弹出"渐变编辑器"对话框，设置两个位置点颜色的RGB值分别为0（55、63、164）、100（224、52、112），如图9-89所示。单击"确定"按钮，返回"图层样式"对话框，其他选项的设置如图9-90所示，单击"确定"按钮。

（27）选择"横排文字"工具 **T.**，在图像窗口中输入需要的文字并选取文字。在"字符"面板中将"颜色"设为白色，其他选项的设置如图9-91所示，按Enter键确定操作，效果如图9-92所示。"图层"面板中会生成新的文字图层。

（28）按住Shift键的同时，单击"¥"文字图层，将需要的图层同时选取，按Ctrl+G组合键，群组图层并将其命名为"券1"，如图9-93所示。

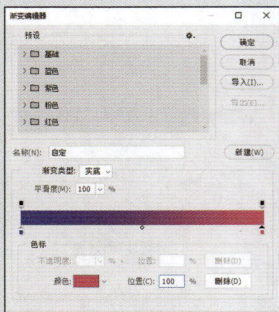
图9-89

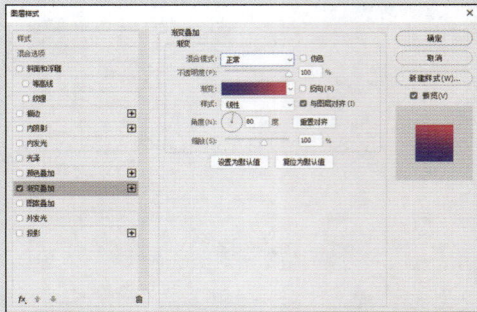
图9-90

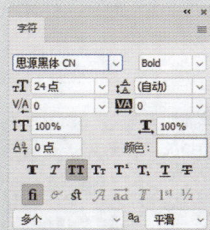
图9-91

图9-92

图9-93

（29）使用上述方法制作"券2""券 3"和"券 4"图层组，效果如图9-94所示。按住Shift键的同时，单击"标题"图层组，将需要的图层同时选取，按Ctrl+G组合键，群组图层并将其命名为"优惠券"，如图9-95所示。

图9-94

图9-95

3. 制作活动模块

（1）选择"视图 > 新建参考线"命令，在距离上一条参考线1036像素的位置新建一条水平参考线，设置如图9-96所示，单击"确定"按钮。

（2）选择"文件>置入嵌入对象"命令，弹出"置入嵌入的对象"对话框，选择云盘中的"Ch09>9.3.4课堂案例——品质家电平台专题页设计>素材>10"文件。单击"置入"按钮，将图片置入图像窗口中，拖曳图片到适当的位置并调整大小。按Enter键确定操作，"图层"面板中会生成新的图层，将其命名为"装饰框 1"，效果如图9-97所示。

（3）单击"图层"面板下方的"创建新的填充或调整图层"按钮 ，在弹出的菜单中选择"色相/饱和度"命令，"图层"面板中会生成"色相/饱和度 1"图层，同时在弹出的面板中进行设置，如图9-98所示。

图9-96

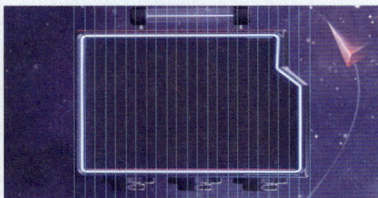

图9-97

图9-98

（4）使用上述方法置入图片并输入文字，效果如图9-99所示。选择"直线"工具 ╱，在属性栏中将"填充"颜色设为无，"描边"颜色设为白色，"描边"粗细设为10像素。单击"设置形状描边类型"选项右侧的下拉按钮 ，在弹出的下拉列表中选择虚线选项，如图9-100所示。按住Shift键的同时，在适当的位置绘制虚线，效果如图9-101所示。"图层"面板中会生成新的形状图层"形状2"。

图9-99

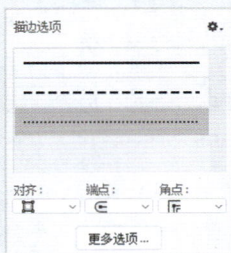

图9-100

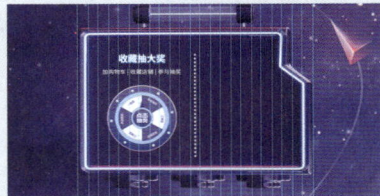

图9-101

（5）使用上述方法置入图片并输入文字，效果如图9-102所示。按住Shift键的同时，单击"装饰框 1"图层，将需要的图层同时选取，按Ctrl+G组合键，群组图层并将其命名为"活动"，如图9-103所示。

4．制作商品展示

（1）选择"视图>新建参考线"命令，在距离上一条参考线2408像素的位置新建一条水平参考线，设置如图9-104所示，单击"确定"按钮。使用上述方法制作"标题"图层组，效果如图9-105所示。

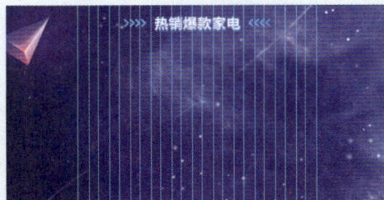

图9-102

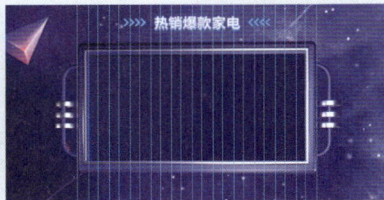

图9-103

（2）选择"文件>置入嵌入对象"命令，弹出"置入嵌入的对象"对话框，选择云盘中的"Ch09>9.3.4课堂案例——品质家电平台专题页设计>素材>12"文件。单击"置入"按钮，将图片置入图像窗口中，拖曳图片到适当的位置并调整大小。按Enter键确定操作，"图层"面板中会生成新的图层，将其命名为"装饰框2"，效果如图9-106所示。

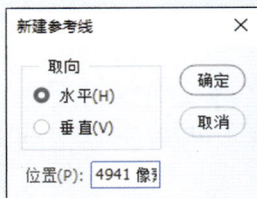

图9-104

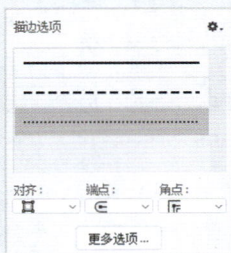

图9-105

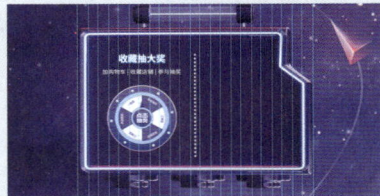

图9-106

（3）选择"横排文字"工具 **T.**，在图像窗口中分别输入需要的文字并选取文字。在"字符"面板中将"颜色"设为白色，并设置合适的字体和字号，按Enter键确定操作，"图层"面板中会分别生成新的文字图层。使用上述方法为文字添加阴影效果，效果如图9-107所示。

（4）选择"椭圆"工具 **○.**，在属性栏中将"填充"颜色设为玫红色（255、0、86），"描边"颜色设为无。按住Shift键的同时，在图像窗口中绘制一个圆形，效果如图9-108所示。"图层"面板中会生成新的形状图层"椭圆1"。

（5）使用上述方法输入文字、置入图片并绘制形状，效果如图9-109所示。单击"图层"面板下方的"创建新的填充或调整图层"按钮 **●.**，在弹出的菜单中选择"色相/饱和度"命令，"图层"面板中会生成"色相/饱和度2"图层，同时在弹出的面板中进行设置，如图9-110所示。

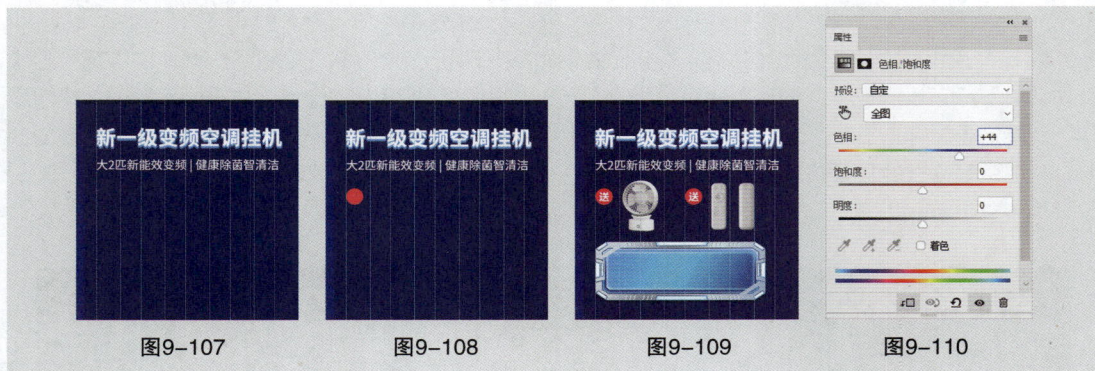

图9-107　　　　　　　　图9-108　　　　　　　　图9-109　　　　　　　　图9-110

（6）选择"横排文字"工具 **T.**，在图像窗口中分别输入需要的文字并选取文字。在"字符"面板中将"颜色"设为白色，并设置合适的字体和字号，按Enter键确定操作，"图层"面板中会分别生成新的文字图层。使用上述方法，为文字添加阴影效果，效果如图9-111所示。

（7）选择"椭圆"工具 **○.**，在属性栏中将"填充"颜色设为亮蓝色（69、97、255），"描边"颜色设为无。按住Shift键的同时，在图像窗口中绘制一个圆形，效果如图9-112所示。"图层"面板中会生成新的形状图层"椭圆 2"。在"属性"面板中，单击"蒙版"选项，切换到相应的界面进行设置，如图9-113所示。

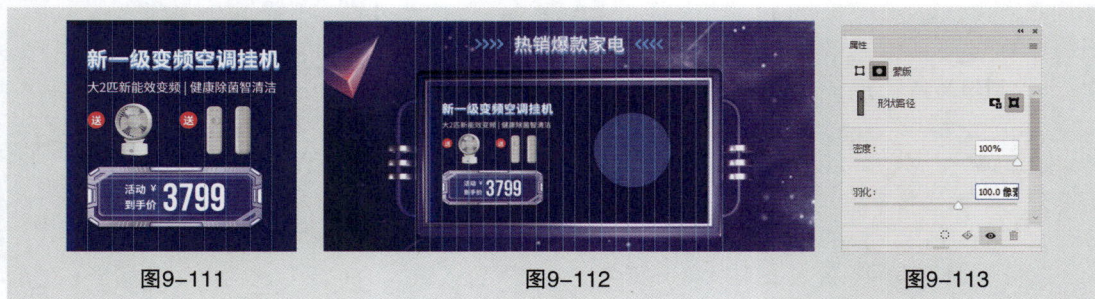

图9-111　　　　　　　　　　图9-112　　　　　　　　　　图9-113

（8）使用上述方法置入"16""17"和"18"文件。分别单击"置入"按钮，将图片置入图像窗口中，拖曳图片到适当的位置并调整大小。按Enter键确定操作，"图层"面板中会分别生成新的图层，将其分别命名为"展台""光"和"空调"，如图9-114所示，效果如图9-115所示。

（9）按住Shift键的同时，单击"装饰框 2"图层，将需要的图层同时选取，按Ctrl+G组合键，群组图层并将其命名为"组1"，如图9-116所示。

（10）使用上述方法，制作"组2"和"组3"图层组，效果如图9-117所示。按住Shift键的同时，单击"标题"图层组，将需要的图层组同时选取，按Ctrl+G组合键，群组图层组并将其命名为"热销爆款"，如图9-118所示。使用上述方法制作"新款上市"和"品质推荐"图层组，如图9-119所示，效果如图9-120所示。

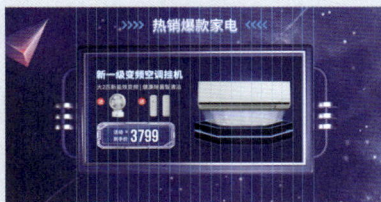

图9-114　　　　　　　　　　图9-115　　　　　　　　　　图9-116

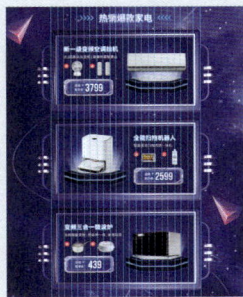

图9-117　　　　　　　　图9-118　　　　　　　　图9-119　　　　　　图9-120

5．制作底部信息

（1）使用上述方法制作"标题"图层组。选择"文件>置入嵌入对象"命令，弹出"置入嵌入的对象"对话框，选择云盘中的"Ch09>9.3.4课堂案例——品质家电平台专题页设计>素材>45"文件。单击"置入"按钮，将图片置入图像窗口中，拖曳图片到适当的位置并调整大小。按Enter键确定操作，"图层"面板中会生成新的图层，将其命名为"装饰框6"，效果如图9-121所示。

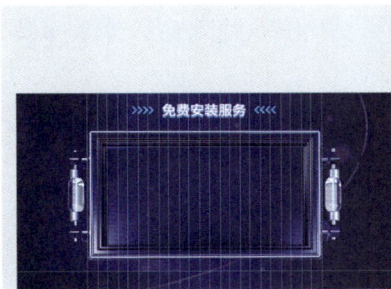

图9-121　　　　　　　　　　　图9-122

（2）单击"图层"面板下方的"创建新的填充或调整图层"按钮 ⬤，在弹出的菜单中选择"色相/饱和度"命令，"图层"面板中会生成"色相/饱和度3"图层，同时在弹出的面板中进行设置，如图9-122所示。

（3）选择"横排文字"工具 T.，在图像窗口中输入需要的文字并选取文字。在"字符"面板中将"颜色"设为白色，其他选项的设置如图9-123所示，按Enter键确定操作，效果如图9-124所示。"图层"面板中会生成新的文字图层。

（4）选择"椭圆"工具 ⬭.，在属性栏中将"填充"颜色设为无，"描边"颜色设为玫红色（255、0、86），"描边"粗细设为4像素。按住Shift键的同时，在图像窗口中绘制一个圆形，效果如图9-125所示。"图层"面板中会生成新的形状图层"椭圆7"。

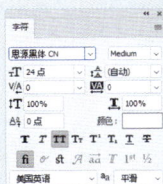
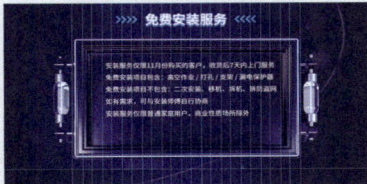
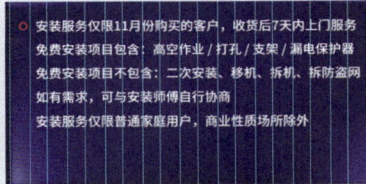

图9-123　　　　　　　　图9-124　　　　　　　　图9-125

（5）使用上述方法绘制其他形状并输入文字，效果如图9-126所示。按住Shift键的同时，单击"标题"图层组，将需要的图层同时选取，按Ctrl+G组合键，群组图层并将其命名为"底部信息"，如图9-127所示。品质国货家电平台专题页制作完成。

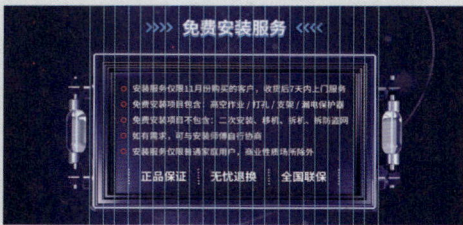
图9-126

图9-127

9.4 课堂练习——初春焕新家电平台专题页设计

【案例设计要求】

1. 运用 Photoshop 制作初春焕新家电平台专题页。
2. 视觉表现应体现出家电平台的设计风格，契合家电平台的设计主题。
3. 制作的设计文件应符合电商设计的制作规范与制作标准。

【案例学习目标】学习使用绘图工具、文字工具制作初春焕新家电平台专题页，最终效果如图 9-128 所示。

扫码观看
本案例视频1

扫码观看
本案例视频2

扫码观看
本案例视频3

扫码观看
本案例视频4

扫码观看
本案例视频5

图9-128

9.5 课后习题——年货坚果店铺专题页设计

【案例设计要求】

1. 运用 Photoshop 制作年货坚果店铺专题页。
2. 视觉表现应体现出坚果店铺的设计风格，契合坚果店铺的设计主题。
3. 制作的设计文件应符合电商设计的制作规范与制作标准。

【案例学习目标】学习使用绘图工具、文字工具制作国潮年货坚果店铺专题页，最终效果如图 9-129 所示。

图9-129

扫码观看
本案例视频1

扫码观看
本案例视频2

扫码观看
本案例视频3

扫码观看
本案例视频4

扫码观看
本案例视频5

扫码观看
本案例视频6

10 第10章
移动端活动专题页设计

▶ **本章介绍**

移动端活动专题页较PC端活动专题页的可视范围小，商品展示更加集中，更容易吸引消费者，因此移动端活动专题页的促销效果更好。本章针对移动端活动专题页的基本类型、呈现特点以及板块设计等基础知识进行系统讲解，并针对流行风格与典型行业的移动端活动专题页进行设计演示。通过对本章的学习，读者可以对移动端活动专题页的设计有一个系统的认识，并快速掌握移动端活动专题页的设计规范和制作方法，成功制作出精彩的移动端活动专题页。

知识目标

1. 了解移动端活动专题页的基本类型
2. 了解移动端活动专题页的呈现特点
3. 熟悉移动端活动专题页的板块设计

慕课视频

移动端活动
专题页设计

能力目标

1. 明确移动端平台活动专题页的设计思路
2. 掌握移动端平台活动专题页的制作方法
3. 明确移动端店铺活动专题页的设计思路
4. 掌握移动端店铺活动专题页的制作方法

素养目标

1. 培养良好的移动端活动专题页设计习惯
2. 培养对移动端活动专题页的审美鉴赏能力
3. 培养对移动端活动专题页的创意设计能力

10.1 移动端活动专题页的基本类型

　　移动端活动专题页与PC端活动专题页一样可以分为平台活动专题页和店铺活动专题页，如图10-1所示。其中移动端平台活动专题页的Banner常设计为横屏小尺寸，而移动端店铺活动专题页的Banner则常设计为竖屏大尺寸。

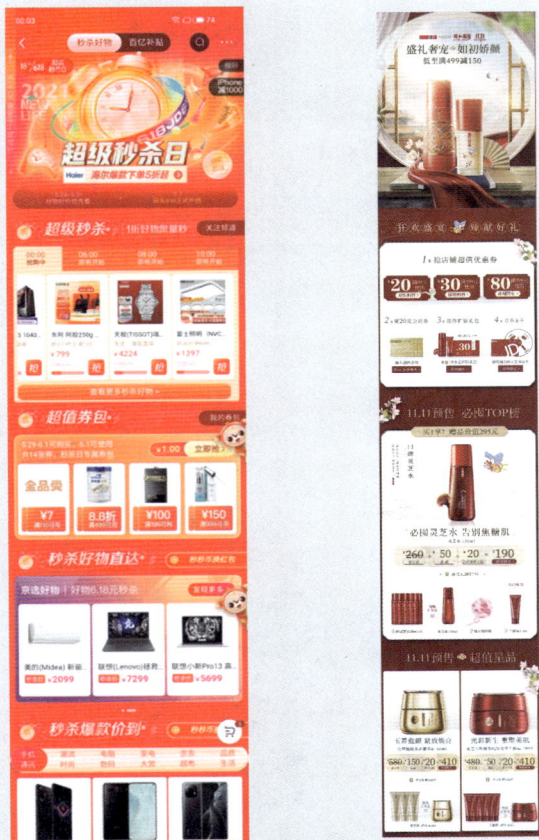

（a）平台活动专题页　　　　（b）店铺活动专题页

图10-1

10.2 移动端活动专题页的呈现特点

　　移动端活动专题页不同于PC端活动专题页，拥有独特的信息呈现特点。下面分别从文字可见、内容精简、层次分明以及重点突出这4个方面进行讲解，帮助读者掌握移动端活动专题页的信息呈现特点。

10.2.1 文字可见

　　移动端屏幕较PC端屏幕在设计尺寸和观看方式上都发生了根本性变化。电商设计师在设计时，应跳出大屏排版小而美的惯性思维，字号需要设置为24像素以上，以确保内容的易识别性和可读性，如图10-2所示。

图10-2

10.2.2　内容精简

　　虽然移动端活动专题页拥有大量的促销信息和商品信息，但移动端的屏幕空间有限，因此需要在表意明确与突出卖点的前提下，尽量做到信息内容精简，以提高信息传达的效率，如图10-3所示。

图10-3

10.2.3　层次分明

　　移动端活动专题页作为各类商品的总入口，起着流量分发和商品转化的双重作用，因此针对每个商品的信息设计都需要做到层次分明、条理清晰。通常商品的信息内容包括商品名称、商品卖点、商品促销、商品价格以及购买按钮5个层次，有时这几个层次也可以根据需要合并在一起，如图10-4所示。

图10-4

10.2.4　重点突出

尽管对移动端活动专题页划分了层次，但移动端活动专题页仍无法快速传递核心信息，电商设计师还需要对核心层次进行突出。电商设计师通常会通过改变字号字重、改变文字颜色，以及加入文字背景框这3种方式进一步划分主次关系，如图10-5所示。以上3种方式多结合使用，较少单独使用。

图10-5

10.3　移动端活动专题页的板块设计

移动端活动专题页的板块设计和PC端活动专题页的板块设计大同小异，特别是设计要点，可以完全参考PC端活动专题页。下面分别从移动端活动专题页的设计尺寸和页面结构两个方面进行讲解，帮助读者明确移动端活动专题页的板块设计思路。

10.3.1　移动端活动专题页的设计尺寸

移动端活动专题页的设计尺寸可以参考移动端电商平台和店铺首页的设计尺寸进行设置。通常情况下，移动端平台活动专题页的宽度设为750像素，移动端店铺活动专题页的宽度设为1200像素；两侧的边距一般为20像素、24像素、30像素、32像素、40像素、50像素，建议采用30像素及以上的边距；高度不限。电商设计师可以根据商家不同的需要进行设计尺寸的调整。

10.3.2　移动端活动专题页的页面结构

移动端活动专题页与PC端活动专题页一样，由Banner、活动促销区以及商品陈列区组成，如图10-6所示。根据1.5.3节"栅格系统"及主流移动端活动专题页的设计尺寸，移动端活动专题页的页面结构可分为紧凑型和宽松型两种，如图10-7所示，电商设计师可根据不同的呈现内容对页面结构进行组合使用。

NO.1
Banner

NO.2
活动促销区

NO.3
商品陈列区

图10-6

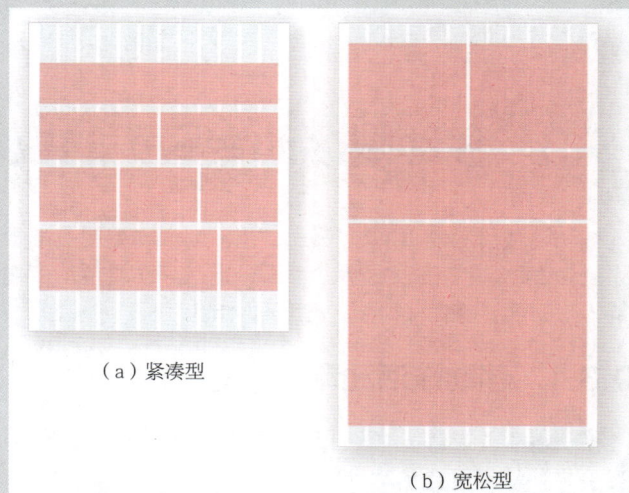

（a）紧凑型

（b）宽松型

图10-7

10.3.3 课堂案例——品质家电平台专题页设计

【案例设计要求】
1. 运用 Photoshop 制作移动端的品质家电平台专题页。
2. 视觉表现应体现出家电相应的设计风格，契合家电相应的设计主题。
3. 制作的设计文件应符合电商设计的制作规范与制作标准。

【案例设计理念】在设计过程中，围绕家电发挥创意。背景为渐变色与图片相结合的形式，营造出科技感的氛围。色彩主要选取白色、紫色和蓝色，给人舒适、高端和梦幻的感觉。字体选用黑体，起到呼应主题的作用。整体设计充满特色，契合主题。最终效果查看"云盘 / Ch10/10.3.3 课堂案例——品质家电平台专题页设计 / 工程文件 .psd"，如图 10-8 所示。

【案例学习目标】学习使用绘图工具、文字工具制作移动端的品质家电平台专题页。

【案例知识要点】使用"新建参考线版面"命令建立参考线版面，使用"置入嵌入对象"命令置入图片，使用"横排文字"工具添加文字，使用"矩形"工具、"直线"工具、"椭圆"工具和"圆角矩形"工具绘制基本形状，使用"添加图层样式"命令为图像添加效果，使用"创建剪贴蒙版"命令调整图片显示区域。

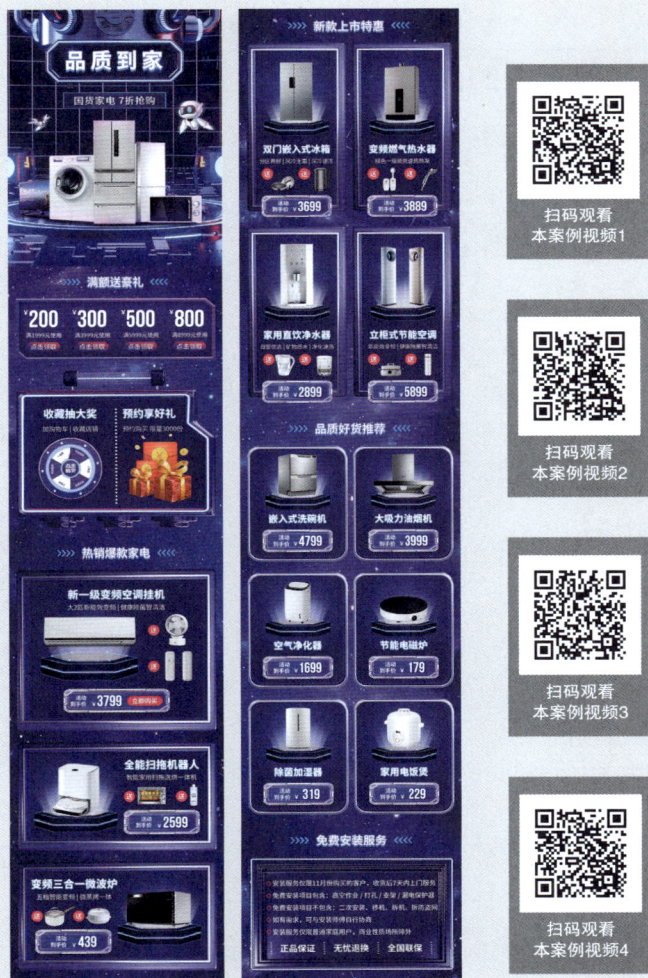

图10-8

1. 制作商品海报

（1）按Ctrl+N组合键，弹出"新建文档"对话框，设置"宽度"为1200像素，"高度"为11081像素，"分辨率"为72像素/英寸，"背景内容"为白色，如图10-9所示，单击"创建"按钮，新建一个文档。

（2）选择"视图>新建参考线版面"命令，弹出"新建参考线版面"对话框，勾选"列"复选框，设置"数字"为2，"宽度"为265像素，"装订线"为30像素，勾选"边距"复选框，分别设置左边距和右边矩为40像素，如图10-10所示。单击"确定"按钮，完成参考线版面的创建。

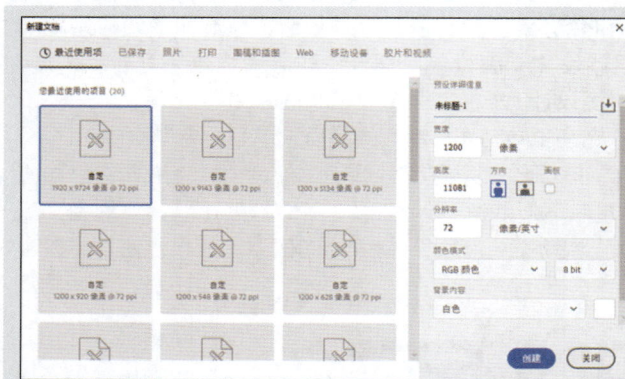

图10-9

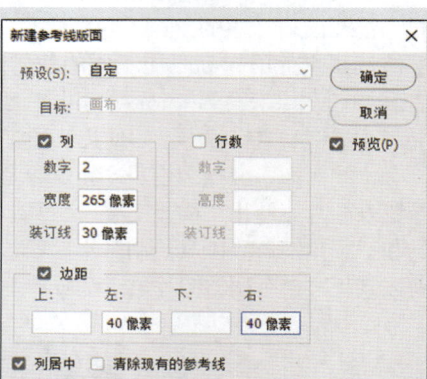

图10-10

（3）选择"视图>新建参考线"命令，在距离页面顶部1500像素的位置新建一条水平参考线，设置如图10-11所示，单击"确定"按钮。

（4）选择"矩形"工具 ▢，在属性栏中将"填充"颜色设为白色，"描边"颜色设为无。在图像窗口中适当的位置绘制一个矩形，效果如图10-12所示，"图层"面板中会生成新的形状图层"矩形1"。

（5）选择"文件>置入嵌入对象"命令，弹出"置入嵌入的对象"对话框，选择云盘中的"Ch10>10.3.3课堂案例——品质家电平台专题页设计 > 素材 > 01"文件。单击"置入"按钮，将图片置入图像窗口中，拖曳图片到适当的位置并调整大小。按Enter键确定操作，"图层"面板中会生成新的图层，将其命名为"背景"。按Ctrl+Alt+G组合键，为图层创建剪贴蒙版，效果如图10-13所示。

（6）使用上述方法置入"02"文件，将"02"图片拖曳到适当的位置并调整大小。按Enter键确定操作，"图层"面板中会生成新的图层，将其命名为"家电"，效果如图10-14所示。

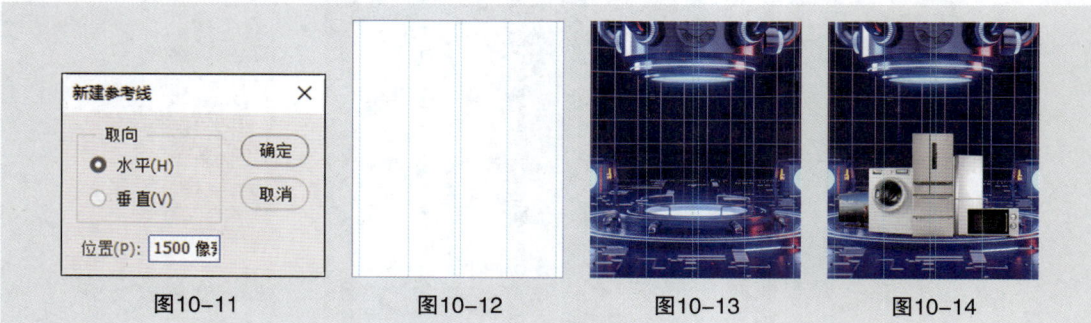

图10-11

图10-12

图10-13

图10-14

（7）选择"背景"图层，单击"图层"面板下方的"创建新图层"按钮 ▢，"图层"面板中会生成新的图层，将其命名为"阴影"。选择"矩形选框"工具 ▢，在图像窗口中绘制一个矩形选区。将前景色设为黑色，按Alt+Delete组合键，用前景色填充选区。按Ctrl+D组合键，取消选区，效果如图10-15所示。

（8）选择"橡皮擦"工具 ✎，在属性栏中单击"画笔预设"选项右侧的按钮，在弹出的面板中进行设置，如图10-16所示。在图像窗口中拖曳鼠标指针擦除不需要的部分，效果如图10-17所示。

图10-15

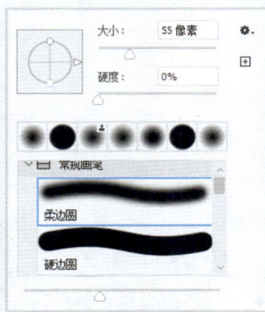

图10-16

图10-17

（9）选择"家电"图层，单击"图层"面板下方的"创建新图层"按钮 ◻，"图层"面板中会生成新的图层，将其命名为"环境色 1"。选择"画笔"工具 ✒，在属性栏中单击"画笔预设"选项右侧的按钮 ⌄，在弹出的面板中进行设置，如图10-18所示。将前景色分别设为亮蓝色（55、0、255）和亮紫色（162、0、255），在图像窗口中分别拖曳鼠标指针绘制环境色，效果如图10-19所示。按Ctrl+Alt+G组合键，为图层创建剪贴蒙版，效果如图10-20所示。

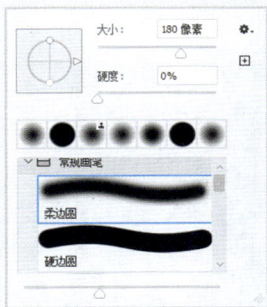

图10-18

图10-19

图10-20

（10）在"图层"面板中将图层混合模式设为"颜色减淡"，"不透明度"设为80%，如图10-21所示，效果如图10-22所示。选择"文件>置入嵌入对象"命令，弹出"置入嵌入的对象"对话框，选择云盘中的"Ch10>10.3.3课堂案例——品质家电平台专题页设计>素材>03"文件。单击"置入"按钮，将图片置入图像窗口中，拖曳图片到适当的位置并调整大小。按Enter键确定操作，"图层"面板中会生成新的图层，将其命名为"机器人 1"，效果如图10-23所示。

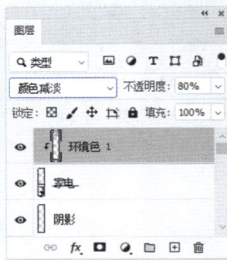

图10-21

图10-22

图10-23

（11）按Ctrl+J组合键，复制图层，"图层"面板中会生成新的图层"机器人1拷贝"。将其拖曳到"机器人1"图层的下方，选择"滤镜>模糊>动感模糊"命令，在弹出的对话框中进行设置，如图10-24所示，效果如图10-25所示。选择"机器人1"图层，使用上述方法制作"环境色2"图层，效果如图10-26所示。

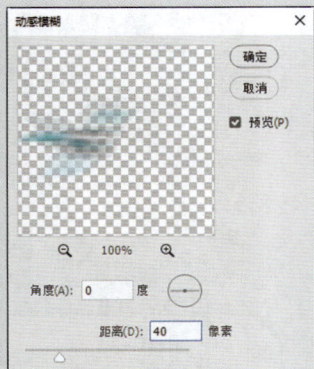
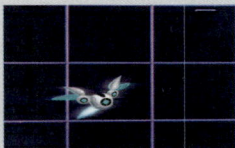

图10-24　　　　　　　　　图10-25　　　　　　　　　图10-26

（12）使用上述方法置入图片、复制图层并制作"环境色3"图层，如图10-27所示，效果如图10-28所示。选择"文件>置入嵌入对象"命令，弹出"置入嵌入的对象"对话框，选择云盘中的"Ch10>10.3.3课堂案例——品质国货家电平台专题页设计>素材>05"文件。单击"置入"按钮，将图片置入图像窗口中，拖曳图片到适当的位置并调整大小。按Enter键确定操作，效果如图10-29所示。"图层"面板中会生成新的图层，将其命名为"标题边框"。

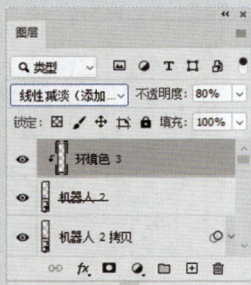

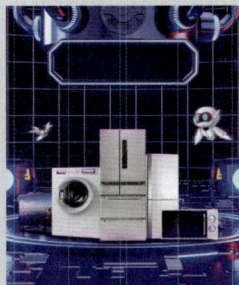

图10-27　　　　　　　　　图10-28　　　　　　　　　图10-29

（13）使用上述方法置入"06"文件，将"06"图片拖曳到适当的位置并调整大小。按Enter键确定操作，"图层"面板中会生成新的图层，将其命名为"光"。设置图层混合模式为"滤色"，效果如图10-30所示。按Ctrl+J组合键，复制图层，"图层"面板中会生成新的图层"光 拷贝"。将复制的图像拖曳到适当的位置，效果如图10-31所示。

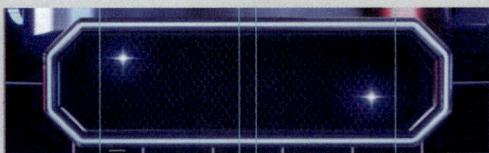

图10-30　　　　　　　　　　　　　　　　　图10-31

（14）选择"横排文字"工具 **T.**，在图像窗口中输入需要的文字并选取文字。在"字符"面板中将"颜色"设为白色，其他选项的设置如图10-32所示，按Enter键确定操作，效果如图10-33所示。"图层"面板中会生成新的文字图层。

（15）单击"图层"面板下方的"添加图层样式"按钮 **fx**，在弹出的菜单中选择"描边"命令。弹出"图层样式"对话框，将描边颜色设为淡紫色（146、145、252），其他选项的设置如图10-34所示。选择对话框左侧的"投影"选项，切换到相应的界面，将投影颜色设为淡蓝色（69、180、255），其他选项的设置如图10-35所示。

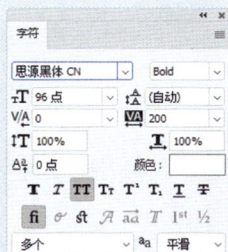

图10-32　　　　　　　　　　　　　　　　图10-33

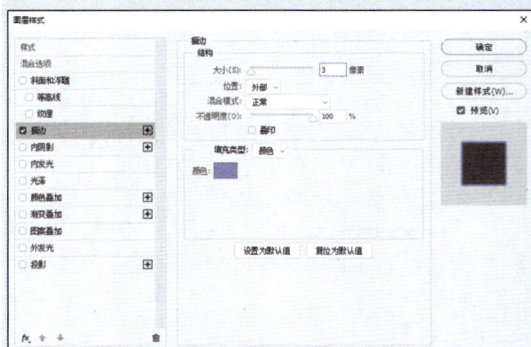
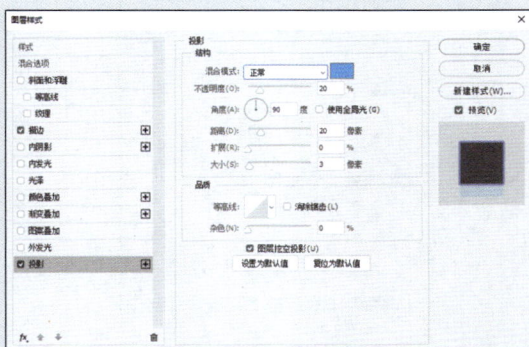

图10-34　　　　　　　　　　　　　　　　图10-35

（16）单击"投影"选项右侧的"添加"按钮，在新增的"投影"界面中将投影颜色设为淡蓝色（69、180、255），其他选项的设置如图10-36所示。单击"确定"按钮，效果如图10-37所示。

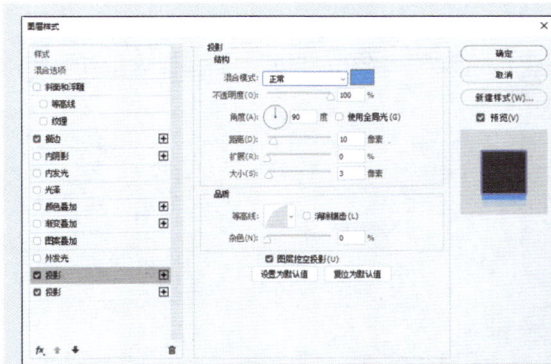

图10-36　　　　　　　　　　　　　　　　图10-37

（17）选择"矩形"工具，在属性栏中将"填充"颜色设为白色，"描边"颜色设为无。在图像窗口中适当的位置绘制一个矩形，效果如图10-38所示。"图层"面板中会生成新的形状图层"矩形2"。

（18）单击"图层"面板下方的"添加图层样式"按钮 *fx*，在弹出的菜单中选择"斜面和浮雕"命令。弹出"图层样式"对话框，将高光颜色设为白色，阴影颜色设为亮紫色（205、27、241），其他选项的设置如图10-39所示。

（19）选择对话框左侧的"描边"选项，切换到相应的界面，将"填充类型"设为"渐变"，单击"点按可编辑渐变"按钮，弹出"渐变编辑器"对话框，设置两个位置点颜色的RGB值分别为0（119、118、228）、100（42、182、248），如图10-40所示。单击"确定"按钮，返回"图层样式"对话框，其他选项的设置如图10-41所示。

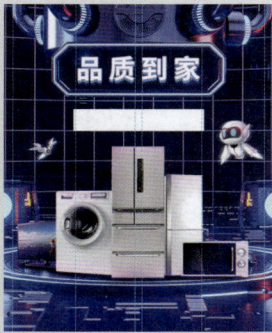

图10-38

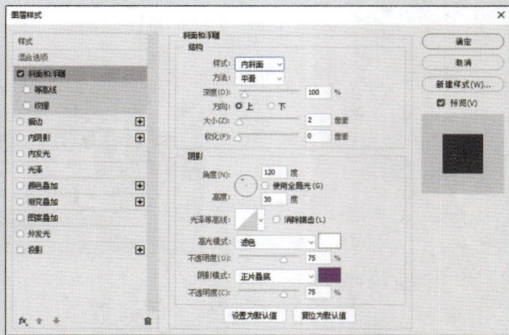

图10-39

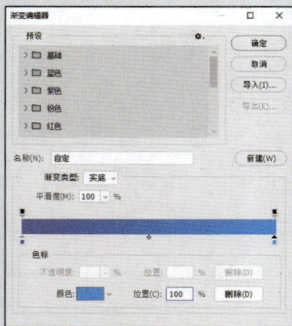

图10-40

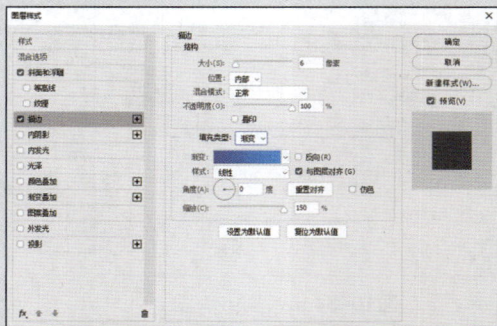

图10-41

（20）选择对话框左侧的"渐变叠加"选项，切换到相应的界面，单击"点按可编辑渐变"按钮 ![ ] ，弹出"渐变编辑器"对话框，设置两个位置点颜色的RGB值分别为0（49、56、121）、100（26、30、81），如图10-42所示。单击"确定"按钮，返回"图层样式"对话框，其他选项的设置如图10-43所示，单击"确定"按钮。

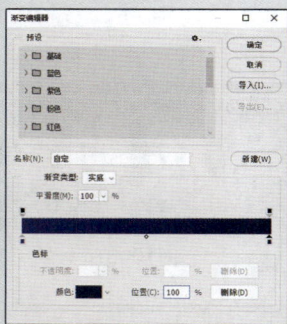

图10-42

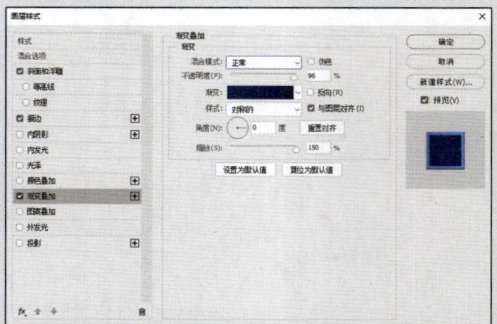

图10-43

（21）使用上述方法绘制形状并添加描边效果，效果如图10-44所示。选择"横排文字"工具 ![T.] ，在图像窗口中输入需要的文字并选取文字。在"字符"面板中将"颜色"设为白色，其他选项的设置如图10-45所示，按Enter键确定操作，效果如图10-46所示。"图层"面板中会生成新的文字图层。

（22）单击"图层"面板下方的"添加图层样式"按钮 ![fx] ，在弹出的菜单中选择"投影"命令。弹出"图层样式"对话框，将投影颜色设为深紫色（39、44、97），其他选项的设置如图10-47所示。单击"确定"按钮。

（23）按住Shift键的同时，单击"矩形1"图层，将需要的图层同时选取，按Ctrl+G组合键，群组图层并将其命名为"海报"，如图10-48所示。

图10-44

图10-45

图10-46

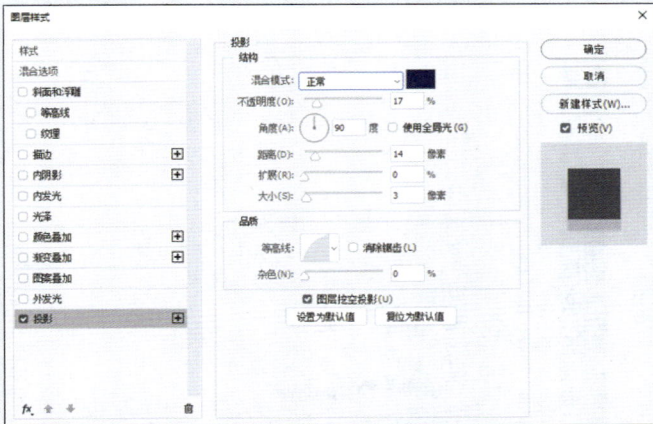

图10-47

图10-48

2．制作优惠券

（1）选择"矩形"工具 □，在属性栏中将"填充"颜色设为白色，"描边"颜色设为无。在图像窗口中适当的位置绘制一个矩形，效果如图10-49所示。"图层"面板中会生成新的形状图层"矩形4"。

（2）单击"图层"面板下方的"添加图层样式"按钮 *fx*，在弹出的菜单中选择"渐变叠加"命令。弹出"图层样式"对话框，单击"点按可编辑渐变"按钮 ，弹出"渐变编辑器"对话框，设置两个位置点颜色的RGB值分别为0（52、42、125）、100（33、26、90），如图10-50所示。单击"确定"按钮，返回"图层样式"对话框，其他选项的设置如图10-51所示，单击"确定"按钮，效果如图10-52所示。

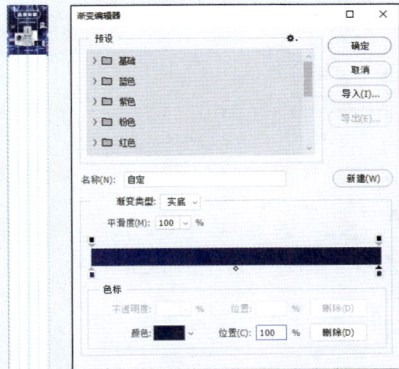

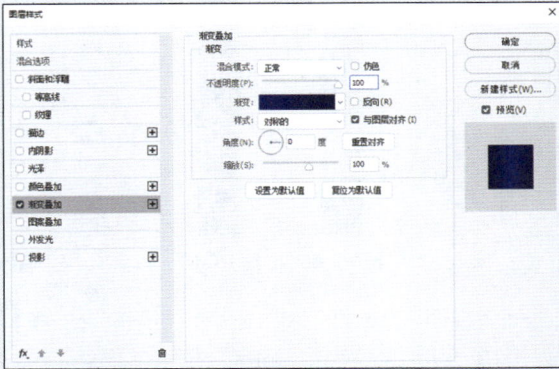

图10-49 　　　　图10-50 　　　　　　　　　　图10-51 　　　　　　图10-52

（3）选择"文件>置入嵌入对象"命令，弹出"置入嵌入的对象"对话框，选择云盘中的"Ch10>10.3.3课堂案例——品质家电平台专题页设计>素材>07"文件。单击"置入"按钮，将图片置入图像窗口中，拖曳图片到适当的位置并调整大小。按Enter键确定操作，"图层"面板中会生成新的图层，将其命名为"星空图"，设置图层混合模式为"滤色"，效果如图10-53所示。

（4）按Ctrl+J组合键，复制图层，"图层"面板中会生成新的图层"星空图 拷贝"。将复制的图像拖曳到适当的位置，按Ctrl+T组合键，图像周围会出现变换框，单击鼠标右键，在弹出的菜单中分别选择"垂直翻转"命令和"水平翻转"命令，按Enter键确定操作，效果如图10-54所示。

（5）单击"图层"面板下方的"添加图层蒙版"按钮 ▣，为"星空图 拷贝"图层添加图层蒙版。选择"画笔"工具 ✐，在属性栏中单击"画笔预设"选项右侧的按钮 ⌄，在弹出的面板中进行设置，如图10-55所示。将前景色设为黑色，在图像窗口中拖曳鼠标指针擦除不需要的部分，效果如图10-56所示。

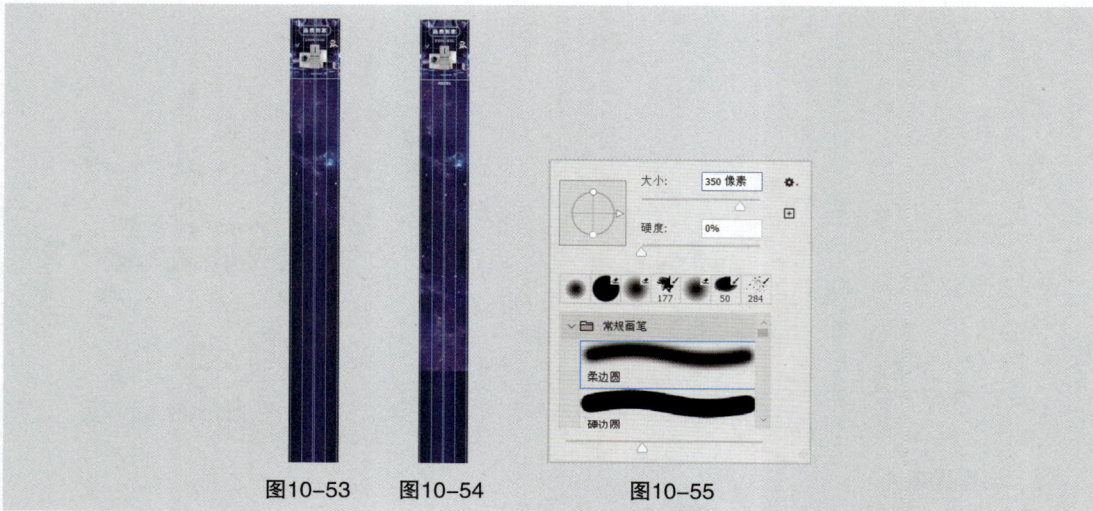

图10-53　　图10-54　　　　　图10-55

（6）使用上述方法制作"星空图 拷贝2"图层，效果如图10-57所示。按住Shift键的同时，单击"矩形4"图层，将需要的图层同时选取，按Ctrl+G组合键，群组图层并将其命名为"背景"，如图10-58所示。

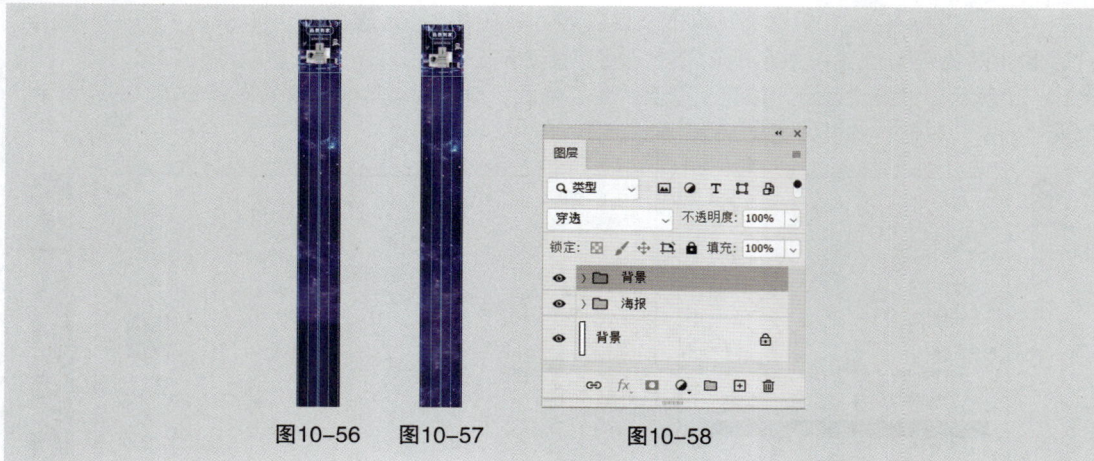

图10-56　　图10-57　　　　　图10-58

（7）选择"视图>新建参考线"命令，在距离上一条参考线1565像素的位置新建一条水平参考线，设置如图10-59所示，单击"确定"按钮。

（8）选择"横排文字"工具 T.，在图像窗口中输入需要的文字并选取文字。在"字符"面板中将"颜色"设为白色，其他选项的设置如图10-60所示，按Enter键确定操作，效果如图10-61所示。"图层"面板中会生成新的文字图层。

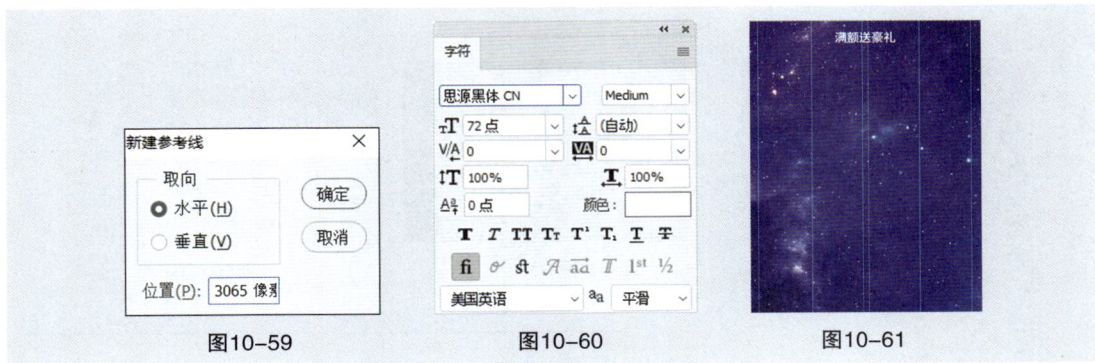

图10-59　　　　图10-60　　　　图10-61

（9）单击"图层"面板下方的"添加图层样式"按钮 *fx*，在弹出的菜单中选择"描边"命令。弹出"图层样式"对话框，将描边颜色设为淡紫色（146、145、252），其他选项的设置如图10-62所示。选择对话框左侧的"投影"选项，切换到相应的界面，将投影颜色设为淡蓝色（69、180、255），其他选项的设置如图10-63所示。单击"确定"按钮。

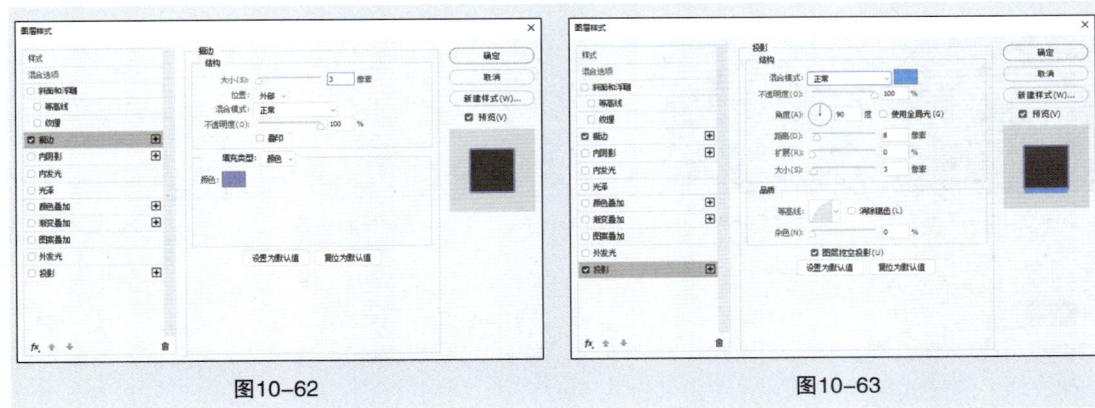

图10-62　　　　　　　　　　　图10-63

（10）选择"文件>置入嵌入对象"命令，弹出"置入嵌入的对象"对话框，选择云盘中的"Ch10>10.3.3课堂案例——品质家电平台专题页设计>素材>08"文件。单击"置入"按钮，将图片置入图像窗口中，拖曳图片到适当的位置。按Enter键确定操作，效果如图10-64所示。"图层"面板中会生成新的图层，将其命名为"标题装饰"。

（11）按Ctrl+J组合键，复制图层，"图层"面板中会生成新的图层"标题装饰 拷贝"。将复制的图像拖曳到适当的位置，按Ctrl+T组合键，图像周围会出现变换框。单击鼠标右键，在弹出的菜单中选择"水平翻转"命令。按Enter键确定操作，效果如图10-65所示。

（12）按住Shift键的同时，单击文字图层，将需要的图层同时选取，按Ctrl+G组合键，群组图层并将其命名为"标题"，如图10-66所示。

（13）选择"矩形"工具 ▢，在属性栏中将"填充"颜色设为白色，"描边"颜色设为无。在图像窗口中适当的位置绘制一个矩形，效果如图10-67所示。"图层"面板中会生成新的形状图层"矩形5"。

（14）选择"添加锚点"工具 ⌀，在适当的位置分别添加两个锚点。选择"转换点"工具 ⌐，单击所添加的锚点，隐藏手柄。按住Ctrl键的同时，分别拖曳锚点到适当的位置，效果如图10-68所示。单击"图层"面板下方的"添加图层样式"按钮 *fx*，在弹出的菜单中选择"内阴影"命令。弹出"图层样式"对话框，将内阴影颜色设为深蓝色（8、6、47），其他选项的设置如图10-69所示。

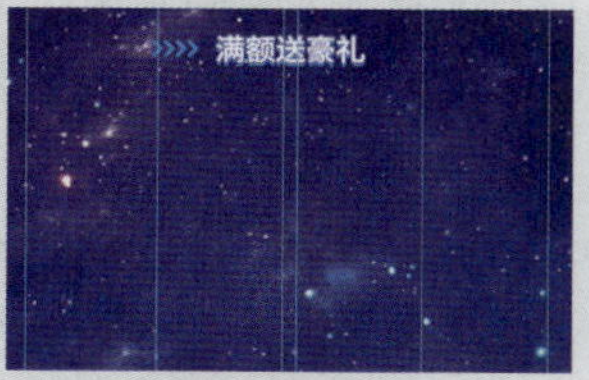

图10-64

图10-65

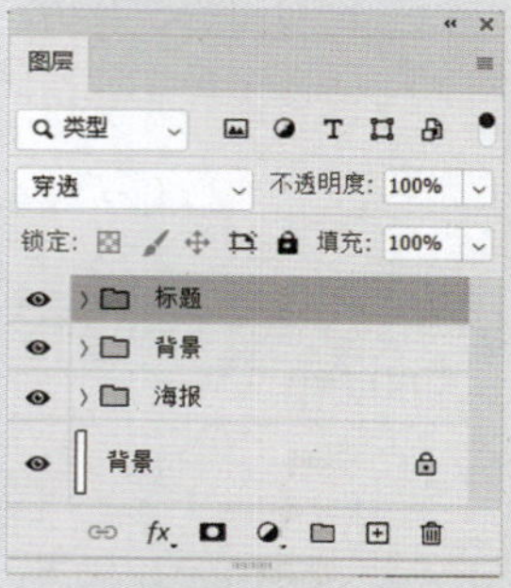

图10-66

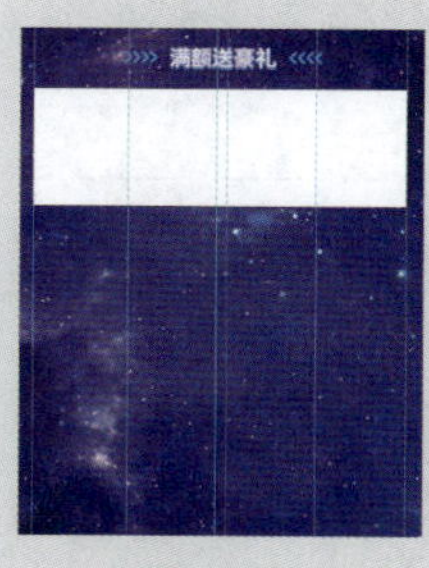

图10-67

图10-68

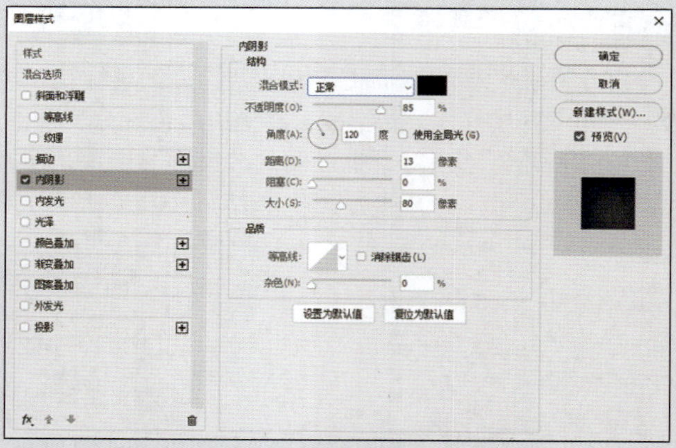

图10-69

（15）选择对话框左侧的"渐变叠加"选项，切换到相应的界面，单击"点按可编辑渐变"按钮 ，弹出"渐变编辑器"对话框，设置两个位置点颜色的RGB值分别为0（54、47、107）、100（78、65、183），如图10-70所示。单击"确定"按钮，返回"图层样式"对话框，其他选项的设置如图10-71所示，单击"确定"按钮。

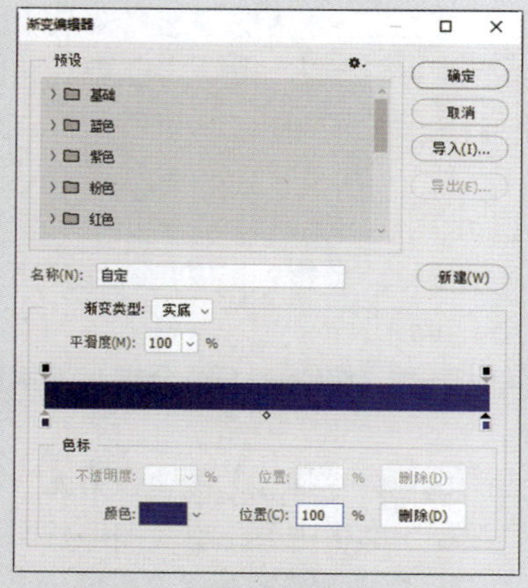

图10-70

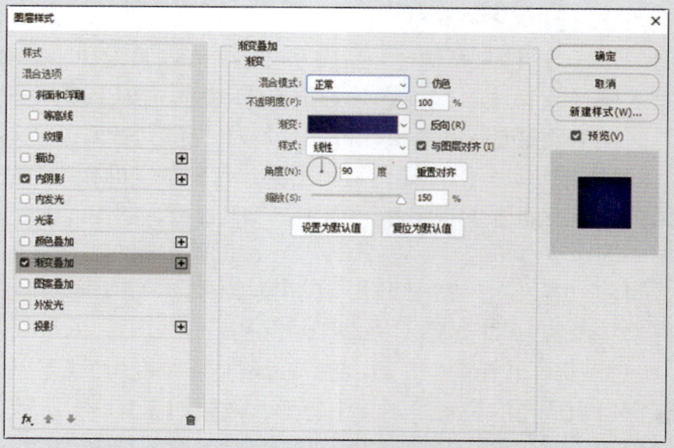

图10-71

（16）按Ctrl+J组合键，复制图层，"图层"面板中会生成新的图层"矩形 5 拷贝"。在"矩形 5 拷贝"图层上单击鼠标右键，在弹出的菜单中选择"清除图层样式"命令。选择"矩形"工具 ，在属性栏中将"填充"颜色设为无，"描边"颜色设为白色，"描边"粗细设为20像素。

（17）单击"图层"面板下方的"添加图层样式"按钮 ，在弹出的菜单中选择"斜面和浮雕"命令。弹出"图层样式"对话框,将高光颜色设为白色,阴影颜色设为亮紫色(205、27、241),其他选项的设置如图10-72所示。

（18）选择对话框左侧的"渐变叠加"选项,切换到相应的界面,单击"点按可编辑渐变"按钮 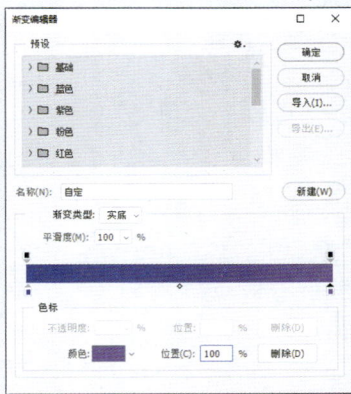,弹出"渐变编辑器"对话框,设置两个位置点颜色的RGB值分别为0(77、67、235)、100(173、81、247),如图10-73所示。

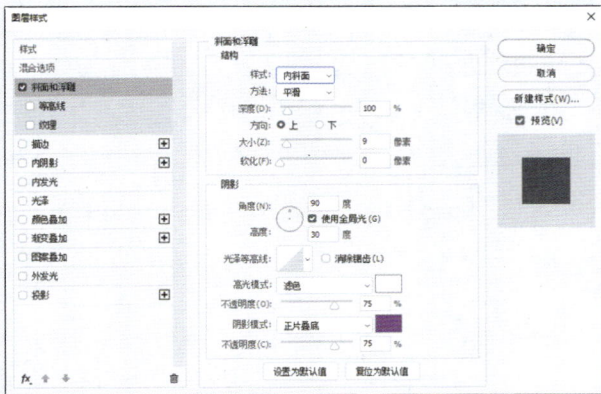

图10-72

图10-73

（19）单击"确定"按钮,返回"图层样式"对话框,其他选项的设置如图10-74所示,单击"确定"按钮,效果如图10-75所示。

（20）选择"横排文字"工具 T.,在图像窗口中分别输入需要的文字并选取文字。在"字符"面板中将"颜色"设为白色,并设置合适的字体和字号,按Enter键确定操作,效果如图10-76所示。"图层"面板中会分别生成新的文字图层。

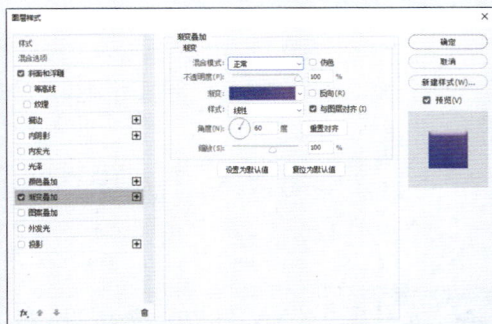

图10-74

图10-75

图10-76

（21）选择"圆角矩形"工具 □.,在图像窗口中适当的位置绘制一个圆角矩形,"图层"面板中会生成新的形状图层"圆角矩形1"。在"属性"面板中将"填充"颜色设为白色,"描边"颜色设为无,其他选项的设置如图10-77所示,效果如图10-78所示。

（22）单击"图层"面板下方的"添加图层样式"按钮 fx.,在弹出的菜单中选择"渐变叠加"命令。弹出"图层样式"对话框,单击"点按可编辑渐变"按钮 ,弹出"渐变编辑器"对话框,设置两个位置点颜色的RGB值分别为0(55、63、164)、100(224、52、112),如图10-79所示。

（23）单击"确定"按钮,返回"图层样式"对话框,其他选项的设置如图10-80所示,单击"确定"按钮。选择"横排文字"工具 T.,在图像窗口中输入需要的文字并选取文字。在"字符"面板中将"颜色"设为白色,其他选项的设置如图10-81所示,按Enter键确定操作,效果如图10-82所示。"图层"面板中会生成新的文字图层。

图10-77

图10-78

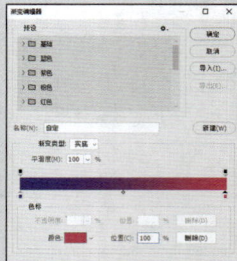
图10-79

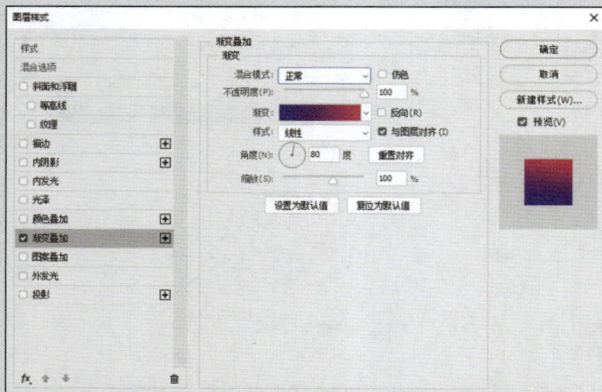
图10-80

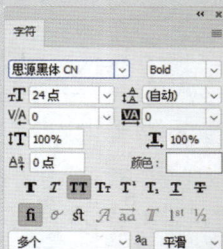
图10-81

图10-82

（24）按住Shift键的同时，单击"￥"文字图层，将需要的图层同时选取，按Ctrl+G组合键，群组图层并将其命名为"券1"，如图10-83所示。

（25）使用上述方法制作"券2""券3"和"券4"图层组，效果如图10-84所示。按住Shift键的同时，单击"标题"图层组，将需要的图层同时选取，按Ctrl+G组合键，群组图层并将其命名为"优惠券"，如图10-85所示。

图10-83

图10-84

图10-85

（26）选择"文件>置入嵌入对象"命令，弹出"置入嵌入的对象"对话框，选择云盘中的"Ch10>10.3.3课堂案例——品质家电平台专题页设计>素材>09"文件。单击"置入"按钮，将图片置入图像窗口中，拖曳图片到适当的位置并调整大小。按Enter键确定操作，"图层"面板中会生成新的图层，将其命名为"装饰框1"，效果如图10-86所示。

（27）单击"图层"面板下方的"创建新的填充或调整图层"按钮 ，在弹出的菜单中选择"色相/饱和度"命令，"图层"面板中会生成"色相/饱和度1"图层，同时在弹出的面板中进行设置，如图10-87所示。使用上述方法置入图片并输入文字，效果如图10-88所示。

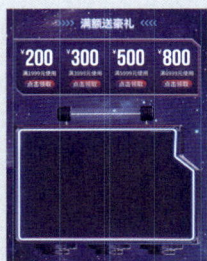

图10-86

图10-87

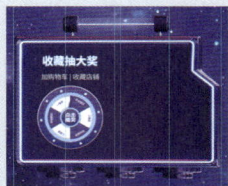

图10-88

（28）选择"直线"工具 ╱，在属性栏中将"填充"颜色设为无，"描边"颜色设为白色，"描边"粗细设为10像素。单击"设置形状描边类型"选项右侧的下拉按钮，在弹出的下拉列表中选择虚线选项，如图10-89所示。按住Shift键的同时，在适当的位置绘制直线，效果如图10-90所示。"图层"面板中会生成新的形状图层"形状1"。

（29）使用上述方法置入图片并输入文字，效果如图10-91所示。按住Shift键的同时，单击"装饰框 1"图层，将需要的图层同时选取，按Ctrl+G组合键，群组图层并将其命名为"活动"，如图10-92所示。

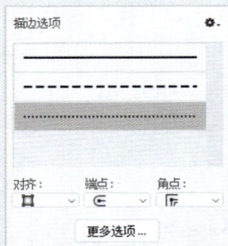

图10-89

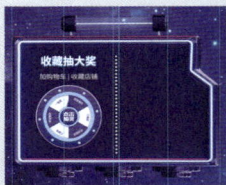

图10-90

图10-91

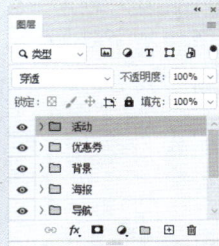

图10-92

3．制作商品展示

（1）选择"视图>新建参考线"命令，在距离上一条参考线2557像素的位置新建一条水平参考线，设置如图10-93所示，单击"确定"按钮。使用上述方法制作"标题"图层组，效果如图10-94所示。

（2）选择"文件>置入嵌入对象"命令，弹出"置入嵌入的对象"对话框，选择云盘中的"Ch10>10.3.3课堂案例——品质家电平台专题页设计>素材>12"文件。单击"置入"按钮，将图片置入图像窗口中，拖曳图片到适当的位置并调整大小。按Enter键确定操作，"图层"面板中会生成新的图层，将其命名为"装饰框 2"，效果如图10-95所示。

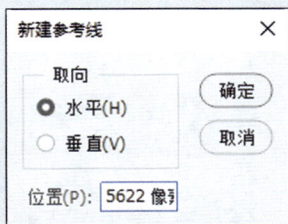

图10-93

图10-94

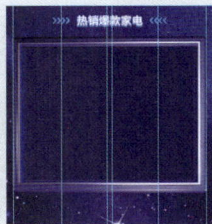

图10-95

（3）选择"横排文字"工具 T，在图像窗口中分别输入需要的文字并选取文字。在"字符"面板中将"颜色"设为白色，并设置合适的字体和字号，按Enter键确定操作，"图层"面板中会分别生成新的文字图层。使用上述方法为文字添加阴影效果，效果如图10-96所示。

（4）选择"椭圆"工具 ⬭，在属性栏中将"填充"颜色设为亮蓝色（69、97、255），"描边"颜色设为无。按住Shift键的同时，在图像窗口中绘制一个圆形，效果如图10-97所示。"图层"面板中会生成新的形状图层"椭圆 1"。在"属性"面板中，单击"蒙版"选项，切换到相应的界面进行设置，如图10-98所示。

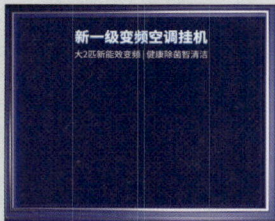
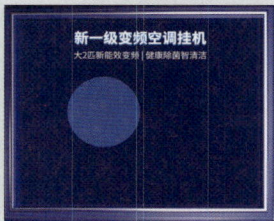

图10-96　　　　　　　　　图10-97　　　　　　　　　图10-98

（5）使用上述方法置入"13""14"和"15"文件。分别单击"置入"按钮，将图片置入图像窗口中，拖曳图片到适当的位置并调整大小。按Enter键确定操作，"图层"面板中会分别生成新的图层，将其分别命名为"展台""光"和"空调"，如图10-99所示，效果如图10-100所示。

（6）选择"椭圆"工具 ⬭，在属性栏中将"填充"颜色设为玫红色（255、0、86），"描边"颜色设为无。按住Shift键的同时，在图像窗口中绘制一个圆形，效果如图10-101所示。"图层"面板中会生成新的形状图层"椭圆 2"。

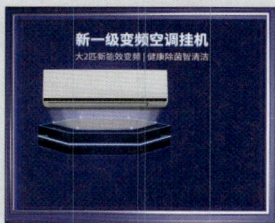
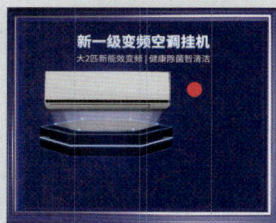

图10-99　　　　　　　　　图10-100　　　　　　　　　图10-101

（7）使用上述方法输入文字、置入图片并绘制形状，效果如图10-102所示。按住Shift键的同时，单击"椭圆 2"图层，将需要的图层同时选取。按Ctrl+G组合键，群组图层并将其命名为"赠品"，如图10-103所示。使用上述的方法，置入"装饰框3"文件并为图片添加阴影效果，效果如图10-104所示。

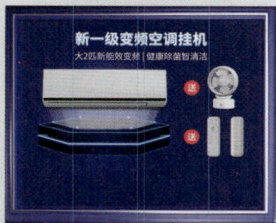

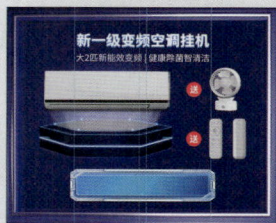

图10-102　　　　　　　　　图10-103　　　　　　　　　图10-104

（8）单击"图层"面板下方的"创建新的填充或调整图层"按钮 ◉ ，在弹出的菜单中选择"色相/饱和度"命令，"图层"面板中会生成"色相/饱和度 2"图层，同时在弹出的面板中进行设置，如图10-105所示。

（9）使用上述方法输入文字并绘制形状，效果如图10-106所示。按住Shift键的同时，单击"装饰框 3"图层，将需要的图层同时选取，按Ctrl+G组合键，群组图层并将其命名为"价格"，如图10-107所示。按住Shift键的同时，单击"装饰框 2"图层，将需要的图层同时选取，按Ctrl+G组合键，群组图层并将其命名为"组1"。

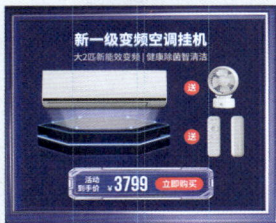

图10-105　　　　　　　　　　图10-106　　　　　　　　　　图10-107

（10）使用上述方法制作"组2"和"组3"图层组，效果如图10-108所示。按住Shift键的同时，单击"标题"图层组，将需要的图层组同时选取，按Ctrl+G组合键，群组图层组并将其命名为"热销爆款"，如图10-109所示。使用上述方法制作"新款上市"和"品质推荐"图层组，如图10-110所示，效果如图10-111所示。

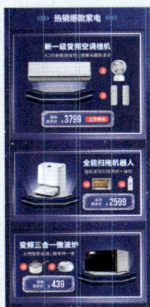

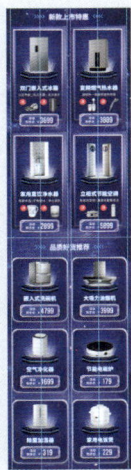

图10-108　　　　图10-109　　　　　　　图10-110　　　　图10-111

4．制作底部信息

（1）使用上述方法制作"标题"图层组。选择"文件>置入嵌入对象"命令，弹出"置入嵌入的对象"对话框，选择云盘中的"Ch10>10.3.3课堂案例——品质家电平台专题页设计>素材>44"文件。单击"置入"按钮，将图片置入图像窗口中，拖曳图片到适当的位置并调整大小。按Enter键确定操作，"图层"面板中会生成新的图层，将其命名为"装饰框6"，效果如图10-112所示。

（2）单击"图层"面板下方的"创建新的填充或调整图层"按钮 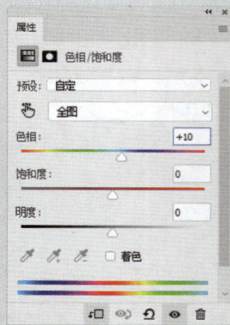，在弹出的菜单中选择"色相/饱和度"命令，"图层"面板中会生成"色相/饱和度3"图层，同时在弹出的面板中进行设置，如图10-113所示。

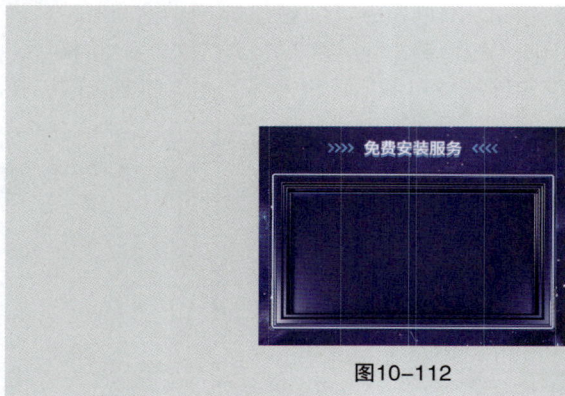

图10-112　　　　　　　　　　　图10-113

（3）选择"横排文字"工具 T.，在图像窗口中输入需要的文字并选取文字。在"字符"面板中将"颜色"设为白色，其他选项的设置如图10-114所示，按Enter键确定操作，效果如图10-115所示。"图层"面板中会生成新的文字图层。

（4）选择"椭圆"工具 ○.，在属性栏中将"填充"颜色设为无，"描边"颜色设为玫红色（255、0、86），"描边"粗细设为4像素。按住Shift键的同时，在图像窗口中绘制一个圆形，效果如图10-116所示。"图层"面板中会生成新的形状图层"椭圆6"。

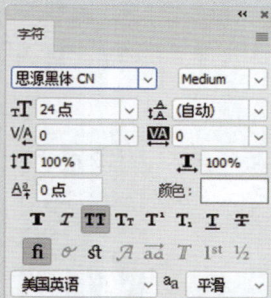
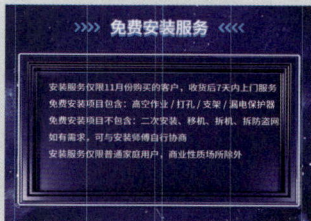
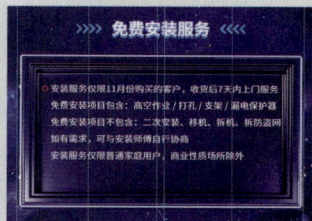

图10-114　　　　　　　　图10-115　　　　　　　　图10-116

（5）使用上述方法绘制其他形状并输入文字，效果如图10-117所示。按住Shift键的同时，单击"标题"图层组，将需要的图层同时选取，按Ctrl+G组合键，群组图层并将其命名为"安装服务"，如图10-118所示。移动端品质国货家电平台专题页制作完成。

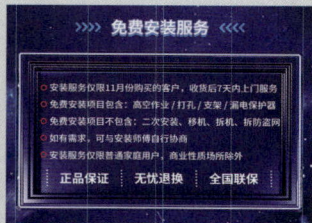

图10-117　　　　　　　　　　　图10-118

【案例设计要求】

1. 运用 Photoshop 制作移动端的初春焕新家电平台专题页。
2. 视觉表现应体现出家电平台的设计风格，契合家电平台的设计主题。
3. 制作的设计文件应符合电商设计的制作规范与制作标准。

【案例学习目标】学习使用绘图工具、文字工具制作移动端的初春焕新家电平台专题页，最终效果如图 10-119 所示。

图10-119

【案例设计要求】

1. 运用 Photoshop 制作移动端的年货坚果店铺专题页。

2. 视觉表现应体现出坚果店铺的设计风格，契合坚果店铺的设计主题。

3. 制作的设计文件应符合电商设计的制作规范与制作标准。

【案例学习目标】学习使用绘图工具、文字工具制作移动端的年货坚果店铺专题页，最终效果如图 10-120 所示。

图10-120